高速公路
改扩建交通组织设计方法

景 强 侯 凌 李 瑞 编著

西北大学出版社
·西安·

图书在版编目（CIP）数据

高速公路改扩建交通组织设计方法 / 景强，侯凌，李瑞编著. -- 西安：西北大学出版社，2024. 8.
ISBN 978-7-5604-5476-4

Ⅰ. U418.8

中国国家版本馆 CIP 数据核字第 2024H83W26 号

高速公路改扩建交通组织设计方法
GAOSU GONGLU GAIKUOJIAN JIAOTONG ZUZHI SHEJI FANGFA

景　强　侯　凌　李　瑞　编著

出版发行　西北大学出版社
（西北大学校内　邮编：710069　电话：029-88302621　88303593）
http://nwupress.nwu.edu.cn　E-mail：xdpress@nwu.edu.cn

经	销	全国新华书店
印	刷	陕西日报印务有限公司
开	本	787 毫米×1092 毫米　1/16
印	张	18.5
版	次	2024 年 8 月第 1 版
印	次	2024 年 8 月第 1 次印刷
字	数	300 千字
书	号	ISBN 978-7-5604-5476-4
定	价	68.00 元

本版图书如有印装质量问题，请拨打 029-88302966 予以调换。

前　言

我国早期的高速公路改扩建工程往往"重工程方案、轻交通组织"，在改扩建工程的设计阶段，常常对改扩建交通组织设计重视不足，导致改扩建施工开始后施工现场交通秩序混乱，对改扩建工程的顺利进行造成很大影响。而受客观条件的影响，改扩建交通组织方案是一个随时间、空间动态变化的过程，交通组织方案涉及诸多相关方，其方案的落地既要与具体的工程设计方案相结合，还需要与实施项目建设单位、设计单位、施工单位、路政、交警、地方政府等多方统筹和协调。正是鉴于交通组织在高速公路改扩建建设中的重要地位及作用，为保障高速公路改扩建期间交通运行安全及效率，保障施工总体有序、可控，发挥路网最大效益，减少对社会的影响，高速公路改扩建实践需要对交通组织设计进行专项研究。

本书将交通工程学中关于路网交通流分配和路段服务水平等理论与高速公路改扩建工程设计相结合，在满足运营安全性的基础上，综合考虑高速公路建设成本、运营期经济效益，在服务水平可控的范围内，结合工程实例提出了一种交通组织设计方法。本书重点对高速公路改扩建实践中交通组织设计的流程提供了理论基础和实践方法，旨在为高速公路交通组织设计标准化奠定基础。

本书主要研究内容和方法如下：

（1）区域路网现状分析。分析项目路所在路网的道路条件（行车环境）及交通条件（包括路段流量、车辆组成、车速特征等），确定项目路改扩建期间的主要分流道路。

（2）路网流量预测。结合运营交通量数据，预测改扩建期间项目路正常情况和特殊时段内的路段流量，为整体路网各时段分流提供基础数据。

（3）施工区通行能力及合理分段长度分析。一方面，综合考虑施工条件下各种通行能力的影响因素，并对不同服务水平下的基本通行能力进行修正折减，结合国外研究成果得出各路段及瓶颈点通行能力；另一方面，对最优施工间隔参考区间进行分析。

（4）保通方案分析及论证。通过分析项目路段及关键点的交通状况和路网分流条件，在确定保通道路服务水平的基础上，结合控制性工程的工程设计方案，确定项目路在改扩建期间施工路段的通行车道数。

（5）区域路网分流。根据现状路网、分流车型、保通方案等分析结果，确定路网各交通流向的潜在分流路径及诱导点、分流点、管制点三级分流点设置方案，进而确定项目路改扩建期间不同时段、不同路段的分流方案。

（6）保通路段交通组织。研究路基路面、桥梁、上跨桥、互通立交、涵洞通道以及收费站在改扩建工程中所有可能的建设方案，得到各种方案的适应条件及优缺点，确定适合项目路的方案类型（推荐方案），进而根据推荐方案对全线路段及关键点的施工顺序进行合理安排，同时对全线车流进行组织。

（7）交通组织实施。对交通组织实施期间必要的临时设施设计进行必要的研究，包括路网分流、路段及关键点等临时设施设计。

（8）交通组织应急预案。明确交通组织机构，分析施工期间可能的突发事件，确定交通事故、节假日及特殊事件下的交通组织应急预案。

本书由景强、侯凌、李瑞编著。参加编写的人员还有李飞、杨榕玮、杜婷竺。在本书的编著过程中，西北大学的杨颖提供的指导和帮助、中国交通建设股份有限公司第二公路工程局勘察设计研究院的陈亚振提出的宝贵意见和建议对提升本书的质量起到了显著的作用。西北大学出版社有限责任公司对本书的出版给予了大力支持，在此一并表示感谢。

本书的主要内容属于对高速公路改扩建工程设计的总结性成果，对高速公路改扩建交通组织设计实践有一定的指导意义。由于作者水平有限，书中难免出现错误和不妥之处，恳请读者批评指正。

目 录

第1章 概 述 ·· 1
  1.1 交通组织指导思想及原则 ··· 3
    一、指导思想 ·· 3
    二、组织原则 ·· 4
  1.2 高速公路改扩建工程交通组织的目的 ·································· 5
  1.3 高速公路改扩建工程交通组织设计的重要性 ······················· 6
  1.4 现阶段高速公路改扩建交通组织设计存在的问题 ··············· 7
  1.5 主要研究内容和方法 ·· 8

第2章 区域路网现状分析 ·· 11
  2.1 一般规定 ··· 11
  2.2 路网现状调查 ··· 12
  2.3 路网现状分析 ··· 12
    一、影响因素 ··· 12
    二、方案需求 ··· 13
    三、通行条件 ··· 13
    四、相关道路情况 ·· 13
    五、作业区情况 ·· 13
  2.4 路网道路条件 ··· 14
  2.5 路网交通条件 ··· 14
  2.6 工程实例 ··· 14
    一、以京昆高速（蒲城至涝峪段）为例 ································ 14

二、以泉南高速（柳州至南宁段）为例······················25
　　三、小结··35
第3章　路网流量预测··36
3.1 一般规定··36
3.2 交通量预测内容···37
　　一、趋势交通量预测··37
　　二、诱增交通量预测··38
　　三、转移交通量预测··40
　　四、高速公路改扩建交通量预测成果··································41
3.3 交通量预测基准年··41
3.4 交通量预测方法···43
3.5 交通量预测成果···44
3.6 工程实例··45
　　一、以京昆高速（蒲城至涝峪段）为例··································45
　　二、以泉南高速（柳州至南宁段）为例··································53
第4章　施工区通行能力及合理分段长度分析································67
4.1 通行能力分析···67
　　一、施工区通行能力界定··67
　　二、施工区通行能力影响因素··68
　　三、一般路段施工区通行能力分析····································70
　　四、互通匝道施工区通行能力分析····································73
4.2 服务水平分析···75
　　一、道路服务水平界定与等级划分····································75
　　二、高速公路服务水平计算··76
4.3 施工区限速方案分析··78
4.4 中央分隔带开口长度分析··79
　　一、中央分隔带开口长度计算模型····································80
　　二、中央分隔带开口长度值··82

4.5 工程实例（以京昆线（G5）蒲城至涝峪段为例） ·············· 83
　　一、施工区通行能力分析 ····························· 83
　　二、道路安全性评价 ································· 86
　　三、高速沿线主要构造物瓶颈点通行能力分析 ··········· 88
　　四、施工区限速分析 ································· 93
　　五、中央分隔带开口长度分析 ························· 94
　　六、施工区合理分段长度分析 ························· 95

第5章　保通方案分析及论证 ································ 100
5.1 国内已完成改扩建的高速公路交通组织方案分析 ·············· 100
　　一、沪宁高速改扩建保通方案 ························· 100
　　二、广清高速保通方案 ······························· 101
　　三、安新高速保通方案 ······························· 103
　　四、西临高速改扩建保通方案 ························· 104
　　五、国内高速公路改扩建保通方案对比分析与经验 ······· 105

5.2 工程实例（以京昆高速蒲城至涝峪段为例） ··················· 107
　　一、京昆高速蒲城至涝峪段道路现状 ··················· 107
　　二、路段交通量 ····································· 110
　　三、京昆高速收费站交通量 ··························· 129
　　四、交通量时间分布特征 ····························· 130
　　五、方向分布状况 ··································· 131
　　六、路段车型构成 ··································· 132
　　七、路段运行速度 ··································· 132
　　八、西安市绕城环线交通现状分析 ····················· 135

5.3 京昆高速蒲城至涝峪改扩建保通方案分析 ···················· 138
　　一、路基施工阶段保通方案设计 ······················· 138
　　二、路面施工阶段保畅方案设计 ······················· 142
　　三、过渡段保畅方案设计 ····························· 143
　　四、保畅方案综合评价 ······························· 144

五、小结 ······ 147

第6章 区域路网分流 ······ 148

6.1 分流目标及原则 ······ 148
一、分流目标 ······ 148
二、分流原则 ······ 148

6.2 分流方案 ······ 149
一、方案内容及分类 ······ 149
二、方案设计 ······ 150

6.3 分流车型选择 ······ 154
一、分流车型分类 ······ 154
二、分流车型选取原则 ······ 155

6.4 分流路径分析 ······ 156

6.5 分流点设置 ······ 157
一、分流点的主要功能 ······ 157
二、分流点设置方法 ······ 158

6.6 京昆高速蒲城至涝峪段分流设计 ······ 159
一、交通分流必要性分析 ······ 159
二、分流车型选择 ······ 160
三、分流路径分析 ······ 166
四、分流点设置 ······ 167
五、分流道路的改造整治 ······ 168
六、小结 ······ 169

第7章 保通路段交通组织 ······ 170

7.1 交通组织设计内容 ······ 170
一、一般规定 ······ 170
二、保通方式 ······ 171

7.2 路基施工交通组织 ······ 172
一、路基施工交通组织原则 ······ 172

二、路基施工分段划分原则 …………………………………………… 172
　　三、路基施工交通组织方案 …………………………………………… 172
7.3 路面施工交通组织 …………………………………………………… 173
　　一、一般路段路面交通组织方案 ……………………………………… 173
　　二、特殊路段路面交通组织方案 ……………………………………… 174
7.4 关键工点交通组织 …………………………………………………… 174
　　一、主线桥梁拼接加宽交通组织 ……………………………………… 174
　　二、主线桥梁拆除重建交通组织 ……………………………………… 175
　　三、新增通道和下穿分离式立体交叉交通组织 ……………………… 176
　　四、跨线桥改扩建交通组织 …………………………………………… 176
　　五、互通式立体交叉改扩建交通组织 ………………………………… 176
　　六、隧道改扩建交通组织 ……………………………………………… 177
　　七、服务区、停车区改扩建交通组织 ………………………………… 177
　　八、涵洞、通道改扩建交通组织 ……………………………………… 177
7.5 京昆高速蒲城至涝峪段互通式立交交通组织方案 ………………… 178
　　一、互通式立交交通组织设计背景 …………………………………… 178
　　二、东杨枢纽立交（十字型互通） …………………………………… 179
　　三、谢王枢纽互通式立交（T型互通） ……………………………… 181
　　四、蒲城互通式立交（喇叭型互通） ………………………………… 183
　　五、服务区改扩建交通组织 …………………………………………… 184
　　六、跨线桥改扩建交通组织 …………………………………………… 186
　　七、临时交通组织 ……………………………………………………… 189
　　八、小结 ………………………………………………………………… 190

第8章　交通组织实施 …………………………………………………… 191
8.1 分流路网节点选取 …………………………………………………… 191
　　一、分流点的主要功能 ………………………………………………… 191
　　二、分流点设置 ………………………………………………………… 192
8.2 分流路网临时设施 …………………………………………………… 192

一、诱导点临时设施 …………………………………… 192
　　二、分流点临时设施 …………………………………… 193
　　三、管制点临时设施 …………………………………… 193
8.3 临时交通安全设施 ……………………………………… 194
　　一、临时交通标志 ……………………………………… 194
　　二、临时交通标线 ……………………………………… 196
　　三、临时隔离设施 ……………………………………… 197
　　四、临时诱导设施 ……………………………………… 199
　　五、其他 ………………………………………………… 199
8.4 互通施工临时设施 ……………………………………… 200
8.5 桥梁、通道施工临时设施 ……………………………… 201
8.6 交通保畅宣传 …………………………………………… 203
8.7 作业区设施方案 ………………………………………… 204
　　一、作业区的划分和设施 ……………………………… 204
　　二、作业区道路交通标志 ……………………………… 210
　　三、作业区道路交通标线 ……………………………… 212
　　四、作业区布置的一般规定 …………………………… 212
　　五、高速公路、一级公路作业区布置要求 …………… 213
8.8 施工作业区管理措施 …………………………………… 215
　　一、施工作业区的管理 ………………………………… 215
　　二、施工期间临时安全设施设置 ……………………… 216
　　三、特殊地段的管理 …………………………………… 217
8.9 工程实例 ………………………………………………… 217
　　一、以京昆高速（蒲城至涝峪段）为例 ……………… 217
　　二、以杭宁高速（浙江段）为例 ……………………… 222
　　三、小结 ………………………………………………… 228

第9章　交通组织应急预案 ……………………………………… 229
　9.1 组织机构设置 …………………………………………… 229

9.2 项目路周边路网分流应急预案 ········· 230
一、应急处置措施 ········· 230
二、应急分流预案 ········· 230
9.3 项目路交通组织应急预案 ········· 231
一、交通事故下的交通组织应急预案 ········· 231
二、互通上发生交通事故下的交通组织应急预案 ········· 237
三、主线桥上发生交通事故下的应急预案 ········· 238
四、恶劣天气下的交通组织应急预案 ········· 239
五、节假日期间的交通组织应急预案 ········· 242
六、特殊事件下的交通组织应急预案 ········· 243
七、交通突发事件应急处理流程 ········· 244
9.4 交通组织保障措施 ········· 245
9.5 工程实例：以京昆高速（蒲城至涝峪段）为例 ········· 247

第10章 依托项目总结 257
10.1 依托项目背景 ········· 257
10.2 依托项目建设依据 ········· 259
10.3 依托项目建设情况 ········· 261
10.4 依托项目质量控制 ········· 263
10.5 依托项目建设工期与工程进度 ········· 265
10.6 依托项目设计经验 ········· 265
10.7 依托项目交通组织设计进行的专项研究 ········· 273
一、新建段落与旧路扩建的比选 ········· 273
二、建立改扩建工程施工组织和交通导改方案安全性评价指标体系
········· 277
三、京昆高速蒲城至涝峪段改扩建交通导改的优化效果对比方案研究
········· 277
四、京昆高速蒲城至涝峪段改扩建高速公路交通风险态势研判模型研究
········· 277

五、建立京昆高速蒲城至涝峪段改扩建主动防控安全预警设施策略体系 ………………………………………………………………… 278

10.8 依托项目科技创新 …………………………………… 278

参考文献………………………………………………………… 281
后记……………………………………………………………… 283

第1章 概　述

中国经济的迅猛发展对交通基础设施提出了更高的要求。高速公路作为现代化交通体系的重要组成部分，其发展不仅是国家经济建设的重要支撑，也是社会发展的必要条件。中国高速公路从起步到改扩建的各个发展阶段，都有其各自的特点。

1. 起步阶段（1980年代至1990年代初期）

历史背景：改革开放初期，中国的交通基础设施相对落后，特别是在公路运输方面，亟需现代化改造。建设的起步：1984年，国务院批准在全国范围内开展高速公路试点项目。这一时期，技术、资金和经验均十分有限，许多项目都借鉴了国外的经验。首条高速公路——沪嘉高速：1988年，上海至嘉定的沪嘉高速公路全长15.9公里，是中国大陆的第一条高速公路，标志着中国高速公路建设的正式起步。早期挑战：由于缺乏经验和技术，高速公路的建设和管理面临诸多问题，如成本控制、设计标准等。

2. 快速发展阶段（1990年代中期至2000年代中期）

经济背景：1990年代，中国的经济改革逐步深入，东部沿海地区的经济腾飞，导致交通需求急剧上升。政策推动：1992年，国务院发布了《国家高速公路网规划（试行）》，明确了全国高速公路建设的方向和目标，并出台了一系列扶持政策。重大项目：京沪高速、京港澳高速、沪蓉高速等多条跨省干线高速公路的建设在这一时期取得了显著进展。技术提升：随着国内外合作的加深，高速公路建设技术不断提高，如采用新的路面材料和施工工艺，提升了道路的质量和耐久性。民间资本的引入：通过BOT（建设—经营—转让）模式，允许社会资本参与高速公路的建设和运营，为高速公路建设提供了新的资金来源。

3. 网络初步成型阶段（2000年代中期至2010年代初期）

交通需求激增：随着汽车工业的发展和居民生活水平的提高，中国进入了汽车普及时代，对高速公路的需求大幅增加。"7918"网的提出：2004年，《国家高速公路网规划（"7918"网）》正式发布。规划建设7条首都放射线、9条南北纵线和18条东西横线，形成覆盖全国的高速公路骨架网络。区域高速公路网络的完善：这一时期，各地积极推进省际高速公路的建设，形成了跨省市的交通大通道，提高了区域间的联通性。交通拥堵与初步扩容：随着高速公路网络的逐渐完善，部分早期建成的高速公路出现了交通拥堵问题，迫使政府开始考虑改扩建项目，以提升通行能力。

4. 提升与改扩建阶段（2010年代中期至2020年代）

交通强国战略的提出：2013年，党的十八届三中全会明确提出"建设交通强国"，高速公路建设进入提质增效的新阶段。扩容升级的必要性：进入2010年代中期，车流量的爆发式增长，特别是在重要的经济走廊和城市群周边，高速公路的承载能力接近饱和，亟需扩容改造。主要改扩建项目：如京沪高速、京港澳高速、沈大高速等，均进行了不同程度的扩建或改造，以增加车道、改进服务区设施、升级收费系统等。智能化改造：在扩容的同时，高速公路的智能化管理也提上了日程。利用物联网、大数据、人工智能等技术，推动交通管理的数字化和智能化。

5. 智能化与绿色发展阶段（2020年代至未来）

新时期的发展方向：随着中国"十四五"规划的实施，高速公路的发展方向逐渐向智能化、绿色化和高效化转变。智能交通系统的应用：通过引入智能感知技术、无人驾驶技术、车路协同系统等，推动高速公路向智能交通系统（ITS）过渡，提升通行效率和安全性。绿色公路的建设：在国家"双碳"目标的背景下，高速公路的建设和改造也在向绿色环保的方向发展，包括使用环保材料、减少碳排放、建设生态服务区等。未来展望：预计到2035年，中国的高速公路网络将进一步完善，并全面实现智能化和绿色化，形成全球领先的现代化交通基础设施体系。

对原有高速公路进行改扩建，无论采用何种施工组织方式，必然对原有的高速公路交通流产生干扰，从而影响道路的正常行车。其主要表现有改扩建施工时路侧施工对原有道路正常交通流的干扰，路侧净空间和视距不足造成的道路通行能力降低，因施工组织需要造成的车辆频繁改道、分道、并道行驶等。这些影响将会导致项目路道路通行能力、服务水平严重下降，导致其交通安全水平大幅降低。目前，高速公路在公路交通运输中的作用日益显著，高速公路沿线交通运输对其依赖性日益增强。因此，在高速公路改扩建过程中如何保证其交通流的正常运行，减小因改扩建施工对交通流的影响，保证道路行车畅通安全，成为改扩建施工中一个亟待解决的问题，它关系到改扩建高速公路所在路网运行效率、沿路的经济发展和对社会所产生的影响。因此，高速公路改扩建施工期间进行科学、合理的交通流组织，是保障改扩建工程顺利实施、保障改扩建期间交通运行安全有序的重要前提。

因此，研究高速公路改扩建交通组织技术具有很强的现实意义和理论研究价值，对改扩建期间的交通运行具有重要的指导意义。

1.1 交通组织指导思想及原则

一、指导思想

高速公路改扩建施工期间，由于存在改扩建历时长、施工路线长等问题，势必需要在较长一段时间内充分调动、整合其他干线路网的潜在运能，以便在需要的时候或应急情况下对大量的车辆进行分流和转移。

源头疏导，路网分流：充分利用改扩建项目所在区域路网及交通运输主通道体系资源，运用交通管理措施对施工区域交通需求进行适度管理，当施工路段车道数减少或通行能力不足（如路面上面层通铺施工，双向三车道或四车道保通）时，可能需引导、疏导、分流部分交通量远离改扩建项目施工区间，以减轻改扩建段运输通道的通行压力。

路内保通：根据不同时段及不同施工方案，对路内交通流运用交通管理措施进行引导、限速，并设置相应的安全保障设施，以保证路内交通运营达到预期目标。

二、组织原则

为保证改扩建的顺利实施，改扩建期间交通组织方案应遵循以下基本原则：

1. 安全原则

在强调安全生产的大背景下，在改扩建施工期间，必须保障运营车辆的行驶安全，同时也必须保障施工车辆及人员的安全。

2. 畅通原则

改扩建施工期间，高速公路应保持畅通，确保施工过程中车辆能以一定的速度顺利通过，保证一定的服务水平。同时也要减少对被交路交通的影响，采取有效措施保证不中断交通。

3. 保障施工进度原则

改扩建是在原有高速公路的基础上进行的，其施工必将对原有高速公路的运营收入带来损失，同时对高速公路通行能力有较大的影响，长期施工对周边社会环境的影响更不容轻视。因此，确保施工进度、尽量缩短工期是非常必要的。

4. 可靠适用性原则

改扩建在施工技术方案上与新建工程存在较大差异，且项目建设里程长、沿线构造物较多、部分路段地形地质条件复杂，因此，各分项工程应依据具体地理条件和交通状况选择施工工艺，确保技术方案的合理可靠性，并根据工程的技术方案确定适宜的交通组织方案。

5. 经济节约性原则

基于对区域经济发展情况及创建"节约型"交通行业的综合考虑，施工过程中应本着节约的原则，尽量利用现有资源，研究旧有路面的再生技术，以节约工程造价；另外，通过对临时工程技术与组织利用环节上的协调，尽可能降低临时工程投入、控制工程投资。

1.2 高速公路改扩建工程交通组织的目的

高速公路改扩建工程交通组织是指在高速公路改扩建施工期间，依据相关法律法规和技术标准，综合运用工程技术与管理手段，遵循"统筹规划、兼顾长远、注重实效、指标合理、节约资源、绿色环保、科学组织、安全实施"的总体原则，在改扩建工程顺利实施的同时，保障交通流安全、通畅。

高速公路改扩建工程交通组织的目的，是在充分调查分析项目通道交通及路网现状和施工期交通需求的基础上，结合施工交通组织方案，确定合理的分流车型、分流路径和管理组织措施，充分调动、整合其他干线公路的潜在运能，在确保施工安全的前提下，保证施工期间路网效率得到最大发挥。同时，根据区域道路状况和扩建期间的交通需求等因素，提前将有可能产生交通瓶颈或影响车辆通行的路段进行改造整治，保证分流方案的有效实施，进而保障高速公路改扩建的顺利完成。主要包括：

1. 保障路网运行效率

高速公路改扩建施工带来的交通需求转移，会给沿线国、省道干线交通带来巨大压力，甚至会造成局部交通瘫痪，给社会经济带来巨大影响。通过实施交通组织，均衡施工道路与周边路网的交通量，降低对交通流运行的影响，对于缓解周边道路网的压力具有非常重要的作用。

2. 保障交通运行安全

在高速公路改扩建期间，沿线交通工程设施会产生较大变化，对交通运行安全造成了一定影响。根据施工道路与周边交通、环境状况，应合理设置施工作业区及临时交通安全设施，最大限度地减少施工作业对交通安全运行的影响，通过隔离设施防止周边车辆和行人意外闯入，应用临时防护设施获得良好的防护效果。

3. 保障施工顺利实施

高速公路改扩建工程交通组织是一个多目标优化与决策过程，应在满足交通运行效率和安全的同时，保障改扩建工程顺利实施，按计划完成建设任务。

此外，在实施交通组织的过程中，还应充分利用原有的交通工程设施，达到节省造价的目的。

1.3 高速公路改扩建工程交通组织设计的重要性

在改扩建过程中，如何组织交通并保证施工期间的通行安全和效率，成为关键问题。良好的交通组织不仅可以有效减少改扩建工程对交通的负面影响，还可以保障施工人员和过往车辆的安全。改扩建交通组织的重要性体现在：

1. 确保道路通行的连续性

在高速公路改扩建过程中，部分路段需要封闭或限行施工。如果交通组织不当，容易导致交通流的中断或严重拥堵。高速公路作为主要交通干道，车辆一旦被迫长时间滞留，可能会对整个区域的交通造成连锁反应。因此，合理的交通组织可以确保在施工期间道路的通行连续性，减少对车辆正常通行的干扰。

2. 提高交通安全性

高速公路改扩建施工现场往往存在路面开挖、设备移动、标线改造等多种作业，容易引发交通事故。尤其是在夜间或天气不佳的情况下，驾驶员难以及时发现施工区域，从而增加了事故风险。科学的交通组织，可以合理设置施工区和通行区，通过明确分流、限速和警示标志，减少施工对驾驶员的视觉冲击，降低事故发生率。

3. 减少对社会经济的负面影响

高速公路的改扩建工程，通常涉及大范围的施工区域和长时间的施工周期。如果交通组织不当，可能导致长时间的交通拥堵，不仅影响货物运输和人们的日常出行，还会对区域经济活动造成负面影响。例如，延误运输时间可能导致物流成本上升，进而影响整个供应链的效率。通过合理的交通组织，尽量减少施工对社会经济的负面影响，是改扩建工程成功的重要保障。

4. 确保施工效率和进度

良好的交通组织可以为施工单位提供更加稳定和安全的施工环境，避免频繁的交通干扰对施工进度的影响。例如，通过合理安排施工时段，避开交通高峰期，可以在保证道路通行的同时，提高施工效率，确保工程按计划进行。此外，良好的交通组织也有助于施工设备和材料的顺利运输，减少因交通拥堵造成的工期延误。

高速公路改扩建工程交通组织设计贯穿于高速公路改扩建的全过程，且交通组织方案的优劣直接关系着高速公路改扩建期间的行车安全，工程施工的进度、效率和工程质量是影响高速公路改扩建能否顺利实施的一个核心问题，而高速公路改扩建几何设计又是整个高速公路改扩建设计的基础，受人民群众日益增长的对快速交通的需求的影响，早期简单粗暴的封路施工的改扩建模式已经不适应当今的社会环境，交通组织与高速公路改扩建几何设计相结合的重要性已经被多个高速公路改扩建项目所证实并得到公认。

此外，交通组织方案是一个随时间、空间动态变化的过程，交通组织方案涉及诸多的相关方，其方案的落地既要与具体的几何设计相结合，还需要与实施项目的建设单位、设计单位、施工单位、监理单位、路政、交警、地方政府等多方配合执行，也需要不断统筹和协调。为保障和提升高速公路改扩建期间交通运行安全及效率，保障施工总体有序、可控，发挥路网最大效益，减少对社会的影响，科学合理的交通组织设计在高速公路改扩建建设中的重要性是十分明确的。

1.4 现阶段高速公路改扩建交通组织设计存在的问题

由于经验不足，我国早期的高速公路改扩建工程往往"重工程、轻交通"，在改扩建工程的设计阶段，常常对改扩建施工作业区交通组织设计重视不够，导致改扩建施工开始后施工现场交通秩序混乱，对改扩建工程的顺利进行造成很大影响。

对比国内外研究现状，目前，我国高速公路改扩建交通组织研究还存在以下问题与不足：

1. 缺乏统一标准、规范

我国高速公路改扩建工程交通组织研究仍处于探索阶段，从交通组织方案的初步制订到具体的设计、实施，尚无统一标准。各地采用的交通组织方法差异较大、水平参差不齐，探索过程与研究多有重复，急需在高速公路改扩建工程交通组织技术方面制定标准、规范，为高速公路改扩建工程交通组织提供技术支持和技术保障。

2. 尚未形成交通组织的方法体系

高速公路改扩建工程交通组织涉及内容广泛，既包括分流交通组织、作业区设置、临时交通设施设置技术，又包括相关方案的审批、实施、应急管理机制等。目前，在一些关键问题上已有一些研究成果，但这些研究成果相对较为零散，未能形成系统的思考框架和完整的方法体系。在实际交通组织工作中，高速公路改扩建工程往往对一些重要问题考虑不周，缺乏行之有效的综合性交通保障方案。

3. 对于管理机制的研究较少

高速公路改扩建工程是一个复杂的系统性工程，不仅需要合理的交通组织方案，还需要通过高效的管理机制、有效的过程管控，保障方案落实到位，获得预期的效果。目前，关于改扩建交通组织的研究主要集中在通行能力计算、方案实施效果仿真方面，对管理机制、过程管控方法研究较少，对实际的交通组织工作的帮助不尽如人意。

1.5 主要研究内容和方法

1. 改扩建交通组织的主要研究内容

（1）分阶段、分区域施工。在高速公路改扩建过程中，通常采用分阶段、分区域施工的策略，以减少对交通的影响。这意味着将整个施工项目划分为若干个阶段或区域，每次只对其中一部分进行施工，同时保留其他部分的通行功能。例如，在双向六车道的高速公路改扩建中，可以先封闭一侧的车道进行施工，而保留另一侧车道的双向通行。待一侧施工完成后，再转换至另一侧。这种方式可以最大限度地减少对交通流的干扰。

（2）设置临时交通设施。在改扩建施工期间，临时交通设施的设置尤为重要，临时交通设施包括临时交通标志、导向标线、减速带和警示灯等。通过合理设置这些设施，可以引导驾驶员安全通过施工区域，减少因路线变化导致的迷路或错误行驶。同时，还可以通过设置临时路口或临时出入口，改善施工期间的交通流向，确保车辆的顺畅通行。

（3）优化交通疏导方案。交通疏导是改扩建交通组织的核心内容之一，在施工期间，交通疏导方案应根据实际交通流量和施工进度灵活调整。例如，在交通流量较大的时段，可以采取分流措施，将部分车辆引导至其他道路，减少施工区域的交通压力。此外，还可以通过智能交通管理系统，实时监控交通流量和道路状况，及时调整交通疏导方案，确保通行秩序。

（4）充分利用交通信息系统。现代交通信息系统为改扩建工程施工期间的交通组织提供了强有力的技术支持，通过在施工区域和周边路段设置电子显示屏、导航系统提示，以及广播等方式，及时向驾驶员发布施工信息、路况变化和绕行建议，有助于驾驶员提前做好出行规划，避免因突发情况造成的交通延误。此外，利用互联网和手机 APP 等平台发布实时路况信息，也可以有效引导社会车辆合理选择出行路线，减少交通拥堵。

（5）加强与公众的沟通。公众参与是高速公路改扩建交通组织的重要组成部分，在施工前期，相关部门应通过新闻发布会、媒体宣传、社区通告等多种渠道，向公众通报改扩建工程的具体安排、施工时段、交通调整方案等信息，争取公众的理解和支持。在施工期间，还应保持与公众的沟通，及时回应公众关切的问题，进一步优化交通组织方案。

2. 本书主要研究方法

（1）区域路网现状分析。分析项目所在路网的道路条件（行车环境）及交通条件（包括路段流量、车辆组成、车速特征等），确定项目改扩建期间的主要分流道路。

（2）路网流量预测。预测项目路改扩建期间正常情况和旅游旺季期间的路段流量，为整体路网各时段分流提供基础数据。

（3）施工区通行能力及合理分段长度分析。一方面，综合考虑施工条件下各种通行能力的影响因素，对不同服务水平下的基本通行能力进行修正折减，结合国外研究成果得出各路段及瓶颈点通行能力；另一方面，对最优施工间隔参考区间进行分析。

（4）保通方案分析及论证。通过分析项目路段及关键点的交通状况和路网分流条件，结合现有保通方案的优缺点及适用条件，确定项目在改扩建期间施工路段的通行车道数。

（5）区域路网分流。根据现状路网、分流车型、保通方案等分析结果，确定路网各交通流向的潜在分流路径及诱导点、分流点、管制点三级分流点设置方案，进而确定项目改扩建期间不同时段、不同路段的分流方案。

（6）保通路段交通组织。研究路基路面、桥梁、上跨桥、互通立交、涵洞通道以及收费站在改扩建工程中所有可能的建设方案，得到各种方案的适应条件及优缺点，确定适合项目的方案类型（推荐方案），进而根据推荐方案对全线路段及关键点的施工顺序进行合理安排，同时对全线车流进行组织。

（7）交通组织实施。对交通组织实施期间必要的临时设施设计进行研究，包括路网分流临时设施设计、路段及关键点等临时设施设计。

（8）交通组织应急预案。明确交通组织机构，分析施工期间可能的突发事件，确定交通事故、节假日及特殊事件下的交通组织应急预案。

第2章 区域路网现状分析

2.1 一般规定

高速公路改扩建工程在可行性研究阶段和初步设计阶段,应分别开展交通调查、分析与交通量预测;在施工图设计阶段和施工阶段,当实际条件发生变化时,宜补充调查、分析,并修正交通量预测结果。调查、分析与交通量预测可与主体工程的可行性研究及勘察设计结合进行。可在利用可行性研究时收集的社会、经济、交通、国防、环境、气候、重大社会经济活动等资料的基础上,根据交通组织设计的需要开展补充调查。调查可采用资料收集、现场观测、问卷、座谈等方法。

高速公路改扩建交通组织调查与工程可行性研究收集的资料内容存在相同之处,为避免重复工作,须尽可能多地利用已有资料。但二者目的不同,要求不同,关注的时间跨度不同,在深度和广度上存在差异,仍需开展补充调查。《公路建设项目可行性研究报告编制办法》(交规划发［2010］178号)对工程可行性研究阶段调查资料的具体内容进行了说明。交通组织方面的补充调查主要侧重于区域路网分流、路段保通交通组织方案,包含地方路网接受分流的能力和潜力、接受分流的期限,以及项目改扩建期间社会各界对保持通行的需求等。

2.2 路网现状调查

调查应补充收集项目影响区内对交通组织设计有重大影响的下列资料：
（1）施工期间的社会经济活动；
（2）路网道路条件；
（3）路网交通条件；
（4）节假日和恶劣天气及自然灾害发生时的路网交通量、流向及交通组成。

项目影响区是指受改扩建项目影响的区域，划分为直接影响区和间接影响区，项目影响区内的交通小区划分通常与工程可行性研究的交通小区划分一致，根据交通组织设计的需要，须对交通组织设计有重大影响的交通小区进行细化和调整。

社会经济活动主要包含重大会议、大型文化活动、大型体育活动等，需要调查活动时间、位置、规模及对交通的需求。

节假日主要包括法定节假日，尤其是对小型车辆免收通行费的节假日，此类节假日，小型车辆交通量增加较多，对改扩建的交通组织有较大影响。

恶劣天气下交通量、流向及交通组成资料是决定恶劣天气情况下交通组织应急预案的重要参考依据。恶劣天气主要包括台风、大雾、暴雨、冰雪、沙尘暴等；自然灾害包括地震、滑坡、泥石流等。在这两种情况下，正常的改扩建施工有可能暂停，但社会公众出行以及抢险救灾等需求仍然存在，因此应有与之相对应的预案。

2.3 路网现状分析

一、影响因素

应分析项目影响区内下列因素对项目路交通组织设计的影响类型、范围、程度和时间：

(1) 施工期间的社会经济活动；

(2) 路网道路条件；

(3) 路网交通条件；

(4) 节假日和恶劣天气路网交通量、流向及交通组成。

二、方案需求

应分析改扩建工程各分项专业设计方案与交通组织方案相互协调的需求，使两者相辅相成。

三、通行条件

应分析施工组织计划、施工方法及工艺对项目路通行条件的下列影响：

(1) 影响类型，主要包含保通车道数及车道宽度、侧向余宽、荷载限制、净空限制与速度限制等；

(2) 影响范围；

(3) 影响程度；

(4) 影响起讫时间。

四、相关道路情况

应开展项目影响区内相关道路通行能力及服务水平、通行限制、绕行时间、收费差异等分析。

五、作业区情况

应开展项目路作业区通行能力及服务水平分析，分析时应重点考虑下列因素：

(1) 保通车道数及车道宽度；

(2) 作业区长度；

(3) 侧向余宽；

(4) 保通路段设计速度；

(5) 施工强度。

2.4 路网道路条件

路网道路条件主要包括：

（1）路网道路路面状况、线形指标、荷载限制、净空限制、速度限制、交通事故等路网运行状况；

（2）公路改扩建及大修计划；

（3）国防、环境保护、交通运输等影响路网交通组织的政策法规；

（4）区域路网内新建道路的竣工计划。

2.5 路网交通条件

路网交通条件主要包括：交通流量、流向及交通组成、分车型出行起讫点（OD）分布情况、路网行驶速度分布情况、交通限行措施、收费标准等，"两客一危"车辆须单列。

2.6 工程实例

一、以京昆高速（蒲城至涝峪段）为例

1. 区域路网技术现状

京昆高速公路所穿越的关中地区，公路运输体系较完善，路网较发达，区域公路网以京昆、连霍、福银、沪陕、包茂、榆蓝、银百、临兴等多条国家高速公路通道和西咸北环线西段（兴平—户县段）省级高速公路为主，并辅之以众多的国、省、县道，一个交汇于省会西安，并与周边省份相连接的辐射型开放路网格局已形成，完全有能力承担其扩建施工期间的分流交通量。关中地区主要公路通道见表2.1。

表 2.1 关中地区主要公路通道表

名称	功能	线路构成
京昆通道	纵贯我国南北,是沟通华北、西北与西南地区的便捷通道,在陕西是沟通关中与陕南的公路通道	京昆高速公路,国道 108
连霍通道	具有国际运输大通道功能,是西北省区及陕西关中地区最便捷的出海公路运输通道,沿线为陕西经济布局的主轴线	连霍高速公路,国道 310,十里铺至兵马俑城市快速干线,老西潼线,省道 104,西宝中线
福银通道	西部地区又一条通江达海的公路运输大通道,具有承接东西过境交通,促进沿线果业发展、煤炭资源开发和旅游业发展的作用	福银高速公路
沪陕通道	中西部地区通江达海的公路运输大通道,是西安通往东南沿海省区最便捷的公路运输通道	沪陕高速公路,国道 312
包茂通道	纵贯我国南北,沟通西部地区与华北、西北与西南区域,具有重要的经济、国防意义,是国家实施西部大开发战略的重要交通保障	包茂高速+西延二通道+G210
榆蓝通道	位于包茂高速东部,纵贯陕北、关中东部片区,对加密国高网布局,加快陕北能源化工基地建设,促进区域经济社会协调发展意义十分重大	榆蓝高速+G242
银百通道	穿越了咸阳南、中、北三大产业带,对于完善咸阳市公路网结构、加快沿线城镇化进程、促进旅游业发展和矿产资源开发,带动山区群众脱贫致富具有重要意义	银百高速北段+G211 北段
临兴通道	位于绕城高速外围,关中环线以内,与连霍、京昆、包茂、银百、福银等高速公路实现快速转换,可有效分流绕城高速公路交通压力,也是环绕西咸新区、串联西安卫星城市和周边重要城镇的黄金大通道	临兴高速

(1) 京昆高速。

京昆线是纵贯我国南北,沟通华北、西北与西南地区的便捷通道,在陕西是沟通关中与陕南的公路通道,对加快关中、陕南经济发展,增强关中地区的辐射功能均具有非常重要的作用。京昆高速起自北京,途经河北、山西、陕西、四川、云南 5 省,全长约 2716 公里,途经北京、保定、石家庄、临汾、运城、西安、宁陕、广元、绵阳、成都、雅安、西昌、攀枝花、武定和昆明等地。该高速由陕晋交界的禹门口入陕境,呈东北-西南布设,途经韩城、合阳、澄城、蒲城、富平、阎良、高陵、西安、户县、宁陕、佛坪、洋县、城固、汉中、南郑、勉县、宁强等市（县、区），于陕川交界的棋盘关入四川境，省境内总里程579公里（不含绕城高速南段里程），是陕西省"2367"高速公路主骨架的重要组成部分。

西安以北段：西安至禹门口公路，2005年11月建成通车，采用设计速度120公里/小时、双向四车道高速公路标准，路段长217公里。

西安以南段：西安至棋盘关公路，2008年12月全线建成通车，采用设计速度60~100公里/时（其中穿越秦岭路段设计速度仅为60公里/时）、双向四车道高速公路标准，路段长362公里。

西安过境段：京昆线自东北方向的谢王立交接入西安绕城高速，由西南方向的河池寨立交接西安至汉中段，其中，绕城高速南段里程37.44公里，北段里程42.1公里，均为设计速度120公里/时的六车道高速公路。该线通过西安绕城高速公路实现了与四条国家高速公路（连霍线、包茂线、福银线、沪陕线）、机场专用高速公路及城市主干线的直接连通，是实现"东网、中联、西通"目标重要组成路段。

（2）相关路网（西安以北相关路段）。

该路段可利用分流的主要公路包括连霍线、西咸北环线、榆蓝线蒲城经渭南至玉山段、G108、G210和关中环线，各条道路的主要技术状况如下：

①连霍线：潼关至临潼和临潼至西安段分别已于2011年12月和2015年11月扩建为设计速度100/120公里/时的八车道高速公路，路基宽度42米。

②西咸北环线：于2015年12月建成通车，其中，零口至西吴、沣渭至户县东段为设计速度为120公里/时的六车道高速公路，西吴至沣渭段与连霍高速共线，为设计速度120公里/时的八车道高速公路。

③榆蓝线：蒲城至玉山段已建成通车，蒲城至渭南段、渭南至玉山段设计速度分别为120公里/时和100公里/时的双向四车道高速公路标准。

④G108（S106）大程至蒲城段、G210豁口至大程段均为二级公路，路面宽度以12米为主，道路状况良好。

关中环线大程段为一级公路，路面宽度17米，线形较好，平纵指标较高。

(3) 相关路网（西安以南相关路段）。

该路段可利用分流的主要公路包括十天高速汉中至安康段、包茂高速西安至安康段、G108、关中环线、西太路、西沣路和 G211 大王至五竹公路及 X214 等，各条道路的主要技术状况如下：

十天高速汉中至安康段、包茂高速西安至安康段均已建成通车，设计速度为 80～100 公里/时的双向四车道高速公路标准。

G108 陕晋界禹门口至富平、阎良交界 216 公里路段，基本达二级以上公路标准；富平、阎良交界至礼泉约 90 公里路段，除富阎交界至关中环线交叉口的 5 公里路段为三级公路外，其余路段与关中环线共线，为一级公路标准；礼泉向南至秦岭北 58 公里路段，为三级以上公路标准，其中二级及以上公路约占路段的 50%。

关中环线涝峪至滦镇段为一级公路，路面宽度以 17 米、28 米为主，线形较好，平纵指标较高。

G211 大王至五竹段主要为二级公路，局部路段为四级公路，路面宽度以 7 米、12 米为主，最窄处仅 6 米，其改造计划被列入 G211 西安过境段改造工程，2018 年已完工。

其他道路：西太路西安至下滩村段、西沣路西安至滦镇段，道路状况良好；X214 五竹至庞光段地形条件较好，平纵指标较高，但局部路段需完善路基防护工程和排水工程。

总体来说，京昆通道西安以北、以南的相关公路，道路状况良好，平纵指标较高，通过对局部路段进行面层补强、基层补强、完善路基防护工程和排水工程，区域路网完全有能力承担京昆高速扩建施工期间的分流交通量。

2. 区域路网交通现状

通过查询陕西省高速公路通行数据分析系统、陕西省公路局编印的《陕西省公路交通量年报资料》等，收集了相关道路的现状交通量资料。

（1）京昆高速。

第一段：西安以北段。

路段交通量分布：京昆高速蒲城至谢王段交通量路段分布自北向南呈递增态势，即由东杨枢纽至蒲城段 2016 年的 1.86 万辆小客车/日逐渐递增到高陵至谢王段的 4.57 万辆小客车/日（表 2.2），其中阎良立交、富平立交是交通量突变较大的节点。

表 2.2　2016 年京昆高速蒲城至谢王段路段交通量表（小客车，辆/日）

路段名称	谢王—高陵	高陵—高陵北	高陵北—阎良	阎良—富平	富平—荆姚	荆姚—蒲城	蒲城—东杨
交通量	45695	41175	45120	32951	26108	24698	18600

车型构成：目前京昆高速蒲城至谢王段行驶的车辆以客车为主，客车绝对值和折算值比重分别为 79.95% 和 65.45%，其中小客车居各类车型之首，其绝对值和折算值比重分别为 77.29% 和 62.24%；货车折算值比重为 34.55%，以特大及拖挂车为主，占路段交通量折算值的 16.41%，详见表 2.3。

表 2.3　2016 年京昆高速蒲城至谢王段车型比例

车型	小客	大客	客车合计	小货	中货	大货	特大货及拖挂车	货车合计	合计
绝对值	77.29%	2.66%	79.95%	6.43%	5.21%	3.31%	5.10%	20.05%	100.00%
折算值	62.24%	3.21%	65.45%	5.18%	6.29%	6.67%	16.41%	34.55%	100.00%

出行分布分析：2016 年，该段高速公路总出行 5.89 万辆小客车/日，其主要的交通发生源为沿线的阎良、高陵、蒲城、富平、西安、韩城及山西方向等，按出行发生量计，分别占出行总量的 14.4%、8.8%、7.6%、9.2%、29.6% 和 16.6%，共计 88.7%。

为直观反映车辆的流向分布，报告将区内交通、出入境交通及过境交通的定义及交通出行情况简述如表 2.4。

表 2.4　区域出行量及其比例构成表

类型	定义	OD量/(小客车,辆/日)	比例 / %
区内交通	京昆高速谢王至蒲城段沿线区域任两点之间的车辆出行	5023	8.5
出入境交通	起点或终点为京昆高速谢王至蒲城段沿线区域的车辆出行	39613	67.2
过境交通	跨越京昆高速谢王至蒲城段全程的车辆出行	14313	24.3
合计		58949	100.0

区域出行量构成中，比重最大的为出入境交通，约占区域总量的 67.2%（表 2.5）；其次为过境交通，约占区域总量的 24.3%；区内交通最少，占区域总量的 8.5%。

表 2.5 区域出行量及其比例构成表

出行方向	出行量/(pcu/d)	比例/%
一、区内交通	5023	8.5
二、出入境交通	39612	67.2
沿线区域向北与韩城、山西侯马方向	4286	7.3
沿线区域向南与西安	27498	46.6
沿线区域向南与包茂北、福银北、连霍西等方向	4034	6.8
沿线区域向南与鄠邑、涝峪方向	347	0.6
沿线区域向南与汉中及四川方向	392	0.7
沿线区域向南与包茂南、福银南、沪陕等方向	3055	5.2
三、过境交通	14312	24.3
韩城、山西侯马方向与西安方向	8386	14.2
韩城、山西侯马方向与包茂北、福银北、连霍西等	1874	3.2
韩城、山西侯马方向与鄠邑、涝峪方向	151	0.3
韩城、山西侯马方向与汉中及四川方向	2070	3.5
韩城、山西侯马方向与包茂南、福银南、沪陕等	1831	3.1
合计	58947	100.0

第二段：西安以南段。

路段交通量分布：京昆高速河池寨至涝峪段交通量路段分布自北向南基本呈递减态势，其中鄠邑立交是交通量突变较大的节点，鄠邑立交以北的河池寨至鄠邑段交通量为 5.2~5.5 万辆小客车/日（表 2.6），鄠邑立交以南的鄠邑至涝峪段交通量为 3.6 万辆小客车/日。此外，由于西咸北环线分流影响致使三星至鄠邑东段交通量小于鄠邑东至鄠邑段。

表 2.6　2016 年京昆高速河池寨至涝峪段路段交通量表（小客车，辆/日）

路段名称	河池寨—三星	三星—鄠邑东	鄠邑东—鄠邑	鄠邑—涝峪
路段交通量	55146	51816	54879	36213

车型构成：目前京昆高速河池寨至涝峪段交通量以小客车、特大及拖挂车为主，两极化趋势十分明显，两车型绝对数和折算数分别占到总交通量的 66.47%、13.79% 和 43.13%、35.79%（表 2.7）。

表 2.7　2016 年京昆高速河池寨至涝峪段车型比例

车型	小客	大客	客车合计	小货	中货	大货	特大货及拖挂车	货车合计	合计
绝对值	66.47%	3.87%	70.34%	4.75%	5.86%	5.26%	13.79%	29.66%	100.00%
折算值	43.13%	3.77%	46.89%	3.08%	5.70%	8.53%	35.79%	53.11%	100.00%

出行分布分析：2016 年，该段高速公路总出行 6.57 万辆小客车/日，其主要的交通发生源为沿线的鄠邑、涝峪、西安、汉中及以远、连霍东方向等，按出行发生量计，分别占出行总量的 17.5%、7.5%、27.9%、27.9% 和 8.1%，共计 88.9%。

为直观反映车辆的流向分布，报告将区内交通、出入境交通及过境交通的定义及交通出行情况简述如表 2.8。

表 2.8　区域出行量及其比例构成表（一）

类型	定义	OD 量/（小客车，辆/日）	比例/%
区内交通	京昆高速河池寨至涝峪段沿线区域任两点之间的车辆出行	650	1.0
出入境交通	起点或终点为京昆高速河池寨至涝峪段沿线区域的车辆出行	36550	55.7
过境交通	跨越京昆高速河池寨至涝峪段全程的车辆出行	28450	43.3
合计		65650	100.0

区域出行量构成中，比重最大的为出入境交通，约占区域总量的 55.7%（表 2.9）；其次为过境交通，约占区域总量的 43.3%；区内交通最少，占区域总量的 1.0%。

表 2.9 区域出行量及其比例构成表（二）

出行方向	出行量 /（pcu/d）	比例 / %
一、区内交通	650	1.0
二、出入境交通	36550	55.7
沿线区域向南与汉中、四川方向	6791	10.3
沿线区域向北与西安	24514	37.3
沿线区域向北与包茂北、福银北、连霍西等方向	3198	4.9
沿线区域向北与高陵、阎良、富平、蒲城方向	347	0.5
沿线区域向北与韩城、山西侯马方向	151	0.2
沿线区域向南与包茂南、福银南、沪陕等方向	1549	2.4
三、过境交通	28450	43.3
汉中、四川方向与西安方向	13054	19.9
汉中、四川方向与包茂北、福银北、连霍西等	3898	5.9
汉中、四川方向与高陵、阎良、富平、蒲城方向	392	0.6
汉中、四川方向与韩城、山西侯马方向	2070	3.2
汉中、四川方向与包茂南、福银南、沪陕等	9036	13.8
合计	65650	100.0

（2）京昆通道西安以北路段。

G108 陕晋界至富平＋G210 富平至西安段：该公路为京昆通道内与京昆高速并行的国道线路，也是沿线乡镇对外出行的主要通道之一，交通需求较大，2016年陕晋界、蒲城至富平和富平至西安段交通量分别为 0.78 万辆小客车/日、1.37 万辆小客车/日和 0.98 万辆小客车/日（表 2.10）。

表 2.10　G108 陕晋界至富平＋G210 富平至西安段 2016 年断面交通量表（辆/日）

路段		小客车	大客车	小货车	中货车	大货车	拖挂车	绝对数合计	折算数合计
G108	陕晋界	4292	285	702	133	413	286	6111	7798
	蒲城—富平	7134	192	672	1587	107	743	10435	13714

续表

路段		小客车	大客车	小货车	中货车	大货车	拖挂车	绝对数合计	折算数合计
G210	富平—西安	5699	274	1237	228	427	253	8118	9769

分析数据可知，随着京昆高速陕西境分段建成通车，G108 对应路段上交通量的发展出现了几个台阶式的变化。

2003 年 11 月，勉宁高速公路开通后，G108 宁强段交通量出现较大幅度的下降，由 2003 年的 3947 辆小客车/日下降至 2004 年的 681 辆小客车/日，随后路段交通保持了稳定增长的态势，2015 年宽川观测站交通量已增至 4178 辆小客车/日。

2005 年 11 月，阎禹高速公路建成通车，实现了京昆线陕西境西安以北路段的贯通，对通道内 G108 的交通量产生了较大的分流影响，其中上峪口断面交通量由 2004 年的 8461 辆小客车/日逐渐减少至 2005 年的 4969 辆小客车/日、2006 年的 645 辆小客车/日，相对来说蒲城至富平段影响不大，主要与西安至蒲城段区间交通量增长较快有关。

2007 年 9 月，涝峪口至勉县高速公路建成，G108 西安以南周至至佛坪段交通量出现一定回落，由 2007 年的 3933 辆小客车/日下降至 2008 年的 3051 辆小客车/日、2009 年的 2161 辆小客车/日。

近年来，随着沿线经济社会的加快发展，G108 路段交通量增长迅速，2015 年该公路西安以北的上峪口和王寮断面交通量分别约为 1.60 万辆小客车/日和 1.22 万辆小客车/日，西安以南的马召和宽川断面交通量分别约为 0.68 万辆小客车/日和 0.42 万辆小客车/日，西安以北路段交通量明显高于西安以南路段。

2016 年 G108 西安以北的上峪口和王寮断面客车交通量折算值比重分别为 55.1%和 55.4%，客车交通量高于货车交通量；西安以南的马召和宽川断面客车交通量折算值比重分别为 45.4%和 48.2%，客车交通量低于货车交通量，见表 2.11。

表 2.11 2016 年 G108 典型路段车型比例表

路段名称	观测点	小客	大客	客车合计	小货	中货	大货	特大货及拖挂车	货车合计	合计
陕晋界	上峪口	47.8%	7.2%	55.1%	10.8%	2.4%	15.9%	15.8%	44.9%	100%
蒲城至富平	王寮	53.3%	2.1%	55.4%	5.1%	17.0%	1.9%	20.7%	44.6%	100%
周至至佛坪	马召	40.7%	4.7%	45.4%	34.2%	2.3%	9.1%	8.9%	54.6%	100%
陕川界	宽川	41.4%	6.8%	48.2%	10.9%	3.8%	17.9%	19.2%	51.8%	100%

G108 公路是拟改扩建项目通道内重要的一条国道线路，在省境内呈东北-西南走向，连接了渭南、西安、咸阳、汉中 4 地市，路线由陕晋交界的禹门口入陕境，经韩城、合阳、澄城、蒲城、富平、阎良、三原、泾阳、礼泉、乾县、武功、周至、佛坪、洋县、城固、汉中、勉县、宁强等市（县），于陕川界的棋盘关进入四川，陕西省境内里程 763.6 公里，其中城市主干线 4.9 公里（富平境内），一级公路 165.5 公里，二级公路 312.5 公里，三级公路 256.9 公里，四级公路 23.8 公里。

拟改扩建范围内 G108 路线起自蒲城县西固村，利用原 S106 至富平东上官，之后利用富平产业大道至阎良界，利用关中环线向西经三原、泾阳、礼泉、乾县，之后向南利用 S108 经武功、周至与原 G108 相接。

连霍高速：该公路为陕西东西运输大动脉，交通量较大，2016 年潼关至渭南、渭南至临潼和临潼至西安段交通量分别为 5.04 万辆小客车/日、5.03 万辆小客车/日和 5.40 万辆小客车/日，见表 2.12。

榆蓝高速：目前该大通道未全线贯通，仅承担沿线区域间的短途出行，现状交通量较小，2016 年榆蓝高速蒲城至渭南和渭南至玉山交通量分别仅为 0.54 万辆小客车/日和 0.22 万辆小客车/日，见表 2.13。

西咸北环线：2016 年该公路零口至西吴段即临兴线交通量为 1.04 万小客车/日，西吴至沣渭段即与连霍线共线段交通量为 2.21 万辆小客车/日，沣渭至鄠邑东段交通量相对较小，仅为 0.53 万辆小客车/日，见表 2.14。

关中环线北段：该公路为陕西次骨架公路系统中的一环，也是一条高标准旅游公路，沿线城镇密集、人口聚集、自然与人文资源丰富，交通需求较大。2016年阎良至三原和三原至乾县段交通量分别为 2.48 万辆小客车/日和 1.04 万辆小客车/日，见表 2.15。

表 2.12 连霍高速西安以东段 2016 年断面交通量表（辆/日）

路段	小客车	大客车	小货车	中货车	大货车	拖挂车	绝对数合计	折算数合计
潼关—渭南（赤水）	10982	584	769	1423	1685	7855	23298	50394
渭南（赤水）—临潼	19374	805	1330	1609	1469	5569	30156	50274
临潼—西安	28471	1256	1918	1609	1220	4072	38546	54025

表 2.13 榆蓝高速蒲城至玉山段 2016 年断面交通量表（辆/日）

路段	小客车	大客车	小货车	中货车	大货车	拖挂车	绝对数合计	折算数合计
蒲城东—渭南（赤水）	2876	43	265	369	170	293	4016	5356
渭南（赤水）—玉山	750	20	123	196	113	178	1380	2192

表 2.14 西咸北环线 2016 年断面交通量表（辆/日）

路段	小客车	大客车	小货车	中货车	大货车	拖挂车	绝对数合计	折算数合计
零口—西吴	3166	87	360	557	356	1246	5772	10366
西吴—沣渭	12318	249	1039	1229	710	1191	16736	22113
沣渭—鄠邑东	2095	58	341	415	240	393	3542	5318

表 2.15 关中环线北段 2016 年断面交通量表（辆/日）

路段	小客车	大客车	小货车	中货车	大货车	拖挂车	绝对数合计	折算数合计
阎良—三原	4999	511	1505	1540	1771	2694	13020	24784
三原—乾县	3314	86	347	338	378	1295	5758	10422

3. 小结

本节主要对项目路和影响区路网的现状进行了分析和总结，介绍了各条道路的技术等级、交通量、车辆构成等现状情况，并对项目路和主要分流道路的交通情况进行了详细的分析，为交通量的预测提供数据基础，从而为保通方案的论证和分流方案的确定提供支撑。

二、以泉南高速（柳州至南宁段）为例

1. 路网道路条件

东西横向相交道路：国道324、国道323、省道101、汕昆高速（G78）、广昆高速（G80）等。

南北纵向平行道路：国道209、国道210、国道322、国道321、国道207、省道307、省道204、包茂高速（G65）、兰海高速（G75）等。

（1）东西横向道路现状。

第一条：国道324。

国道324在广西境内路线：岑溪—容县—北流—玉林—兴业—贵港—宾阳—南宁—隆安—田东—田阳—百色—田林。

国道324贵港至平果段，技术等级为二级，全线大部分路段为双车道及四车道，部分路段为六车道，路面有沥青和水泥混凝土两种情况，部分路段路面状况较差，破损严重，设计速度为40~80公里/时。国道324分段统计见表2.16。

表 2.16 影响区内国道323道路条件分段统计

编号	起点	终点	公路里程/km	技术等级	车道数	路面宽/m
1	宾阳与贵港交界	王灵高速路口	22.976	二级	双车道	11.2
2	王灵高速路口	宾阳县案山转盘	21.483	二级	四车道	15
3	宾阳县案山转盘	杨村	9.035	二级	双车道	9
4	杨村	芦圩镇与新桥镇分界点	2.921	二级	六车道	22
5	芦圩镇与新桥镇分界点	三塘镇	65.058	二级	双车道	11
6	三塘镇	南宁市	12.103	二级	四车道	24
7	南宁市	南宁市西明村	7.216	二级	六车道	30

第二条：国道323。

国道323在广西境内路线：贺州—钟山—平乐—荔浦—鹿寨—柳州—柳江—大塘—宜州—河池—东兰—巴马—田阳—百色。

国道323在桂林市境内的技术等级为二级［小崴口至平乐县（桂江大桥）为

一级］，但在柳州市境内道路的技术等级分布在一级至四级，部分路段甚至为等外公路；路面为沥青或者水泥混凝土，大部分路段车道数为两车道，在桂林市境内限速为 80 公里/时，在柳州市境内限速较低，大部分分布在 40 公里/时。

国道 323 横向连接 G65 包茂高速、G72 桂柳高速和 G75 兰海高速，与 G78 汕昆高速大致走向平行。鹿寨互通、雒容互通、柳州互通和新兴互通均为国道 323 与项目路的相交节点。

第三条：汕昆高速（G78）。

G78 汕昆高速（贺州至阳朔段）与 G65 包茂高速（鹿寨至柳州段）与 G72 泉南高速重线。贺州至平乐段已通，平乐至鹿寨段在建，柳州至河池段已通。

双向四车道，路面为沥青混凝土，设计速度为 120 公里/时。与 G72 泉南高速、国道 209、国道 322 相交；与国道 323 大致平行。

第四条：广昆高速（G80）。

G80 广昆高速路线：广州—梧州—岑溪—玉林—南宁—百色—昆明。G80 广昆高速与 G65 包茂高速在苍梧至岑溪段重线，六景至南宁段与 G72 泉南高速重线。

广昆高速设计速度为 120 公里/时，双向四车道，路面为沥青混凝土。走向与国道 324 大致平行，与 G75 兰海高速、G72 泉南高速、国道 209、国道 210、国道 322 相交。六景互通，为 G80 高速公路与项目路的相交节点。

（2）南北纵向道路现状。

第一条：国道 209。

国道 209 在广西境内路线：三江—融安—柳州—武宣—灵山—北海。

国道 209 三江至横县段，除柳州市沙塘至柳江县新兴段道路技术等级为一级外，其余路段技术等级均为二级；大部分路段路面为水泥混凝土，设计速度为 60~80 公里/时。与 G72 泉南高速大致平行，与 G78 兰海高速、G80 广昆高速、国道 323 和国道 324 相交。柳州西（新兴）互通是国道 209 与项目路相交的节点。

第二条：国道 322。

国道 322 在广西境内路线：全州—兴安—灵川—桂林—临桂—永福—鹿寨—柳州—柳江—宾阳—南宁—宁明—凭祥。

国道 322 分为两段，桂林至永福县段和鹿寨至凭祥段，除桂林市内段及柳州市内段技术等级为一级外，其余道路技术等级水平参差不齐，分布在二级到四级；路面多为沥青表面处治路面和水泥混凝土路面，设计速度为40~80公里/时。

国道322与G72泉南高速大致平行，其间有鹿寨、雒容、柳州三个互通连接两条道路。需要指出的是，国道322在永福至鹿寨段技术等级为四级，无分流条件。

第三条：国道210。

国道210路线：河池—南宁。国道210都安县至武鸣县段，除武鸣县城内道路技术等级为一级外，其余道路技术等级均为三级；大部分路面为沥青表面处治路面，设计速度为40~80公里/时。

国道210与兰海高速大致平行，与G80广昆高速相交于南宁市安吉互通。

第四条：国道321。

国道321在广西境内路线：三江—龙胜—桂林—阳朔—荔浦—蒙山—梧州。

国道321三江侗族自治县至蒙山县段，道路技术等级为二级，双向两车道，路面为水泥混凝土路面，平均设计速度为60公里/时。

国道321与G65包茂高速桂林至阳朔段大致平行，与国道323、国道322、G72泉南高速相交。庙岭互通为国道321与项目路的相交节点。

第五条：省道307。

省道307柳江至金秀段，道路技术等级为二级，双向两车道，路面类型主要为水泥混凝土路面，平均设计速度为80公里/时。

省道307连接国道322和国道209。

第六条：包茂高速（G65）。

包茂高速在广西壮族自治区内的线路：三江—龙胜—桂林—阳朔—平乐—钟山（贺州）—马江—梧州—岑溪—水汶。

三江至桂林段主线长137公里，目前正在建设中；桂林段与桂林绕城高速共线；主线采用四车道全封闭高速公路标准建设，设计行车速度采用100公里/时，整体式路基宽26米。

桂林至梧州段，设计行车速度120公里/时，双向四车道，路面类型为沥青混凝土路面。与国道321桂林至阳朔段、国道323平乐至钟山段大致平行，连接桂林绕城高速和G78汕昆高速。

第七条：兰海高速（G75）。

兰海高速公路在广西壮族自治区内的线路：六寨—南丹—河池—都安—马山—武鸣—南宁—钦州—合浦（北海）—山口。

已建成路段设计速度主线 80 公里/时、100 公里/时，双向四车道，设计路基宽度主线 24.5 米、26 米，路面类型为沥青混凝土路面。

河池至都安段，已于 2009 年 12 月 29 日开工建设。全长 96.25 公里，起于河池肯研那龙水库，止于都安县东盘村东侧。全封闭、全立交、双向四车道高速公路标准新建，主线路基宽 26 米，设计速度 100 公里/时。

2. 路网交通条件

项目影响区主要既有道路交通条件见表 2.17。

表 2.17 项目影响区主要既有道路交通条件统计

线路名称	起止段	技术等级	车道数	2010年混合当量/(pcu/d)	高峰小时流量/(pcu/h)	道路通行能力/(pcu/h)	饱和度	服务水平	备注
G209	三江—横县	二级	2	11293	525	1520	0.35	二级	已建
G321	三江—蒙山	二级	2	10162	473	1520	0.31	二级	已建
G322	桂林—永福	二级	2	19916	926	1520	0.61	三级	已建
G322	鹿寨—四塘	二级	2	12729	592	1520	0.39	二级	已建
G322	四塘—凭祥	三级	2	9582	446	702	0.63	三级	已建
G323	钟山—忻城	二级	2	9864	459	1520	0.30	二级	已建
G324	贵港—平果	二级	2	19432	904	1520	0.59	三级	已建
G210	都安—武鸣	三级	2	8920	415	702	0.59	三级	已建
S306	融安—临桂	三级	2	8523	397	702	0.56	三级	已建
S101	南宁—横县	三级	2	2648	123	702	0.18	一级	已建
S307	柳江—金秀	二级	2	9028	420	1520	0.28	二级	已建
G65 包茂高速	三江—水汶	高速	4	12968	302	1330	0.23	一级	已建
G75 兰海高速	河池—都安	高速	4	—	—	—	—	—	在建
G75 兰海高速	都安—北海	高速	4	18981	442	1520	0.33	二级	已建

续表

线路名称	起止段	技术等级	车道数	2010年混合当量/(pcu/d)	高峰小时流量/(pcu/h)	道路通行能力/(pcu/h)	饱和度	服务水平	备注
G78汕昆高速	宜州—柳州	高速	4	13228	308	1330	0.23	一级	已建
	鹿寨—平乐	高速	4	—	—	1520	0.00	—	在建
G80广昆高速	梧州—百色	高速	4	14387	335	1330	0.25	一级	已建

3. G209现状分析

（1）G209交通流量分析。

与G72桂柳南高速公路平行的209国道广西段全长400公里。其中，一级公路37.5公里，占9.38%；二、三级公路362.5公里，占90.62%。历年交通量观测结果见表2.18。2006—2007年平稳增长，年增长率为1.29%。2007—2008年，日均交通量有所减少，年均增长率为-1.07%。2008—2010年增速较快，年增长率为12.37%。

表2.18　G209路段交通量发展情况

单位：pcu/d

路名	AADT					
	2006	2007	2008	2009	2010	年平均增长率/%
G209	8936	9051	8954	9721	11293	6.24

注：数据来自《广西一般国省道交通量统计年报表》。

（2）G209车型构成分析。

2008年G209车型构成比例情况见表2.19。分析表中数据可知，客车是国道

表2.19　2008年G209车型构成比例表

单位：%

客车		货车						摩托	拖拉机	非机动车
小客	大客	小货	中货	大货	拖挂	特大	集装箱			
34.40	5.60	13.65	12.60	5.95	0.70	1.05	0.70	21.00	2.00	2.35

注：数据来自《广西壮族自治区国道交通量构成比例表》。

209 交通的主要车辆类型，2008 年客车交通量占总量的 40%，其中以小客车为主，小客车交通占总量的 34.4%。而货车交通量占总量的 34.65%，其中小货占总量的 13.65%，中货占总量的 12.60%，比例相当。国道 209 摩托车交通比例偏大，占总交通量的 21%。

（3）G209 道路条件分析。

国道 209 沙塘至云表镇，技术等级有一、二两个级别，其中以二公路为主，所占比例为 76%。全线大部分路段为双车道，部分路段为四车道、六车道，其中双车道所占比例为 86%。国道 209 分段统计见表 2.20。

表 2.20 影响区内国道 209 道路条件分段统计

编号	起点	终点	公路里程/km	技术等级	车道数	路面宽/m
1	柳州市沙塘	柳州市	15.837	一级	四车道	16
2	柳州市	柳江县新兴	21.713	一级	六车道	30
3	柳江县新兴	云表镇	118.318	二级	双车道	9

注：数据来自柳州公路局及南宁公路局。

4. G322 现状分析

（1）G322 交通流量分析。

与 G72 桂柳南高速公路平行的 322 国道广西段全长 754 公里。其中，一级公路 152 公里，占 20.16%；四级及等外公路 42 公里，占 5.58%；二级、三级公路共 560 公里，占 74.27%。历年交通量观测结果见表 2.21。其中，对亭至六道段交通量变化较为平稳，2006 年至 2008 年交通量有所降低，年平均增长率为 -5.24%。2008 年以后，日均交通量又稳步上升，年均增长率为 2.03%。黄沙河至五里排段 2009 年至 2010 年交通量增长速度较快，增长率为 27.79%。

表 2.21 G322 路段交通量发展情况

单位：pcu/d

路段	AADT					年平均增长率/%
	2006	2007	2008	2009	2010	
对亭—六道	13632	12556	12230	12317	12730	−1.61

续表

路段	AADT					年平均增长率/%
	2006	2007	2008	2009	2010	
黄沙河—五里排	—	—	—	15585	19916	27.79

注：数据来自《广西一般国省道交通量统计年报表》。

(2) G322 车型构成分析。

2008 年 G322 车型构成比例情况见表 2.22。分析表中数据可知，客车是国道 209 交通的主要车辆类型，2008 年客车交通量占总量的 44%，其中以小客车为主，小客车交通占总量的 39.6%。而货车交通量占总量的 25.45%，其中小货占总量的 12.50%，其次是大货占总量的 5.45%。G322 摩托车交通的比例偏大，占总交通量的 28%。

表 2.22 2008 年 G322 车型构成比例表

单位：%

客车		货车						摩托	拖拉机	非机动车
小客	大客	小货	中货	大货	拖挂	特大	集装箱			
39.60	4.40	12.50	5.00	5.45	0.75	1.50	0.25	28.00	2.00	0.55

注：数据来自《广西壮族自治区国道交通量构成比例表》。

(3) 影响区内 G322 道路条件分析。

G322 长塘至吴圩街，技术等级有一、二、三、四级及等外几个级别，其中以二、三级公路为主，所占比例为 82.3%。全线大部分路段为双车道及四车道，部分路段为六车道，其中双车道所占比例为 86%。国道 322 分段统计见表 2.23。

表 2.23 影响区内国道 322 道路条件分段统计

编号	起点	终点	公路里程/km	技术等级	车道数	路面宽/m
1	长塘村	鹿寨县姑娘山	18.006	二级	双车道	9
2	鹿寨县姑娘山	鹿寨县三门江	20.968	三级	双车道	7
3	鹿寨县三门江	柳州市静兰	7.140	二级	双车道	7
4	柳州市静兰	柳江县塘头	17.916	一级	六车道	30

续表

编号	起点	终点	公路里程/km	技术等级	车道数	路面宽/m
5	柳江县塘头	柳江县拉田屯	5.7	一级	四车道	24
6	柳江县拉田屯	柳江县果朗屯	27.788	三级	双车道	9
7	柳江县果朗屯	柳江县长洞屯	2	四级	双车道	8
8	柳江县长洞屯	柳江县鬼子坳	1	等外	双车道	8
9	柳江县鬼子坳	忻城县古北	31.29	三级	双车道	9
10	忻城县古北	四塘镇	169.644	二级	双车道	14
11	四塘镇	南宁市江南区那洪	24.83	二级	四车道	24
12	南宁市江南区那洪	吴圩街	17.931	二级	双车道	12

注：数据来自柳州公路局及南宁公路局。

5. 周围其他国省道现状分析

（1）交通流量分析。

历年汽车交通量发展变化情况详见表2.24。

表2.24 相关国省道各观测站历年汽车交通量增长情况表

单位：pcu/d

年份	G323 拉堡	G323 六道	G322 思练	G322 勒马	G324 八塘	G324 三塘	G324 王灵	路段平均			
								柳州—大塘段	大塘—宾阳段	宾阳—南宁段	贵港—宾阳段
1997	21500	9152	5934	7702	9170	11972	8420	12432	6995	8993	8420
2003	29060	10466	5436	3843	5610	13665	8989	15405	4420	6322	8989
2008	25590	9814	2348	6328	6300	14474	8454	14005	4736	6987	8454
2009	27154	10134	2126	5084	7107	18726	7430	14655	3901	8193	7430
增长率											
1997—2003	5.4%	2.3%	-1.2%	-10.9%	-7.9%	2.2%	1.1%	3.6%	-7.4%	-5.7%	1.1%
2003—2009	-1.1%	-0.5%	-14.5%	4.8%	4.0%	5.4%	-2.5%	-0.8%	-2.1%	4.4%	-2.5%
1997—2009	2.0%	0.9%	-8.2%	-3.4%	-2.1%	3.8%	-0.7%	1.4%	-4.7%	-0.8%	-0.7%

分析上表可得，1997—2009 年间，国道 322 柳州至大塘段路段平均汽车交通量年均增长率为 1.4%，国道 322 大塘至宾阳段为-4.7%，国道 322 宾阳至南宁段为-0.8%，上述交通量增长速度是在有高速公路分流情况下的增长率。1997—2003 年间国道 324 贵港至宾阳段路段平均汽车交通量年均增长率为 1.1%，2003—2009 年间为-2.5%。

受公路施工影响，国道 322 柳州至大塘段、大塘至宾阳段出现汽车交通量下降情况，由于仍在施工，还未恢复正常增长。受 2003 年兴业至六景高速公路通车影响，国道 322 宾阳至南宁段出现汽车交通量下降情况，现已恢复正常增长。受 2003 年兴业至六景高速公路通车影响，国道 324 贵港覃塘至宾阳段出现汽车交通量下降情况，现已恢复正常增长。

（2）车型构成分析。

321 国道、323 国道车型构成比例情况见表 2.25。分析表中数据可知，客车是国道 321 交通的主要车辆类型，2008 年客车交通量占总量的 55%，其中以小客车为主，小客车交通占总量的 54.45%；而货车交通量仅占总量的 5%；国道 321 摩托车交通的比例非常大，占总交通量的 37%。

表 2.25　2008 年相关国道车型构成比例表

单位：%

路名	客车		货车						摩托	拖拉机	非机动车
	小客	大客	小货	中货	大货	拖挂	特大	集装箱			
G321	54.45	0.55	1.75	1.45	1.00	0.00	0.45	0.35	37.00	2.00	1.00
G323	18.76	9.24	8.68	7.75	7.44	2.48	4.34	0.93	24.00	11.00	5.41

注：数据来自《广西壮族自治区国道交通量构成比例表》。

国道 323 客车、货车的比例相当，客车占总量的 28%，货车占总量的 31.59%，摩托车交通比例偏大，占总量的 24%。

预测各特征年路网是以现状路网图为基础，根据自治区交通运输厅的《广西高速公路网规划修编（2010—2020）》及《广西"十二五"公路规划建设项目表》中的公路建设规划确定未来年交通量分配路网图。未来各特征年与本项目相关较大的拟建主要公路见表 2.26。

表 2.26 2011—2030 年相关主要公路建设项目表

项目名称	等级	建设性质	建成通车年份	备注
宜州—河池高速公路	高速	新建	2011 年	
兴安—桂林高速公路	高速	新建	2012 年	
桂林—三江高速公路	高速	新建	2014 年	
南宁外环高速公路	高速	新建	2013 年	
南宁—北海、防城港扩建	高速	改扩建	2014—2015 年	
六景—钦州港高速公路	高速	新建	2012 年	
梧州—贵港高速公路	高速	新建	2013 年	
来宾—马山高速公路	高速	新建	2013 年	
柳州—武宣高速公路	高速	新建	2013 年	
贵港—合浦高速公路	高速	新建	2013 年	
荔浦—玉林高速公路	高速	新建	2014 年	
梧州—柳州高速公路	高速	新建	2014 年	
G322 柳州—龙南	二级	改建	2011 年	
G322 永福—鹿寨	二级	改建	2013 年	
鹿寨—象州	二级	新建	2014 年	
南宁—宾阳	一级	改建	2013 年	
宾阳经贵港—桂平	一级	改建	2014 年	
鹿寨经柳州—柳城	一级	改建	2014 年	

其中三江柳州高速公路、柳州至武宣高速公路、桂平至来宾高速公路（按中国高速公路及城乡公路网地图集路经武宣）、梧州至贵港高速公路（经桂平）、贵港至合浦高速公路均在 2013 年建成通车，南宁外环高速公路、阳朔至鹿寨高速公路、来宾至马山高速公路、南宁至宾阳一级公路均于 2013 年建成通车；荔浦至玉林高速公路（北接阳朔至鹿寨高速，南接广昆高速）均于 2014 年建成通车，鹿寨经柳州至柳城一级公路和宾阳经贵港至桂平一级公路亦于 2014 年建成

通车。

以上道路均于柳南高速项目实施期修建完成，三江柳州高速公路、柳州至武宣高速公路、贵港至合浦高速公路及荔浦至玉林高速公路位于项目路的东侧，与项目路平行，建成后南北向路网密度增加，可分担项目路上的流量，并可起到分流作用。桂平至来宾高速公路、梧州至贵港高速公路、来宾至马山高速公路及宾阳经贵港至桂平高速公路与项目路横向相交，可为项目路提供更多分流路径。

三、小结

本节主要对项目路和影响区路网的现状进行了分析和总结。介绍了各条道路的技术等级、交通量、服务水平、车辆构成等现状情况。并对项目路和主要分流道路的交通情况进行了详细的分析，为交通量的预测提供数据基础，从而为保通方案的论证和分流方案的确定提供支撑。

第 3 章
路网流量预测

3.1 一般规定

调查、分析与交通量预测成果应满足交通组织总体设计、区域路网分流、保通路段交通组织设计、应急情况下的交通组织设计、交通组织配套设施设计的要求。可行性研究阶段应提供交通组织设计备选方案的交通量预测成果；设计阶段应提供交通组织设计比选及推荐方案的交通量预测更新成果；施工阶段，当预测量与实际量的偏差较大或路网及项目路交通状况发生重大变化时，应提供交通量预测修正成果，还应提交各预测时段交通量预测结果。

可行性研究阶段，应对交通组织各比选方案分别进行交通量预测；设计阶段，应结合补充调查资料对交通组织比选及推荐方案的交通量预测进行修正；施工阶段，应结合设计阶段预测量与实际量的偏差、路网及项目路交通状况的变化对交通组织方案的交通量预测进行补充修正。

交通量预测在可行性研究中已开展，但因服务目的不同，预测时段、精度等要求不同，需结合改扩建项目路的具体特点，增加与改扩建交通组织相关的预测，为区域路网分流和路段保通方案的合理制定提供依据。

3.2 交通量预测内容

改扩建期间交通量预测包括趋势交通量预测、诱增交通量预测及转移交通量预测。

一、趋势交通量预测

由于本文研究的项目是改扩建项目,已运营多年,路段历史交通量本身就能反映该路段上交通量的发展趋势。因此,可以利用该路段的历史交通量,用基于运输通道的交通量预测法来进行预测。

1. 基于运输通道的交通量预测法的具体思路

(1)获取项目所在运输通道内各条道路的历史交通量。

(2)根据运输通道历史交通量找出其发展趋势,运用相关趋势模型求出通道交通量的增长率,并计算出通道未来年总交通量。

(3)根据项目通道内各条道路的历史交通量发展趋势,结合各条道路在未来年的等级、车道数和通行能力等因素,采用概率模型来确定未来年各条道路在通道内所承担的交通量比例,计算出本项目未来年的交通量。

2. 通道交通量的获取方法

依照《公路交通情况调查技术规范》,可知通过交通量观测站,可以得到以下几点与交通量预测有关的历史数据。

(1)交通调查的范围很广,凡是列入管养的公路,必须进行交通量调查。

(2)交通量观测站的分布原则应从全面反映公路网交通流量及其特性出发,考虑公路网布局、管理等级、技术等级及公路建设规划,合理布局。

(3)连续式交通量观测必须全年天,每天每小时不间断地进行,并以每小时为一时段,由整点到整点观测记录。

(4)每小时的交通量及日交通量应分方向、分车型、分小时进行记录统计,每个日历月结束后,应及时根据每日的观测记录,对全月汽车交通量及混合交通量的小时交通量的变化情况进行统计。

（5）在月交通量统计的基础上，应对全年各类车型的交通量自然车累计数及标准车当量累计数进行统计，分别计算各类车型自然车及标准车当量车辆的年平均日交通量。

（6）对各交通量观测路段的交通流特性进行分析，计算交通量的构成、昼间交通量占昼夜交通量的比例、交通量昼夜不均匀系数、高峰小时系数、交通量方向不均匀系数等。

二、诱增交通量预测

诱增交通量是指由于道路的新建或改建改善了原有道路的条件，从而在短期或长期内"产生"或是"诱发"出额外的交通需求。这部分新增的交通量是由于道路条件的改善，如运输成本的降低，刺激了潜在交通量的释放，或者是促进了新的经济活动（如新建工厂等）所产生的额外运输需求。

诱增交通量主要由两部分组成：

（1）潜在运输量：这部分是由于未建公路，运输不便或经由其他途径的运输成本太高而不值得运输。公路修建后，这部分潜在的运输需求得以实现。

（2）新的运输量：公路建成后提供了便利的运输条件，改善了当地投资环境，从而刺激了当地经济活动（如新建工厂等），进而产生了新的运输需求。

一般高速公路改扩建采用重力模型预测诱增交通量，用福莱特法（Fratar Method）预测正常趋势交通需求。

重力模型为：

$$Q_{ij}=k \cdot \frac{P_i^\alpha \cdot A_j^\beta}{T_{ij}^\gamma} \tag{3.1}$$

式中，Q_{ij}——区到区的出行量，pcu/d；

P_i——区的发生量，pcu/d；

A_j——区的吸引量，pcu/d；

T_{ij}——区到区的出行时间，d；

k, α, β, γ——重力模型参数。

重力参数模型参数见表3.1。

表 3.1 重力模型参数

参数	客车	货车
k	0.541	1.727
α	0.73	0.59
β	0.66	0.57
γ	0.75	0.54

福莱特法假设 i，j 小区间分布交通量 Q_{ij} 的增长系数不仅与 i 小区的发生增长系数和 j 小区的吸引增长系数相关，还与整个规划区域的其他交通小区的增长系数相关。模型公式为：

$$Q_{ij}^{k+1} = Q_{ij}^{k} \cdot F_i^k \cdot F_j^k \cdot \frac{L_i + L_j}{2} \tag{3.2}$$

$$L_i = \frac{P_i^k}{\sum_{j=1}^{n}(Q_{ij}^{K} \cdot F_j^k)} \tag{3.3}$$

$$L_j = \frac{A_j^k}{\sum_{i=1}^{n}(Q_{ij}^{K} \cdot F_i^k)} \tag{3.4}$$

式中，Q_{ij}^{k+1}——为来年 i 区与 j 区间的交通量；

Q_{ij}^{k}——基年区 i 与 j 区间的交通量；

F_i^k，F_j^k——i 区、j 区发生交通量的增长倍数；

P_i^k——基年 i 区发生交通量；

A_j^k——基年 j 区吸引交通量；

n——交通小区数。

福莱特法技术流程见图 3.1。

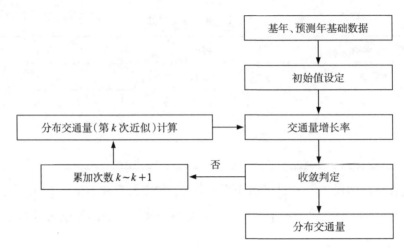

图 3.1 福莱特法技术流程

三、转移交通量预测

转移交通量是指因运输网络构成改变,引致运输网络运行特性的改变所产生的交通量,在运网中的重新分配量,这个重新分配的交通量称为转移交通量。转移交通量不仅在不同运输方式之间发生,即在铁路运输、公路运输、水路运输、航空运输和管道运输等运输方式之间转移,而且也会在同种运输方式的不同线路、不同运输工具类型之间发生转移。

高速公路建设项目的交通量预测期限往往较长,而在不同时期综合运输系统各运输方式技术状况的相对条件是不断变化的,转移交通量的大小、正逆向过程也将随之发生变化,采用转移率法很难描述这种长期复杂的转移关系。实际上,转移交通量是区域客货运量在不同运输方式之间分担状况的体现,因此可以考虑从综合运输的角度出发,通过分析影响转移交通量区域的路网参数,在把握区间综合运输总量的基础上,根据方式分担对公路运量进行预测,以客观反映交通量的转移规律。

对转移交通量的预测目前国内尚无成熟的预测技术,一般采用转移率法。这种方法将公路系统作为研究对象,认为转移量是公路系统与外部其他运输方式系统之间的交换量,但在具体确定这个交换量大小时缺乏一定的控制性指标,因而造成一些项目在进行转移量预测时存在一定的随意性。另一方面,高速公路系统的变化引起运输方式利用特征的变化,导致高速公路沿线城市空间形态、土地利用结构的改变。反过来,土地利用特征的改变也对高速公路系统提出新的要求,促使出行方式结构和交通密度特征的改变,最终形成区域内相协调的运输系统。如何在区域内进行合理的运输方式及通行路径划分是分析转移交通量相关参数选取的基础,也是准确预测转移交通量的基础。

四、高速公路改扩建交通量预测成果

交通量预测成果包含下列内容:

(1)项目路节点分车型OD;

(2)项目路及影响区内各路段交通量、流向及交通组成;

(3)项目路互通式立体交叉交通量、流向及交通组成;

(4)项目路过境交通、区间交通与区内交通量、流向及交通组成;

(5)项目影响区内交通组织涉及的主要互通式立体交叉和平面交叉口交通量、流向及交通组成。

其中,OD包含平均日和高峰小时OD,交通量包含平均日和高峰小时交通量,节点包括项目路起讫点和互通式立交,项目路节点分车型OD为任意两节点间的分车型交通量、流向及交通组成。过境交通是指通过项目路,且起、讫点均在项目路范围之外的交通出行。区间交通是指通过项目路,且起、讫点之一在项目路范围之内的交通出行。区内交通是指通过项目路,且起、讫点均在项目路范围之内的交通出行。

3.3 交通量预测基准年

交通量预测基准年是交通规划和交通工程领域中的一个重要概念,它是指用于预测未来交通量的一个参考年份。这个基准年通常是基于历史数据和现有交通情况,选择的一个典型年份,用于进行交通需求和交通流量的预测。交通量预测的基准年是根据《公路工程技术标准》的规定,高速公路和一级公路的设计交通量应按20年预测,而具集散功能的一级公路、二级、三级公路的设计交通量应

按 15 年预测。这一规定旨在确保公路的设计和建设能够适应未来一段时间内的交通需求，从而保障公路的安全、高效运营。具体来说，设计交通量预测年限的确定考虑了不同等级公路的功能和预期使用情况，其中高速公路和一级公路因其承担的主要干线功能，其设计交通量预测年限设定为 20 年，而其他等级的公路则根据其集散功能和预计的交通流量设定为 15 年。这样的规定有助于公路工程的设计和建设更加科学合理，满足未来一段时间内的交通需求，同时也为公路的维护和管理提供了依据。

基准年的选择对于交通规划和工程设计的准确性和可靠性具有重要影响。它为未来交通量预测提供了一个参考点，有助于规划者和工程师更好地估计未来的交通需求和流量。同时，基准年还可以用于评估交通规划和工程设计方案的可行性和效果，通过与基准年的比较，可以评估规划和设计对未来交通状况的影响。

选择交通量预测的基准年通常需要考虑以下几个关键因素：

（1）数据的可用性：基准年应该是一个有充分、可靠的交通数据的年份。这包括道路流量、交通事故、公共交通使用量等相关数据。一般来说，最新的一年往往是理想的基准年，因为它反映了当前的交通情况。

（2）稳定性：基准年应该是交通情况相对稳定的年份。如果某一年受到特殊事件（如自然灾害、大型工程或政策变化）影响而导致交通量异常波动，那可能不适合作为基准年。

（3）趋势分析：基准年选择后，需要能有效用于预测未来的交通趋势。如果某一年的交通模式与预测期间预期的模式相似，那么这一年可能是较好的基准年。

（4）政策和规划的参考：如果基准年还需用于交通规划和政策制定，最好选择政策实施或计划开始后的年份，以便更准确地评估政策或计划的影响。

总的来说，基准年应是反映交通量正常、稳定状态的年份，并且有完整和准确的数据支持，这些数据应当能够提供对未来交通情况进行合理预测的基础。

3.4 交通量预测方法

公路交通量预测是根据对历史和现状的社会、经济、交通供给及交通特征资料的分析研究，推算未来年的交通需求。目前，在公路项目的工程可行性研究报告中主要运用较为成熟的四阶段法进行交通量预测。改扩建高速公路和新建高速公路具有不同的特点，改扩建高速公路本身已建成运营多年，交通量增长趋势平稳，在整个路网中的作用已经稳定，该公路历史观测交通量就能直观地反映该路段上交通量的发展趋势。因此，对于改扩建高速公路，其交通量的预测具有一定的特殊性，除了可以运用较为成熟的四阶段进行预测外，还可以利用基于通道道路历史交通量的趋势法来进行预测。

目前，国内外新建高速公路一般采用以集合分析思想为指导，包含各类预测方法和模型在内的四阶段预测法，来进行交通需求预测。四阶段预测法通过"出行生成、出行分布、方式选择、出行分配"四个阶段，将现状的地区社会经济调查和交通出行调查，按照地区经济的增长趋势及目标，利用预测方法推导出未来的地区出行需求，再将未来各个交通区的交通发生与吸引总量进行地区间的空间分布预测，求得区与区之间的出行，再通过交通方式，求得各种交通方式的分担量，最后将所有的出行需求分配到路网上，并以此配合道路网规划，检验拟改扩建高速公路网的负荷，为区域道路网的规划提供科学的依据。

道路上的交通量是由经济、人口、土地利用等各种因素综合影响后而形成的，路段交通量随时间的变化，本身就反映了上述因素与交通量的函数变化关系，交通量的变化是各因素变化的具体表现。虽然不清楚交通量与各因素的影响关系，但却可以得到在各因素影响下交通量的变化情况。这就好比一个物体的运动是受众多外力的影响，尽管不能明确力与物体运动的关系，但若这些外力不发生突变，就可以描绘出该物体的运动曲线，并得出运动方程。同理，只要影响交通流量各因素不发生突变，就可以由历年交通量变化情况寻找出该路段交通量的变化趋势和规律，从而得到未来年的交通量，这就是趋势法预测交通量的思想根源。其关键技术在于如何根据历史交通量来寻求其中的变化规律。

项目影响区交通运输发展趋势较为稳定，有明显的变化规律时，可采用趋势外推法；项目影响区交通运输发展趋势波动较大时，宜采取"四阶段预测法"；有条件时可利用大数据分析方法进行预测。交通核查线的预测值与实测值误差宜小于10%。

3.5 交通量预测成果

1. 高速公路交通量预测的成果应满足的要求

（1）准确性。预测成果应尽可能准确地反映未来实际的交通量，这意味着预测模型必须考虑到多种因素，如历史交通数据、季节性变化、经济发展趋势、人口增长、政策变化等。较高的准确性能够为决策者提供可靠的信息，以进行基础设施规划、维护和管理。

（2）细化到不同时间段和区域预。测成果应细化到不同的时间段和区域，时间段如日、周、月、季节性变化等，对于某些高速公路，可能还需要按小时预测高峰和非高峰时段的流量。区域如不同路段、互通立交、收费站等关键节点的交通量。

（3）长短期预测结合。应同时进行短期和长期的交通量预测：短期预测通常用于日常管理和运营，如交通信号控制、动态收费调整和事故响应等；长期预测用于基础设施建设和扩容规划、政策制定，以及长期投资决策。

（4）考虑交通网络的复杂性。预测应能够考虑交通网络的整体复杂性，包括道路网络的相互作用、交通诱导效应（如新增道路导致交通量变化）以及交通模式的变化（如共享出行的影响）。

（5）灵活性预测。模型应具有灵活性，能够适应不同的交通环境和突发事件，如自然灾害、重大活动、政策变动等，这种灵活性可以提高模型的适用性和可靠性。

（6）可视化和解读性。最终的预测成果应以易于理解的形式呈现，如图表、地图、报告等，以便决策者能够快速掌握关键信息。此外，模型预测的假设条件和不确定性分析也应清晰呈现，帮助用户理解预测的范围和潜在误差。

（7）支持决策。预测成果应能直接用于支持交通管理和规划的决策，如识别需要扩建的路段、优化收费策略、提高交通流量管理效率等。这些成果应为决策者提供实用的信息，从而改善交通服务和基础设施管理。

综上所述，高速公路交通量预测的成果应当准确、细化、全面，且能直接应用于实际的交通管理和规划决策。

2. 高速公路改扩建交通量预测成果应包含的内容

（1）项目路及影响区内路段平均日和高峰小时交通量、流向及交通组成。

（2）项目路交叉口平均日和高峰小时转向交通量及交通组成。

（3）项目路过境、区间与区内平均日和高峰小时交通量、流向及交通组成。

（4）项目影响区内主要交叉口平均日和高峰小时转向交通量及交通组成。

3.6 工程实例

一、以京昆高速（蒲城至涝峪段）为例

1. 交通量预测

（1）预测概述。

第一部分：预测思路。

公路远景交通量通常由趋势交通量、转移交通量和诱增交通量三部分组成，由于本项目重点对项目施工期间交通量进行预测，因此不考虑诱增交通量。

趋势交通量：指通道内现有京昆高速公路自然增长交通量的预测。

该部分交通量以沿线区域经济社会与交通发展之间的相关分析为基础，采用四阶段预测法进行，即社会经济发展预测→发生、集中交通量预测→交通量分布预测→交通量分配预测。

转移交通量：指由于改扩建项目及其他相关项目的实施，引起区域交通条件发生变化，导致通道内交通量在各种运输方式、各相关道路之间的转移。

各相关道路主要包括相关公路和平行的国、省道，由于京昆高速公路西安以北和西安以南路段分别已于2005年11月和2008年12月贯通，通车时间较长，

目前，通道交通分布基本已达平衡状态，通道内的高速公路和相关国、省道的功能构成已基本稳定，在相关平行国、省道不做大的升级改造工程下，相关平行国、省道与拟改扩建项目间不会发生较大的交通转移作用。因此，报告重点对相关高速公路之间的转移影响进行分析。此外，根据相关运输方式的调查与分析，报告还将对西成客运专线和西韩城际铁路建设与拟改扩建项目之间的转移影响进行分析。因此，本项目转移交通量预测主要包括以下两部分内容：

与相关道路之间的转移交通量预测。根据全省高速公路和区域城市道路实施安排，在项目改扩建施工期间，无与其产生明显分流影响的高速公路建成，仅在2019年左右计划建成西安至鄠邑城市快速干道。该部分转移交通量以京昆高速现状 OD 调查为基础，采用多路径概率选择模型（Logit 模型）进行分配预测。

与相关铁路之间的转移交通量预测。根据全省铁路实施计划，主要考虑西成客运专线与拟改扩建项目之间的转移影响。该部分转移交通量预测采用定性与定量相结合的方法，结合未来发展规划，参考出行意愿调查，选用方式划分模型进行。

第二部分：预测特征年。

依据京昆线陕西境蒲城至涝峪公路改扩建实施计划和交通分流时段划分，确定其交通量预测特征年为2017—2020年。

（2）趋势交通量预测。

第一步骤：社会经济预测。

根据路线布局走向及功能定位，对拟改扩建项目的主要直接影响区（陕西省的西安市、渭南市和沿线的蒲城、富平、阎良、高陵、鄠邑）及主要间接影响区（韩城市、山西省、汉中市、四川省）的生产总值进行预测，结果见表3.2。

表3.2 GDP 增速预测结果表

区域	直接影响区							
	陕西省	西安市	渭南市	蒲城县	富平县	阎良区	高陵区	鄠邑
2016—2020年	9.06%	10.00%	11.20%	11.83%	12.81%	9.94%	10.68%	12.50%
2020—2025年	8.75%	9.00%	10.00%	10.01%	10.31%	8.14%	8.82%	11.70%

续表

区域	间接影响区						
	韩城市	山西省	汉中市	四川省			
2016—2020 年	11.28%	6.88%	10.89%	8.63%			
2020—2025 年	9.52%	6.20%	8.90%	7.09%			

第二步骤：集发交通量预测。

交通运输增长与经济发展之间互为因果关系，经济的发展带动交通需求的增长，交通运输条件的改善促进经济的发展，可通过分析交通运输与经济的关系，较准确地掌握交通需求的变化规律。因此，本报告集发交通量预测采用弹性系数法进行，即首先分析历年项目通道的交通指标增长与经济指标增长的弹性发展关系，预测未来交通与经济的弹性系数，根据各交通小区未来经济增长率，推算相应小区交通量增长率，从而预测其发生、集中交通量，结果见表3.3。

表 3.3　特征年交通发生总量预测表

年份	2016 年	2021 年
发生、吸引总量	508774	704889
增长率/（%）	6.74	

第三步骤：交通量分布预测。

这里的交通量分布预测仅指趋势型OD，采用弗莱特法进行预测。

第四步骤：交通量分配。

交通分配主要是路径选择问题，即通过了解分析各OD之间的交通出行在路网上的流动情况，把各交通小区间的OD出行量分配到具体路网上，其具体流程为：输入各特征年分车型 OD 表及抽象路网→选择交通分配模型→确定路段路阻→标定模型参数→运行分配模型→运行结束、输出各特征年的路段交通量。

拟改扩建项目趋势交通量预测的结果见表3.4、表3.5。

表 3.4 京昆线蒲城至谢王段趋势交通量预测结果表（辆/日）

路段名称		2016 年	2017 年	2018 年	2019 年	2020 年	2021 年
西安以北	东杨枢纽—蒲城	18600	20046	21605	23286	25097	27049
	蒲城—荆姚	24698	26518	28472	30570	32823	35242
	荆姚—富平	26108	28004	30037	32219	34560	37071
	富平—阎良	32951	35026	37232	39576	42069	44718
	阎良—高陵北	45120	47845	50514	53334	56311	59203
	高陵北—高陵	41175	44062	47151	50457	53995	57780
	高陵—港务区	45695	48383	51230	54245	57437	60817
	港务区—谢王	45695	48700	51904	55318	58957	62834
	加权平均	34061	36301	38656	41166	43842	46654

表 3.5 京昆线河池寨至涝峪段趋势交通量预测结果表（辆/日）

路段名称		2016 年	2017 年	2018 年	2019 年	2020 年	2021 年
西安以南	河池寨—三星	55146	59740	64718	70110	75951	82279
	三星—鄠邑东枢纽	51816	56206	60968	66134	71738	77816
	鄠邑东枢纽—鄠邑	54879	59018	63469	68255	73403	78939
	鄠邑—涝峪	36213	39501	43094	47020	51313	56005
	加权平均	46102	50029	54294	58927	63960	69428

（3）铁路转移交通量预测。

本部分重点对在建西成客运专线拟改扩建项目客车交通量产生的分流影响进行分析。

通过对旅客出行方式选择意向调查表分析可以得出，在高铁建成通车后将改变项目影响区居民出行方式划分，大量客运旅客转移至西成客运专线。报告首先根据"无高铁、城铁"情况下公路承担的客运量推算通道客运总量，再根据"有高铁"情况下公路承担的比例测算公路承担的客运量，"有、无"情况下公路承担客运量之差即转移至铁路的公路客运量，结果见表 3.6。

表 3.6 京昆线河池寨至涝峪段转移至铁路交通量预测结果表（辆/日）

路段名称		2016 年	2017 年	2018 年	2019 年	2020 年	2021 年
西安以南	河池寨—三星	0	0	735	797	863	935
	三星—鄠邑东枢纽	0	0	726	787	854	926
	鄠邑东枢纽—鄠邑	0	0	729	784	843	907
	鄠邑—涝峪	0	0	620	675	736	803
	加权平均	0	0	682	740	803	872

（4）道路转移交通量预测。

第一部分：相关道路概况。

西户快速干道总里程 27.58 公里，起点位于长安区石羊村，与高新区规划中的西部大道延伸线相接，终点位于鄠邑正小路与甘曹路交叉口，全线均按照一级公路设计，将对西安与鄠邑方向的车辆产生一定的分流影响，转移至其他公路预测结果，见表 3.7。

第二部分：转移交通量预测方法。

在分析拟建项目及可能发生转移公路建成后的行驶里程、设计车速等基础上，采用多路径概率选择模型（Logit 模型）进行预测，预测中以综合通行费、时间价值等广义费用作为车辆选择路径的目标函数。多路径概率选择模型公式如下：

$$P_i = \exp(-\theta t_i/T) \Big/ \sum_{i=1}^{m} \exp(-\theta t_i/T) \tag{3.5}$$

式中，P_i——选择路径 i 的概率；

t_i——路径 i 的广义费用；

T——各条路径的广义费用；

θ——参数，与可供选择的有效出行路线条数有关，根据车辆出行路径选择情况进行标定。

表 3.7　京昆线河池寨至涝峪段转移至其他公路交通量预测结果表（辆/日）

路段名称		2016 年	2017 年	2018 年	2019 年	2020 年	2021 年
西安以南	河池寨—三星	0	0	6038	6541	7086	7676
	三星—鄠邑东枢纽	0	0	6038	6541	7086	7676
	鄠邑东枢纽—鄠邑	0	0	6038	6541	7086	7676
	鄠邑—涝峪	0	0	590	640	693	751
	加权平均	0	0	3630	3932	4260	4615

（5）交通量预测结果。

汇总上述各交通量预测结果，得到拟改扩建项目各预测特征年交通量预测结果见表3.8至表3.11：

表 3.8　京昆线蒲城至谢王段交通量预测结果表（辆/日）

路段名称		2017 年	2018 年	2019 年	2020 年	2021 年
西安以北	东杨枢纽—蒲城	20046	21605	23286	25097	27049
	蒲城—荆姚	26518	28472	30570	32823	35242
	荆姚—富平	28004	30037	32219	34560	37071
	富平—阎良	35026	37232	39576	42069	44718
	阎良—高陵北	47845	50514	53334	56311	59203
	高陵北—高陵	44062	47151	50457	53995	57780
	高陵—港务区	48383	51230	54245	57437	60817
	港务区—谢王	48700	51904	55318	58957	62834
	加权平均	36501	38656	41166	43842	46654

表 3.9　京昆线河池寨至涝峪段交通量预测结果表（辆/日）

路段名称		2017 年	2018 年	2019 年	2020 年	2021 年
西安以南	河池寨—三星	58434	61918	65610	69522	73668
	三星—鄠邑东枢纽	54905	58177	61645	65320	69214
	鄠邑东枢纽—鄠邑	57675	60613	63701	66946	70356

续表

路段名称	2017年	2018年	2019年	2020年	2021年
鄠邑—涝峪	39501	41884	45705	49883	54452
加权平均	49297	52192	55831	59740	63942

表3.10 京昆线蒲城至涝峪公路交通量预测结果表（辆/日）

路段名称		2017年	2018年	2019年	2020年	2021年
拟改扩建路段	东杨—谢王	36301	38656	41166	43842	46654
	河池寨—涝峪	49297	52192	55831	59740	63942
	加权平均	39631	42125	44924	47916	51084

表3.11 车型比例预测表

车型	小客	大客	小货	中货	大货	特大货及拖挂车	合计
东杨—谢王	67.3%	3.4%	5.5%	6.5%	6.7%	10.6%	100.0%
河池寨—涝峪	60.7%	4.7%	4.0%	7.6%	11.6%	11.4%	100.0%

2. 主要分流道路交通量预测

主要分流道路交通量以交通量现状及历史发展为基础，通过分析和把握区域经济与交通发展间的相关关系，采用弹性系数法进行预测，结果见表3.12。

表3.12 京昆线蒲城至涝峪公路交通量预测结果表（辆/日）

路段名称		2017年	2018年	2019年	2020年
连霍高速	潼关—渭南	54426	58780	63482	68560
	渭南—临潼	54044	58097	62455	67139
	临潼—西安	57267	60702	64345	68205
榆蓝高速	蒲城—渭南	5892	6481	7129	7842
	渭南—玉山	2454	2749	3079	3448
西咸北环线	零口—西吴	11403	12543	13797	15177
	西吴—沣渭	23882	25793	27856	30084
	沣渭—鄠邑东	5849	6434	7078	7785

续表

路段名称		2017年	2018年	2019年	2020年
关中环线	阎良—三原	26519	28375	30361	32487
	三原—乾县	11256	12156	13129	14179
	周至—鄠邑	10514	11460	12492	13616
	鄠邑—长安	5826	6408	7049	7754
G108	陕晋界	8343	8927	9552	10221
	蒲城—富平	14400	15120	15876	16669
	富平—西安	10355	10976	11634	12333
G310	周至—西安段	17317	18530	19827	21215
十天高速	鄂陕界—五里	11386	13436	15854	18708
	五里—谢家营	9712	11265	13068	15159
	谢家营—陕甘界	2912	3203	3524	3876
包茂高速	西安—安康	18848	21298	24067	27195

3. 小结

项目路改扩建期间，原有道路通行条件恶化。为了判断施工期间项目路是否满足一定的服务水平，需对项目路施工期间各年的流量进行预测，为分流方案提供依据。

二、以泉南高速（柳州至南宁段）为例

1. 技术路线

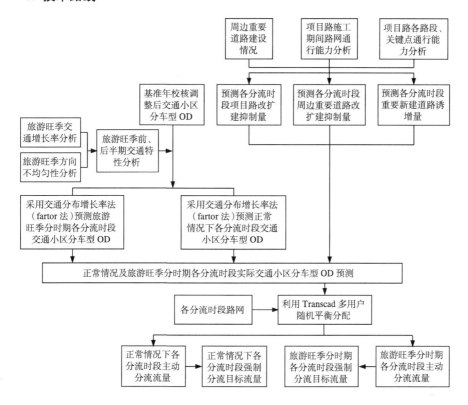

图 3.2　柳州至南宁段技术路线图

2. 交通小区划分

（1）交通经济带理论。

根据交通经济带理论来确定本项目的影响范围。交通经济带（Traffic Economic Belt，简称 TEB）又称为交通运输沿线经济带，它是一种经济活动沿着交通基础设施束集聚分布的现象，随近代工业的兴起而出现，已有 200 多年的历史。

交通运输的发展加强了原料地、加工地和消费地三者之间的地域联系，这样，工业的空间分布也就从集中于某个区域或某些区域，逐渐变为沿交通线向新的、更多的区域扩散，形成了沿交通干线分布的带状经济区域。经济带由三大基本因素构成：交通干线或综合运输通道，以工业商贸业为主的三次产业，沿线分布的

经济中心和大中城市。

三大构成要素相辅相成，三者之间的相互促进和关系的演变是交通经济带的发展规律。

根据北京交通大学张文尝教授在《交通经济带》一书中的定义，交通经济带是以交通干线或综合运输通道作为发展主轴，以轴上或其吸引范围内的大中城市为依托，以发达的产业，特别是二、三产业为主体的发达带状经济区域。这个发达的带状经济区是一个由产业、人口、资源、信息、城镇、客货流等集聚而形成的带状空间组织系统，在沿线各区段之间和各个经济部门之间建立了紧密的技术经济联系和生产协作。

（2）柳南高速影响区确定。

依据交通经济带理论，柳南高速公路沿线经济相对发达，人口、城市密集，矿产和旅游资源相对集中，是大型、重点企业的集中地带；柳南综合运输网络中客货流密集，交通量大，流向集中，柳南高速公路沿线已经形成一条经济发展地带；柳南高速通车后，沿线地区的时空可达性得到全面提高，投资环境得到根本改善。为沿线地区经济发展和向沿线集聚创造了良好的条件，从而使交通干线成为沿线地区发展轴线。

考虑到项目路所在地区同湖南间的紧密联系，同时考虑到我国现行的统计制度的特点，可综合确定柳南高速公路的直接影响区和间接影响区。

本项目交通小区划分以省、市、县等行政区为单位，详见表3.13。

表 3.13　交通小区划分

编号	分区范围	备注
1	南宁市除良庆区、宾阳县、横县之外的其他区域	直接影响区
2	良庆区	
3	宾阳县	
4	横县	
5	来宾市除象州县之外的其他区域	
6	象州县	

续表

编号	分区范围	备注
7	柳州市除柳江县、鹿寨县、融水苗族自治县之外的其他区域	直接影响区
8	柳江县	
9	鹿寨县	
10	融水苗族自治县	
11	桂林市除永福县、临桂县、荔浦县、灵川县、兴安县、平乐县之外的其他区域	
12	永福县	
13	荔浦县	
14	平乐县	
15	临桂县	
16	灵川县	
17	兴安县	
18	崇左市	
19	防城港市	
20	钦州市	
21	北海市	
22	玉林市	
23	贵港市	
24	梧州市	
25	贺州市	
26	河池市	
27	百色市	
28	云南省及以远	间接影响区
29	贵州省及以远	
30	湖南省及以远	
31	广东省及以远	

3. 2013年分车型OD

采用多元数据OD融合技术对基准年（2013年）交通小区OD进行校核调整，得到调整后2013年分车型交通小区OD。

4. 交通量预测

改扩建期间交通量预测包括趋势交通量预测、诱增交通量预测及抑制交通量预测。

诱增交通量是指由于道路新建或者改建使交通条件改善，从而刺激经济发展新产生的交通量。

抑制交通量是指道路改扩建期间由于项目路施工导致行车环境恶化，通行能力下降而消失的交通量。

本报告采用重力模型预测抑制、诱增交通量，用福莱特法（Fratar Method）预测正常趋势交通需求。

（1）抑制、诱增交通量预测。

第一部分：重要道路改扩建情况。

第一时段重要道路新改建情况。完成路基加宽至路床顶面、上跨桥的拆除、新建工程施工及主线新拼宽桥梁施工，老路双向四车道通行。此时桂林至三江高速公路新建完成通车；阳朔至鹿寨高速公路新建完成通车；南宁外环高速公路新建完成通车；六景至钦州港高速公路新建完成通车；梧州至贵港高速公路新建完成通车；三江至柳州高速公路新建完成通车；来宾至马山高速公路新建完成通车；桂平至来宾高速公路新建完成通车；柳州至武宣高速公路新建完成通车；G322永福至鹿寨路段与南宁至宾阳路段改扩建完成通车；G322鹿寨经柳州至柳城段改建；G322宾阳经贵港至桂平段改建；G322鹿寨经柳州至柳城段改建完成通车；G322鹿寨至象州段改建完成通车；梧州至柳州高速公路新建完成通车。

第二时段重要道路新改建情况。两侧新建路面施工至沥青顶面层，同时完成主线新拼宽桥梁上部结构施工、主线桥梁桥面拼接及摊铺施工，以及互通的改造。此时段南宁至北海、防城港高速公路改扩建完成通车；荔浦至玉林高速公路新建完成通车；梧州至柳州高速公路新建完成通车；G322鹿寨至象州路段新建完成通车；G322鹿寨经柳州至柳城段改建完成通车；G322宾阳经贵港至桂平段改完成通车；贵港至宾阳高速公路新建完成通车。

第三时段重要道路新改建情况。附属工程施工，全面建成通车。

综上分析，柳南高速施工期间除本身改扩建以外，周边路网新改建的重要道路还有阳朔至鹿寨高速、六景至钦州港高速、桂林至三江高速、三江至柳州高速、来宾至马山高速、桂平至来宾高速、柳州至武宣高速、G322永福至鹿寨路段、鹿寨经柳州至柳城段、宾阳经贵港至桂平段、鹿寨至象州路段、南宁至宾阳路段、南宁至北海以及防城港高速、荔浦至玉林高速、梧州至柳州高速公路。

阳朔至鹿寨高速、六景至钦州港高速、桂林至三江高速、三江至柳州高速、来宾至马山高速、桂平至来宾高速、柳州至武宣高速、G322永福至鹿寨路段与南宁至宾阳路段新改建计划于第一时段完工通车，从而刺激经济产生新的交通量（诱增量）；另外，第一时段G322鹿寨经柳州至柳城路段改扩建，G322宾阳经贵港至桂平段改建，施工路段通行能力下降导致部分交通量消失（抑制）。

南宁至北海以及防城港高速公路、荔浦至玉林高速公路、梧州至柳州高速公路、G322鹿寨至象州路段、宾阳经贵港至桂平段计划于第二时段新建完成通车；G322鹿寨经柳州至柳城段计划于第二时段改建完成通车；从而刺激经济产生新的交通量（诱增量），此阶段无新的抑制交通量；第三时段和第四时段无新的诱增交通量和抑制交通量。

第二部分：抑制、诱增交通量预测。

用重力模型分别预测第一时段抑制、诱增交通量和第二时段诱增、抑制交通量，再用福莱特法预测第三时段和第四时段抑制、诱增交通量。

（2）正常交通量预测。

根据2013年分车型OD，用福莱特法预测桂柳南高速各分流时段趋势交通量。汇总各时段抑制交通量、诱增交通量和趋势交通量，得到各分流时段正常交通量。

（3）旅游旺季交通量预测。

第一部分：旅游相关分析。

广西南临北部湾，面向东南亚，西南与越南毗邻，东邻粤、港、澳，北连华中，背靠大西南。广西周边与广东、湖南、贵州、云南等省接壤。是中国与东盟之间唯一既有陆地接壤又有海上通道的省区,是中国西南最便捷的出海通道,是华南通向西南的枢纽,是全国唯一的具有沿海、沿江、沿边优势的少数民族自治区。广西旅游资源非常丰富,据统计全区有可供开发的景区、景点400多处,分布于8个地区、63个县。

第二部分:旅游旺季交通增长分析。

与工作日和周末相比,高速公路节假日的出行特征有其独特点。工作日出行以通勤和短途流量为主;节假日的流量多以休闲为目的,出行距离也较长;高峰时间逐日后移,由"早高峰型"转为"晚高峰型";高峰流量集中,高峰小时流量比系数高于平常日;客车比例和大客车比例都有不同程度的提升。因此,需对旅游旺季交通增长进行分析。

(4)路段流量预测。

利用 Trans CAD 对各分流时段交通小区 OD 进行用户平衡分配,预测未来年项目路路段正常情况下与节假日期间的流量,见表3.14至3.23。

表3.14　2015年项目路柳州至南宁段路段流量预测

路段名称	年平均日交通量/(pcu/d)			高峰小时流量/(pcu/h)		
	正常情况路段流量	旅游旺季前半期路段流量	旅游旺季后半期路段流量	正常情况路段流量	旅游旺季前半期路段流量	旅游旺季后半期路段流量
鹿寨—雒容北	23731	28013	27790	1531	1806	1793
雒容北—雒容	20492	22847	23228	1322	1474	1498
雒容—静兰	22220	23716	24127	1433	1529	1557
静兰—新兴	18900	20996	22097	1219	1354	1425
新兴—新兴南	19296	21889	22271	1112	1260	1283
新兴南—凤凰	19112	21187	21683	1101	1220	1248
凤凰—来宾	19186	21270	21281	1105	1225	1225
来宾—良江	16368	18146	18744	942	1045	1080
良江—小平阳	17003	17889	18551	979	1030	1069
小平阳—宾阳	17207	18102	18451	991	1043	1063

续表

路段名称	年平均日交通量/(pcu/d)			高峰小时流量/(pcu/h)		
	正常情况路段流量	旅游旺季前半期路段流量	旅游旺季后半期路段流量	正常情况路段流量	旅游旺季前半期路段流量	旅游旺季后半期路段流量
宾阳—古辣	15889	17967	18410	1106	1251	1282
古辣—六景东	16723	17704	20035	1164	1232	1395
六景东—六景	28870	30776	30412	2009	2142	2117
六景—六景西	31748	35362	34960	2209	2461	2433
六景西—伶俐	30927	34619	34516	2152	2410	2403
伶俐—那容	33779	36895	36485	2351	2568	2539

表 3.15　2016 年项目路柳州至南宁段路段流量预测

路段名称	年平均日交通量/(pcu/d)			高峰小时流量/(pcu/h)		
	正常情况路段流量	旅游旺季前半期路段流量	旅游旺季后半期路段流量	正常情况路段流量	旅游旺季前半期路段流量	旅游旺季后半期路段流量
鹿寨—雒容北	27798	32056	31799	1826	2106	2090
雒容北—雒容	21918	24614	25025	1440	1617	1644
雒容—静兰	23368	24569	24994	1535	1614	1642
静兰—新兴	19867	21951	23101	1305	1442	1518
新兴—新兴南	25128	28404	28899	1472	1665	1693
新兴南—凤凰	23733	26939	27570	1391	1578	1616
凤凰—来宾	23598	27288	27302	1383	1600	1600
来宾—良江	20492	23157	23920	1201	1357	1402
良江—小平阳	19893	21974	22787	1165	1287	1335
小平阳—宾阳	16690	18365	18720	978	1076	1096
宾阳—古辣	15412	17023	17442	1077	1190	1219
古辣—六景东	16221	16613	18800	1133	1162	1314
六景东—六景	28247	31924	33483	1974	2231	2340
六景—六景西	31331	34129	32883	2190	2386	2299

续表

路段名称	年平均日交通量/（pcu/d）			高峰小时流量/（pcu/h）		
	正常情况路段流量	旅游旺季前半期路段流量	旅游旺季后半期路段流量	正常情况路段流量	旅游旺季前半期路段流量	旅游旺季后半期路段流量
六景西—伶俐	26956	29034	28947	1884	2030	2024
伶俐—那容	27105	29428	32375	1895	2057	2263

表3.16 2017年项目路柳州至南宁段流量预测

路段名称	年平均日交通量/（pcu/d）			高峰小时流量/（pcu/h）		
	正常情况路段流量	旅游旺季前半期路段流量	旅游旺季后半期路段流量	正常情况路段流量	旅游旺季前半期路段流量	旅游旺季后半期路段流量
鹿寨—雒容北	31564	36314	35681	2124	2444	2401
雒容北—雒容	24952	27687	28149	1679	1864	1894
雒容—静兰	28169	30193	30465	1896	2032	2050
静兰—新兴	22987	25659	27005	1548	1727	1817
新兴—新兴南	29602	32855	33428	1764	1958	1993
新兴南—凤凰	27958	31437	31871	1666	1874	1900
凤凰—来宾	27799	31506	31223	1657	1877	1861
来宾—良江	23731	26021	26878	1414	1551	1602
良江—小平阳	22241	24303	25204	1326	1448	1502
小平阳—宾阳	20696	22643	23080	1233	1349	1375
宾阳—古辣	19574	21519	22050	1380	1517	1554
古辣—六景东	21748	22302	25002	1533	1572	1762
六景东—六景	37745	37526	40055	2661	2645	2824
六景—六景西	41508	45220	43993	2926	3188	3101
六景西—伶俐	39822	41840	41378	2807	2950	2916
伶俐—那容	37831	40970	40204	2666	2889	2834

表 3.17　2018 年项目路柳州至南宁段路段流量预测

路段名称	年平均日交通量/（pcu/d）			高峰小时流量/（pcu/h）		
	正常情况路段流量	旅游旺季前半期路段流量	旅游旺季后半期路段流量	正常情况路段流量	旅游旺季前半期路段流量	旅游旺季后半期路段流量
鹿寨—雒容北	34752	38503	38380	2363	2617	2608
雒容北—雒容	28436	31327	32153	1932	2129	2186
雒容—静兰	30279	34806	34539	2058	2366	2348
静兰—新兴	25267	28783	30289	1718	1956	2058
新兴—新兴南	31972	34944	35882	1951	2131	2189
新兴南—凤凰	30958	34275	35078	1889	2091	2141
凤凰—来宾	29744	33191	33208	1815	2025	2025
来宾—良江	25109	27106	28000	1532	1654	1708
良江—小平阳	23130	25124	26054	1411	1533	1590
小平阳—宾阳	22973	24982	25464	1402	1524	1553
宾阳—古辣	22119	24170	24767	1571	1716	1759
古辣—六景东	23279	23508	26602	1653	1670	1889
六景东—六景	34523	37740	40176	2451	2679	2852
六景—六景西	41261	42976	44908	2930	3051	3188
六景西—伶俐	36608	38049	39776	2745	2853	2983
伶俐—那容	36036	36059	38066	2702	2704	2854

表 3.18　2019 年项目路柳州至南宁段路段流量预测

路段名称	年平均日交通量/（pcu/d）			高峰小时流量/（pcu/h）		
	正常情况路段流量	旅游旺季前半期路段流量	旅游旺季后半期路段流量	正常情况路段流量	旅游旺季前半期路段流量	旅游旺季后半期路段流量
鹿寨—雒容北	39175	40619	41254	2502	2594	2635
雒容北—雒容	33342	34530	35107	2130	2346	2387
雒容—静兰	34261	39383	40065	2329	2678	2723

续表

路段名称	年平均日交通量/(pcu/d)			高峰小时流量/(pcu/h)		
	正常情况路段流量	旅游旺季前半期路段流量	旅游旺季后半期路段流量	正常情况路段流量	旅游旺季前半期路段流量	旅游旺季后半期路段流量
静兰—新兴	27952	31840	33507	1900	2165	2277
新兴—新兴南	35170	38324	38992	2167	2360	2402
新兴南—凤凰	34570	38159	39054	2129	2350	2405
凤凰—来宾	33843	37651	37671	2085	2319	2321
来宾—良江	26624	28655	29599	1640	1765	1824
良江—小平阳	25664	27792	28821	1581	1712	1775
小平阳—宾阳	25344	27479	28009	1562	1693	1725
宾阳—古辣	25064	27307	27980	1792	1953	2001
古辣—六景东	26155	26333	27295	1870	1883	1951
六景东—六景	38487	41949	43657	2752	2999	3193
六景—六景西	42731	44491	44623	2708	2820	2828
六景西—伶俐	40775	42254	44173	3078	3190	3335
伶俐—那容	40359	40263	42504	3048	3040	3209

表 3.19 2015 年主要分流道路流量预测

道路名称	正常情况路段流量/(pcu/d)	旅游旺季前半期路段流量/(pcu/d)	旅游旺季后半期路段流量/(pcu/d)
G321	10898	11443	11672
G322	21358	21999	22879
G323	10578	11107	11773
G324	20839	21881	22756
G209	12111	12959	13736
G65 包茂高速	13907	15576	17289
G80 广昆高速	15429	19286	23144
S101 南宁—六景段	2840	2897	3013

续表

道路名称	正常情况路段流量/(pcu/d)	旅游旺季前半期路段流量/(pcu/d)	旅游旺季后半期路段流量/(pcu/d)
S306 金秀—柳江段	9140	9688	10173
S307 桂林—融水段	9682	10457	11084

表 3.20　2016 年主要分流道路流量预测

道路名称	正常情况路段流量/(pcu/d)	旅游旺季前半期路段流量/(pcu/d)	旅游旺季后半期路段流量/(pcu/d)
G321	11687	12271	12517
G322	22904	23591	24535
G323	11344	11911	12626
G324	22348	23465	24404
G209	12987	13896	14730
G65 包茂高速	14914	16704	18541
G80 广昆高速	16546	20683	24819
S101 南宁—六景段	3045	3106	3230
S306 金秀—柳江段	9802	10390	10910
S307 桂林—融水段	10383	11214	11886

表 3.21　2017 年主要分流道路流量预测

道路名称	正常情况路段流量/(pcu/d)	旅游旺季前半期路段流量/(pcu/d)	旅游旺季后半期路段流量/(pcu/d)
G321	10945	11492	11722
G322	15879	16355	17010
G323	12165	12773	13540
G324	12485	13109	13634
G209	9347	10001	10601
G65 包茂高速	15993	17912	19882
G80 广昆高速	17744	22180	26616

续表

道路名称	正常情况路段流量/(pcu/d)	旅游旺季前半期路段流量/(pcu/d)	旅游旺季后半期路段流量/(pcu/d)
S101 南宁—六景段	3266	3331	3465
S306 金秀—柳江段	10511	11142	11699
S307 桂林—融水段	11134	12025	12746
阳朔—鹿寨高速	9773	10946	12150
桂林—三江高速	9706	12133	14559
三江—柳州高速	11880	12118	12602
来宾—马山高速	13468	14276	14990
柳州—武宣高速	12769	13791	14618

表 3.22　2018 年主要分流道路流量预测

道路名称	正常情况路段流量/(pcu/d)	旅游旺季前半期路段流量/(pcu/d)	旅游旺季后半期路段流量/(pcu/d)
G321	9536	10013	10213
G322	17088	17601	18305
G323	12924	13570	14384
G324	11871	12465	12963
G209	10294	11015	11675
G65 包茂高速	11153	12491	13865
G80 广昆高速	18851	23564	28277
S101 南宁—六景段	3470	3539	3681
S306 金秀—柳江段	11167	11837	12429
S307 桂林—融水段	11829	12775	13542
阳朔—鹿寨高速	10586	11856	13161
桂林—三江高速	11115	13894	16673
三江—柳州高速	12826	13083	13606
来宾—马山高速	15085	15990	16790

续表

道路名称	正常情况路段流量 / (pcu/d)	旅游旺季前半期路段流量 / (pcu/d)	旅游旺季后半期路段流量 / (pcu/d)
柳州—武宣高速	13629	14719	15602
荔浦—玉林高速	11531	12453	13201

表 3.23　2019 年主要分流道路流量预测

道路名称	正常情况路段流量 / (pcu/d)	旅游旺季前半期路段流量 / (pcu/d)	旅游旺季后半期路段流量 / (pcu/d)
G321	10415	10936	11154
G322	18052	18594	19337
G323	13657	14340	15200
G324	13109	13764	14315
G209	11049	11822	12532
G65 包茂高速	12589	14100	15651
G80 广昆高速	13742	17178	20613
S101 南宁—六景段	3695	3769	3920
S306 金秀—柳江段	11893	12607	13237
S307 桂林—融水段	12598	13606	14422
阳朔—鹿寨高速	12476	13973	15510
桂林—三江高速	12164	15205	18246
三江—柳州高速	14546	14837	15430
来宾—马山高速	15444	16371	17189
柳州—武宣高速	14527	15689	16631
荔浦—玉林高速	13591	14678	15559

5. 小结

项目路改扩建期间，原有道路通行条件恶化。为了判断施工期间项目路是否满足一定的服务水平，需对项目路施工期间各年的流量进行预测，为分流方案提供依据。本章采用多元数据 OD 融合技术对基准年（2013 年）交通小区 OD 进行校核调整，得到调整后分车型交通小区 OD，利用重力模型和福莱特法得到趋势交通量、诱增交通量及抑制交通量，再综合趋势交通量、诱增交通量及抑制交通量等预测了施工期间各时段的交通小区 OD，并对项目路段流量和周边主要可分流道路路段流量进行了预测；基于区域内旅游资源分析，预测了旅游旺季前、后半期的交通小区 OD，并对旅游旺季前、后半期的项目路段流量和周边主要可分流道路路段流量进行了预测。

第 4 章
施工区通行能力及合理分段长度分析

4.1 通行能力分析

一、施工区通行能力界定

高速公路改扩建施工过程中,为了保证施工的顺利进行,不可避免地会对原有的道路交通流状况产生一定程度的影响。因此,对施工中的通行能力进行科学的分析,可以有效地掌握当前道路交通状况,及时发现和解决交通瓶颈和矛盾,为后续的施工管理和交通组织提供重要依据。

1. 道路通行能力的确定

道路通行能力是指某一段道路在某一时段内通过的车辆的数量。确定道路通行流量是进行道路通行能力分析的首要环节。通行流量形成的因素有多个,如日均车流量、工作日平均车流量、小时平均车流量等,需要根据实际情况选择相应的衡量标准。

2. 交通瓶颈的识别

对于某些路段来说,在施工期间可能会出现交通瓶颈,如拥堵、车队停车等。要想在道路施工过程中提高通行效率,必须对交通瓶颈进行识别与剖析,深入了解其原因,采取相应的措施进行解决。

研究中有多种方法用于高速公路改扩建工程施工区通行能力的界定，如美国宾夕法尼亚州的一项研究则将由观测到的最大的 5 分钟流率转换的小时交通量作为改扩建工程施工区的通行能力；北卡罗莱纳州的研究把改扩建工程施工区的通行能力定义为道路交通流迅速由非拥挤流状况转变为拥挤排队状况时的流率，并且应用速度－流量曲线来标定通行能力值，它的定义接近 HCM2000 中对一般道路通行能力的定义，是将正常条件下的拥挤流状态交通流率作为改扩建工程施工区通行能力。印第安纳州是将高速公路交通流在转变为持续低速紊流前的交通流率作为扩建工程施工区的通行能力。

本书主要采用 TTI（美国德州交通工程学会）高速公路改扩建工程施工区通行能力为交通拥挤条件下的小时交通流量的定义。这个定义符合高速公路改扩建工程施工期间车辆通行"通而不畅"的原则，这对制定高速公路改扩建工程施工区交通组织有实际意义。

二、施工区通行能力影响因素

结合作业区施工相关规范以及多条高速公路的建设经验，施工区通行能力主要考虑如下影响因素。

1. 封闭车道数

出于高速公路改建工程施工的需要，有时必须同时关闭一个或多个行车道，将会大大影响高速公路改建工程施工区通行能力，导致高速公路改建工程施工区道路交通拥挤、堵塞，甚至中断交通。

2. 车道宽度

与高速公路基本路段通行能力修正一样，高速公路改建工程施工区开放车道宽度对其通行能力有一定的影响。一般认为，当车道宽度达到某一数值时其通过量能达到理论上的最大值，当车道宽度小于该值时，则通行能力降低。

3. 侧向净空

侧向净空的影响包括左侧中央分隔带路缘带和右侧路肩宽度的影响，根据实际调查表明左侧路缘带宽度和右侧路肩宽度小于某一数值时（理想条件规定的标准数值会使驾驶员感到不安全），从而减速或偏离车道线行驶，使相邻车道利用率降低。

4. 大型车辆

与发达国家高速公路运行情况相比，我国高速公路交通量构成中小汽车数量明显较低，而大、中型货车构成较高，并且高速公路交通量车型构成复杂，车型之间的机械和机动性能差距大，动力性能差是造成我国高速公路平均车速较低的主要原因。

5. 施工区限速

为提高安全性，在高速公路改建工程作业区进行限速是必要的，因为适当的限制车辆通过作业区的速度，可以均衡车流的速度，从而减少交通事故的发生，但速度的限制又会对通行能力产生影响。

6. 施工区长度

高速公路改建工程作业区长度越长，意味着工作强度越大，驾驶员需要更加谨慎的驾驶，导致车流速度降低，对作业区通行能力产生影响。

7. 施工强度

高速公路施工有很多形式，有长期施工、短期施工，对应有不同的施工强度，主要是由施工设施、施工人员以及施工车辆运行密度来刻画，施工区长度也对施工强度有很大影响。

8. 道路坡度

主要涉及道路坡度以及施工车辆进出道路影响，特别是大型车辆在上下坡时所受影响更为明显。对不同坡度路段，大型车辆折算成小客车系数应该分情况考虑，不同坡度对应不同的折算系数，从而造成对路段通行能力的折减。

9. 车道封闭形式

高速公路改建工程不同施工阶段，封闭车道形式也不相同，在对外侧加宽施工时可能会封闭行车道和硬路肩；对内侧老路面或中央分隔带施工时，将会封闭超车道；半幅道路施工时，封闭半幅道路而另半幅双向通行。不同的作业区封闭形式车辆行驶和变换车道的行为不同，引起车流的紊乱程度也不同，对通行能力产生不同影响。

10. 驾驶员对环境的熟悉程度

高速公路改建工程施工期间，道路条件、交通条件、交通控制条件以及交通标志、标线设置都会发生变化，这些变化降低了驾驶员对道路环境的熟悉程度，在判断、操作上都比正常情况下要谨慎、注意力要更加集中，行车速度受到影响，对作业区通行能力也将产生影响。

11. 天气条件

恶劣天气，如大雨、浓雾以及狂风对高速公路改扩建工程施工路段的通行能力能造成很大的影响。在其他诸如是否工作日、车道封闭的位置、施工作业活动一定的条件下，不良天气所导致的高速公路改扩建工程通行能力的折减是显而易见的。

12. 其他因素

除了上述讨论的因素外，还有其他的因素对高速公路改扩建工程施工区通行能力有一定的影响，例如高速公路互通式立交匝道，尤其是入口匝道在施工区渐变段或延伸至作业区对施工区通行能力有较大的决定作用。

三、一般路段施工区通行能力分析

作业区道路施工期间，封闭车道数、行车道宽度、侧向净空、大型车辆、施工区限速、施工区施工强度、施工区长度和驾驶员对环境的熟悉程度等是影响作业区的通行能力的因素。因此，作业区高速公路施工期间路段的通行能力，应考虑影响施工区通行能力的因素，在其路段基本通行能力的基础上进行修正。

通行能力的计算方法基本上是根据美国 HCM2000 进行，结合不同服务水平下的基本通行能力，综合考虑施工条件下各种通行能力影响因素，进行修正折减，得出各瓶颈点最终通行能力。该方法对施工区影响因素进行了简化，着重考虑了车速限制、行车道数、车道宽度和路侧净空、大型车混入率、驾驶员对环境的熟悉程度、施工强度等多个因素，其他因素这里均忽略不计。

其修正公式为：

$$C = C_0 \cdot f_w \cdot f_{HV} \cdot f_P \cdot f_i \cdot n \tag{4.1}$$

式中，C——施工区通行能力，pcu/h；

C_0——限制速度下高速公路基本路段每车道的通行能力，pcu/h；

f_w——车道宽度及侧向净宽修正系数；

f_{HV}——大型车修正系数；

f_P——驾驶员对环境熟悉程度修正系数；

f_i——施工区施工强度修正系数；

n——行车道数，取自然数 1，2，3，…。

1. 限制车速条件下高速公路基本路段每车道的通行能力

高速公路基本路段的理想条件包括：

①车道宽度≥3.75 米；

②侧向净宽≥1.75 米；

③车流中全部为小客车；

④驾驶员均为经常行驶高速公路且技术熟练、遵守交通法规者。

限制车速条件下高速公路基本路段每车道的通行能力，其值根据表 4.1 确定。

表 4.1 理想条件下高速公路每车道的基本通行能力值

限制车速/（km/h）	120	100	80	60	40
通行能力/（pcu/h）	2200	2100	2000	1800	1600

注：摘自《道路通行能力手册》。

2. 车道宽度及侧向净宽修正

在长期和短期施工通行能力折减模型中，对只有标准客车的交通，在车道宽度为 3.5 米到 3.25 米或 3.0 米的情况下，车头时距增加大约 10%，而在 2.75 米宽的车道上，车头时距又增加了 6%。在施工区，这些车头时距的增加造成较窄车道通行能力分别下降 9% 和 14%。

行车道宽度和侧向净宽对通行能力的修正系数：高速公路的标准车道宽度取值为 3.75 米，侧向净宽为 1.75 米，当不能满足此条件时，按表 4.2 进行修正。

表 4.2　车道宽度及侧向净空的修正系数

侧向净空/m	车道宽度			
	3.75	3.5	3.75	3.5
	行车道一边没有障碍物		行车道一边有障碍物	
>1.75	1.00	0.97	1.00	0.97
1.60	0.99	0.96	0.99	0.96
1.20	0.99	0.96	0.98	0.95
0.90	0.98	0.95	0.96	0.93
0.60	0.97	0.94	0.94	0.94
0.30	0.93	0.90	0.87	0.85
0	0.90	0.87	0.81	0.79

3. 大车修正系数

$$f_{HV}=1/[1+P_{HV}(E_{HV}-1)] \tag{4.2}$$

式中，P_{HV}——大型车交通量占总交通量的百分比；

E_{HV}——大型车换算成小客车的车辆换算系数。

注：客货分车道行驶，客车车道大车折减不考虑，货车车道按大车混入率为100%进行折减。

4. 驾驶员条件的修正系数

该修正系数由驾驶员的对高速公路熟悉程度，尤其是在高速公路改建工程施工区或其相似的路段上的行驶经验以及驾驶员的健康状况来决定。

驾驶员条件影响通过采用修正系数f_P来反映，根据驾驶员驾驶水平，遵守交通法规程度，特别是在作业区高速公路或其相似路段上的行驶经验，在0.9~1.0范围内取值。美国HCM2000指出驾驶员条件修正系数一般在工作日或通勤日取1.0，而在其他情况下要结合公路和环境状况，系数可以降至0.85。

5. 施工强度修正系数

目前，仅从定性的角度说明施工强度对通行能力有不同程度的影响，国外对这方面有一些研究,但也没有具体的计算模型,施工区通行能力随施工强度变化幅度较大,一般保持在 0.88~0.98 之间,主要因为施工强度所考虑的因素较多。

四、互通匝道施工区通行能力分析

1. 高速公路匝道概况

匝道通行能力由匝道中间路段本身的通行能力、驶出匝道口的通行能力和驶入匝道口的通行能力中的最小值决定。对于匝道入口处和出口处都是平行关系的匝道,其通行能力取匝道本身的通行能力;对于其他关系匝道,其通行能力的主要控制因素为匝道本身的道路条件和交通条件及匝道两端车辆行驶的合流区、分流区和冲突区。

2. 匝道基本通行能力

理论通行能力定义为:在道路、交通、环境和气候均为理想条件时,由技术性能相同的一种标准车辆,以最小的安全间距连续行驶,在单位时间内通过道路的某一断面的最大车辆数。这是一种理想状态下的通行能力。

匝道路段的基本通行能力计算是建立在最小车头时距的基础上的,计算公式如下:

$$C_B = \frac{3600}{t} \quad (4.3)$$

式中,C_B——车道的基本通行能力,pcu/h;

t——标准车最小安全车头时距,s。

对不同自由流速度下的匝道通行能力进行了归纳,可以作为参考,见表 4.3。

表 4.3 匝道道路的通行能力近似值

匝道自由流速度/(km/h)	通行能力/(辆小客车/h)	
	单车道匝道	双车道匝道
>80	2200	4400
>65~80	2100	4100
>50~65	2000	3800
>30~50	1900	3500

续表

匝道自由流速度/（km/h）	通行能力/（辆小客车/h）	
	单车道匝道	双车道匝道
<30	1800	3200

3. 匝道通行能力折减系数

影响匝道通行能力的最大因素是匝道的圆曲线半径及汽车需要转过的角度，圆曲线半径越小，汽车需要转过的角度越大，匝道的通行能力越小。下面将从这两个方面对匝道通行能力进行分析，研究其折减系数，其他方面的折减系数可以参照基本路段的折减系数。

（1）累计转角折减系数。

所谓匝道累计转角，就是指车辆在匝道上行驶期间车辆转过的累计角度。匝道累计转角折减系数用 f_{TA} 表示。匝道累计两条十字正交道路的互通立交，其各种形式的匝道累计转角见表4.4。

表4.4 正交互通立交匝道累计转角

转角形式		取值
直接式		π/2
环圈式		3π/2
半直接式	左进右出	π
	右进左出	
	右进右出	
右转匝道	右进右出	π/2

针对以上分析，参考《道路互通立交系统通行能力分析方法》一书中研究出的匝道累计转角折减系数表4.5。

表4.5 匝道累计转角系数

匝道形式	右转匝道	直接式左转匝道	半直接式左转匝道	环圈式左转匝道
匝道累计转角	π/2	π/2	π	3π/2
f_{TA}	0.78	0.78	0.53~0.69	0.47

对结果进行拟合得出匝道累计转角折减系数计算模型如下：

$$f_{TA}=0.9969e^{-0.15864A_T} \tag{4.4}$$

式中，A_T——匝道累计转角。

（2）圆曲线半径折减系数。

由于匝道的圆曲线半径直接和设计速度相关，所以它对匝道中间路段的通行能力有着很大的影响。圆曲线半径越小，则通行能力越低。这里，匝道圆曲线半径折减系数用 f_{CA} 表示，参考取值见表4.6。

表4.6 不同圆曲线半径的折减系数

路段	基本路段	右转匝道	半接式左转匝道	环圈式左转匝道
圆曲线半径	无穷大	160	67.5	65
f_{CA}	1.00	0.90	0.85	0.86

注：此表为累计转角为 $\frac{\pi}{2}$ 时的折减系数。

4.2 服务水平分析

一、道路服务水平界定与等级划分

道路服务水平是用路者依据交通流状态，在速度、舒适、经济和安全等方面所能得到的服务程度，是进行交通适应性评价的主要指标。我国现行《公路工程技术标准》将服务水平划分为六个等级，各级服务水平的交通流状况定性描述及划分标准分别见表4.7和表4.8。

表4.7 各级服务水平交通流状况表

服务水平等级	交通流状态	车速选择	拥挤状况
一级	自由流	自由或较自由	无拥挤感
二级	相对自由流	较自由	基本无拥挤感
三级	稳定流	受到一定的限制	有拥挤感

续表

服务水平等级	交通流状态	车速选择	拥挤状况
四级	饱和流	受到严格限制	流量稍有增加就会出现交通拥挤
五级	不稳定流	相互干扰异常严重	流量稍有增加就会发生交通堵塞
六级	强制流	失去自由选择的余地	流量稍有增加就会发生严重阻塞

表4.8 高速公路路段服务水平分级表

服务水平等级	V/C 值	设计速度/（km/h）		
		120	100	80
		最大服务交通量/[pcu/(h·ln)]	最大服务交通量/[pcu/(h·ln)]	最大服务交通量/[pcu/(h·ln)]
一级	V/C≤0.35	750	730	700
二级	0.35<V/C≤0.55	1200	1150	1100
三级	0.55<V/C≤0.75	1650	1600	1500
四级	0.75<V/C≤0.90	1980	1850	1800
五级	0.90<V/C≤1.00	2200	2100	2000
六级	V/C>1.00	0~2200	0~2100	0~2000

现行《公路工程技术标准》以三级服务水平作为高速公路的设计服务水平。

二、高速公路服务水平计算

高速公路服务水平为相应的最大交通量与通行能力比，即 V/C

$$V/C = MSF_d/C_R \tag{4.5}$$

式中，MSF_d——道路条件和交通条件每车道的最大服务交通量，pcn/(h·ln)；

C_R——实际设计速度%对应的通行能力值，辆小客车/h/车道。

1. 实际道路条件和交通条件每车道的最大服务交通量 MSF_d 的计算

$$MSF_d = SF/(f_{HV} \cdot f_p \cdot N) \tag{4.6}$$

式中，SF——实际道路和交通条件下，单方向一条车道的服务交通量，pcu/h；

f_{HV}——交通组成影响对流率的修正系数；

f_p——驾驶员总体特性修正系数;

N——道路单向车道数。

2. 关于 SF 的计算

$$SF=DDHV/PHF_{15} \tag{4.7}$$

式中,$DDHV$——单方向小时交通量;

PHF_{15}——15min 高峰小时系数。

$$DDHV=AADT \cdot K \cdot D \tag{4.8}$$

式中,$AADT$——年平均日交通量,辆/h;

K——设计小时交通量系数;

D——方向不均匀系数,根据调查,取 0.51~0.54。

3. 实际设计速度 V_R 对应的通行能力值 C_R 的计算

根据实际条件下的设计速度 V_R,查表 4.9,通过内插法计算实际设计速度对应的实际通行能力 C_R,或者通过作图法计算实际设计速度对应的实际通行能力 C_R,见图 4.1。

表 4.9 理想条件下高速公路每车道的基本通行能力值

限制车速/(km/h)	120	100	80	60	40
通行能力/(pcu/h)	2200	2100	2000	1800	1600

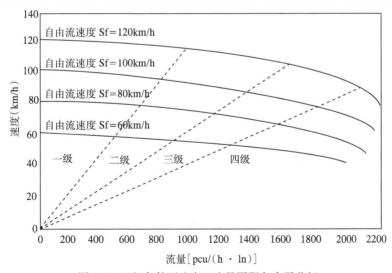

图 4.1 理想条件下速度—流量图服务水平分级

4. 实际设计速度 V_R 的确定

按照下式计算实际道路条件对理想设计速度的修正。

$$V_R = V_0 + V_W + V_N \tag{4.9}$$

式中，V_R——实际道路条件下的设计速度，公里/时；

V_0——理想条件下的设计速度，公里/时；

V_W——车道宽度和路侧净空对设计速度的修正值，公里/时；

V_N——车道数对设计速度的修正值，公里/时。

4.3 施工区限速方案分析

改扩建工程对于车速的影响因素与通常情况下不同，不仅有交通量、道路线形、路面、视距等因素，同时还有因施工而导致的车道数减少、车道与路肩宽度减少、隔离设施类型、路面施工程度等影响因素。改扩建工程路段限速的主要影响因素如下。

1. 施工路段饱和度

在高速公路改扩建工程中，交通量是影响行车速度的重要因素，而路段饱和度是直接衡量路段交通量大小的指标，它反映了现有交通量与道路通行能力的比值。在改扩建工程中，为防止路段及关键点产生拥堵，通常会对路段交通进行分流，故流量较通常少，但由于改扩建中存在双向通行以及其他不利行车的情况，所以道路通行能力也会相应减小，因此路段饱和度需重新计算。

$$\beta = \frac{Q}{C} \tag{4.10}$$

式中，β——施工路段饱和度；

Q——施工路段实际交通量；

C——施工路段实际通行能力。

由国内外研究可知，交通量越大，交通密度越大，车速越低。又由上式知，施工路段饱和度正比于施工路段交通量。因此，施工路段饱和度越大，实际运行车速相对较低；而饱和度较小时，车速则相对较高。

2. 车道与路肩宽度

在改扩建工程进行时,"边施工边保通"的技术要求将以车道与路肩宽度的减少为代价,同时由于新老路面的拼接需拆除原有护栏并占用部分路肩,从而引起老路面的宽度减少,加之半幅双向通行时需布置相应隔离设施占据部分车道,最终导致车道宽度的缩减。车道与路肩宽度的减少将直接影响行车速度的选取值,宽度越小安全车速也应越低。

3. 车型构成

不同的车型构成对于车速影响也较大,尤其对于大车混入率高的情况下,路段速度的离散性较大,行车安全性较低,需限制多种车型的车速从而降低车速离散性。现有高速公路改扩建工程中,大部分是在对大型车进行分流后展开的施工,在施工时路段上多数为小型车通行,车流相对较为稳定。

4. 隔离设施类型

改扩建工程中通常用各种隔离设施来隔离车道,尤其对于半幅路面施工,另半幅路面双向行车的阶段来说,必须设置安全隔离设施进行隔离。隔离设施一般包括锥形桶、水泥隔离墩、注水(注沙)交通隔离墩等,但采用各种隔离设施隔离双向车流相比原有中央分隔带的安全性还是会有所降低,运行车速也会相应降低。以上各种隔离设施的安全性见表4.10。

表 4.10 隔离设施安全性对比表

隔离墩类型	隔离栅基座	锥形桶	注水(沙)隔离墩	水泥隔离墩
安全性	优	差	良	优

4.4 中央分隔带开口长度分析

目前《公路路线设计规范》(JTG D20—2017)规定中央分隔带开口长度为不超过 40 米,不能满足养护时车辆的通行要求,经常造成改扩建或大修养护时开口处交通拥堵或事故频发。开口长度直接影响车辆驶过中央分隔带的转弯半径和行驶速度,若开口长度过短,车辆转弯半径较小,车辆只能以较低速通过,会降低道路的通行能力，易造成施工路段交通堵塞；若开口过长，转弯半径则较大，车辆可以较高速度通过，通行能力较大，但过长的开口处的活动护栏防护能力低，易导致失控车辆冲到对向车道，造成恶性事故。因此，有必要根据改扩建或大修路段的限制速度和其他因素研究中央分隔带开口长度计算模型，并给出不同条件下中央分隔带开口的合理长度，以保证施工路段的交通流畅通，如图4.2。

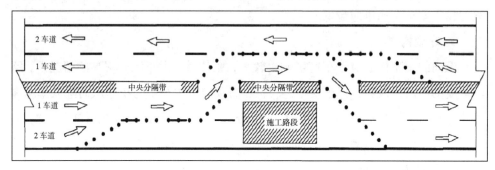

图4.2 半幅封闭半幅通车施工方案

一、中央分隔带开口长度计算模型

中央分隔带开口长度应保证车辆能以限制速度安全通过，并满足规范中对车辆行驶轨迹的要求。根据开口处车辆需要做 S 形行驶的特点，将车辆的这种行驶轨迹简化为下图所示的两个半径分别为 R_1，R_2，且反向相连的圆曲线，这两个圆曲线半径的大小应能保证车辆以开口处限制速度安全行驶（图4.3）。根据汽车在圆曲线上行驶时的受力平衡方程得：

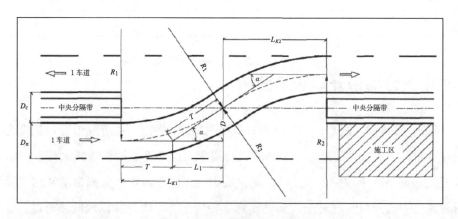

图4.3 汽车在圆曲线上行驶轨迹

$$R_i = V^2/[127(\varphi_h + i_h)] \tag{4.11}$$

式中，R_i——中央分隔带开口处车辆行驶的两个转弯半径，i 取值 1，2；

V——中分隔带开口处限制速度；

i_h——横坡，按照中央分隔带开口处最不利超高横坡方向取；

φ_h——路面与轮胎之间的横向摩阻系数。

根据图 4.3 中几何关系有：

$$D = (D_c + D_n)/2 = T\sin\alpha \tag{4.12}$$

式中，D_c——中间带宽度（包括中央分隔带及其两侧路缘带的宽度），米；

D_n——内侧车道的宽度，米；

T——圆曲线的切线长度，米。

$$T = R_1 \sin(\alpha/2) \tag{4.13}$$

式中，α——为行车轨迹圆曲线对应的偏角。

将式（4.13）代入式（4.12）得：

$$D = (D_c + D_n)/2 = R_1 \sin(\alpha/2) \cdot \sin\alpha \tag{4.14}$$

通过三角函数关系可解得：

$$\tan(\alpha/2) = D/\sqrt{(2R_1 \cdot D - D^2)} \tag{4.15}$$

而根据图 4.3 中的几何关系又有：

$$L_{K1} = T + L_1 = R_1 \tan\frac{\alpha}{2}(1 + \cos\alpha) \tag{4.16}$$

将式（4.15）代入式（4.16）中，整理后得：

$$L_{K1} = \sqrt{2R_1 D - D^2} \tag{4.17}$$

最后将 $D = \frac{D_c + D_n}{2}$ 代入式（4.17）得开口第一部分长度 L_{K1} 计算模型：

$$L_{K1} = \frac{1}{2}\sqrt{(D_c + D_n)(4R_1 - D_c - D_n)} \tag{4.18}$$

当开口位于不设超高路段时，车辆在开口处的转弯半径相同，因而中央分隔带开口第一部分长度 L_{K1} 和第二部分 L_{K2} 相等；当开口位于超高路段时，在行驶速度和横向摩阻系数相同的情况下，车辆在开口处的两个转弯半径不同，从安全角度考虑，应取转弯半径的较大值来计算开口长度。因此，中央分隔带开口长度 L_K 可采用如下模型计算：

$$L_{K1}=\sqrt{(D_c+D_n)(4R-D_c-D_n)} \quad (4.19)$$

式中，R——车辆在开口处的两个转弯行驶半径 R_1，R_2 中的较大值。

从中央分隔带开口长度计算模型可知，开口长度与中间带的宽度、内侧行车道宽度和转弯半径大小有关，而转弯半径的大小又取决于开口处允许车辆行驶的速度、路面横向摩阻系数和横坡大小及方向。

二、中央分隔带开口长度值

1. 不同限制速度下车辆在开口处的转弯半径值

高速公路改扩建大修路段的限制速度一般采用 40 公里/时、50 公里/时和 60 公里/时三种。在不同超高情况下，保证车辆在中央分隔带开口处安全行驶的圆曲线最小半径如表 4.11 所示（结果取整）。

表 4.11　中央分隔带开口处的最小转弯半径（米）

限制速度/（km/h）	横坡/%		
	−2.0	−3.0	−4.0
40	157	180	210
50	246	281	328
60	354	405	472

2. 中央分隔带开口长度

我国高速公路车道宽度一般采用 3.75 米，而中央分隔带宽度的最小值为 2.0 米，一般值采用 3.0 米，3.5 米和 4.5 米三种。因此将内侧车道宽度设定为 3.75 米时，采用式（4.19）计算出的中央分隔带开口长度值作为施工区中央分隔带开口长度建议值见表 4.12（结果取整 5 米）。

表 4.12 中央分隔带开口长度建议值（米）

限制速度/（km/h）		40				50				60			
中央分隔带/m		2.0	3.0	3.5	4.5	2.0	3.0	3.5	4.5	2.0	3.0	3.5	4.5
横坡/%	−2.0	60	65	70	75	75	80	85	90	90	100	100	110
	−3.0	65	70	75	80	80	90	90	95	95	105	110	115
	−4.0	70	75	80	85	90	95	100	105	105	115	120	125

从上表的计算结果可知，中央分隔带开口处的限制速度对开口长度影响最大。需要提高开口处通行能力时，会选择较高的限制速度，则开口长度也应增长。在限制速度、车道宽度和中间带宽度都一定的情况下，开口处的横断面的横坡对开口长度有一定的影响。因此，为缩短开口长度，开口位置应选择在通视良好、曲线半径较大、横断面横坡较小的路段为宜。以减少中央分隔带开口的长度。

4.5 工程实例（以京昆线（G5）蒲城至涝峪段为例）

一、施工区通行能力分析

1. 京昆线（G5）蒲城至涝峪段高速现状车辆构成

2016 年京昆线（G5）蒲城至涝峪段高速现状车辆构成见表 4.13、表 4.14。

表 4.13　2016 年京昆高速蒲城至谢王段车型比例

车型	小客	大客	客车合计	小货	中货	大货	特大货拖挂车	货车合计	合计
绝对值	77.29%	2.66%	79.95%	6.43%	5.21%	3.31%	5.10%	20.05%	100.00%
折算值	62.24%	3.21%	65.45%	5.18%	6.29%	6.67%	16.41%	34.55%	100.00%

表 4.14 2016 年京昆高速河池寨至涝峪段车型比例

车型	小客	大客	客车合计	小货	中货	大货	特大货拖挂车	货车合计	合计
绝对值	66.47%	3.87%	70.34%	4.75%	5.86%	5.26%	13.79%	29.66%	100.00%
折算值	43.12%	3.77%	46.89%	3.08%	5.71%	8.53%	35.79%	53.11%	100.00%

根据 2016 年京昆高速蒲城至谢王段、河池寨至涝峪段交通统计数据可以看出，京昆线蒲城至涝峪段高速公路断面交通量车型构成存在以下特点：

（1）京昆高速蒲城至谢王段客车以小客车为主，为 62.24%，货车中中货、大货、特大货拖挂车所占比例较小，仅为 29.37%。

（2）京昆高速河池寨至涝峪段交通量呈现出货车高于客车所占比例，2016 年河池寨至涝峪段平均客、货比例为 0.883∶1。

（3）京昆高速河池寨至涝峪段客车以小型客车为主，为 43.12%；货车中中货、大货、特大货拖挂车占比例为 50.03%，小型货车比重很小，仅占 3.08%。

由上述统计数据可知，京昆高速蒲城至谢王段以中小型车辆为主，大型车辆所占的比例较小，仅为 29.37%；京昆高速河池寨至涝峪段以大型车辆为主，但中小型车辆所占比例也较大。2016 年小客车占 43.12%，大客车占 3.77%，小货车占 3.08%，中型货车占 5.71%，大型货车及以上占 44.32%。大客车和大型货车及以上所占的比率为 48.09%。

考虑到京昆高速河池寨至涝峪段车流中大型货车所占的比例较大，在路基路面施工期间维持双向四车道通行，采用分车道分车型限速行驶的方式。

2. 限速参考标准

在高速公路改扩建工程施工期间，施工作业对道路交通安全有很大的影响。为了保证车辆行驶安全及施工安全，必须对车辆行驶速度进行必要的限制。

高速公路改扩建工程保通交通组织方案中的限速方案主要根据道路行车速度与道路交通流量、道路行车速度与道路交通安全之间的关系以及车辆在高速公路改扩建工程施工区区间行程时间设定。高速公路改扩建工程施工区限速参考标准见表 4.15。

表 4.15 高速公路改扩建工程施工区限速参考标准

限速/（km/h）	选择标准
40～60	高速行驶时，正施工的桥梁结构有危险时
	货车所占比重较大或者施工作业人员可能需要较频繁的穿越通行车道
60～80	交通流量较大，在施工路段的服务水平为三级
	道路层面平整度已降低
80～100	交通流量相对较小，在施工路段的服务水平可达到二级
	因施工对路面状况有干扰，车辆以不受限制的速度行驶不大安全
100～120	高速公路交通流量很小，在施工路段的服务水平可达到一级
	双向六车道或六车道以上高速公路仅有一个车道施工道封闭，其流量不是很大

另外，在具体限速时，还应考虑以下几点：

（1）施工区域的安全速度与施工区域施工人员活动、施工方式及道路情况；

（2）道路上通行的绝大多数车辆的速度，不宜过低；

（3）限制速度宜统一，并能给驾驶员应对突发事件和交通控制设施及人员指示的反应时间。

参考以上限速标准，对京昆线蒲城至涝峪高速进行具体分析，分析如下：

建议京昆线蒲城至涝峪高速施工期间两车道通行时，限速 60 公里/时，四车道通行时，大小车分车道限速，外车道限速 60 公里/时，内车道限速 80 公里/时。

扩建工程不同阶段可能出现的交通组织情况，如上跨桥施工阶段会出现封闭车道，双向两车道通行的状况。该状况下必然会出现车流在四车道与两车道之间的合流和分流。合流和分流过渡处限速可通过以下公式进行估算。

$$R=V^2/[127(u \pm i_h)] \tag{4.20}$$

式中，V——行车速度，公里/时；

R——曲线半径；

u——横向力系数；

i_h——超高横坡度。

考虑最不利条件下的横向力系数以及超高横坡度，计算得 $V=46$ 公里/时，综合考虑下取值 40 公里/时。

此外，针对车道数变化过渡段合流处应设置内车道优先通行规则，外车道排队等候可穿插间隔进行车道变化。过渡段处设置完善的渠化措施及导流曲线。

综上所述，京昆高速公路蒲城至涝峪段改扩建工程施工区的限速值见表 4.16。

表 4.16　京昆高速公路蒲城至涝峪段改扩建工程施工区限速值

车道	原道路设计速度/(km/h)	施工区限速值/(km/h)		过渡段处限速/(km/h)
		内车道	外车道	
蒲城至涝峪段	120	80	60	40

注：内车道行驶小车，外车道行驶大车。

二、道路安全性评价

1. 运行车速观测分析

利用雷达测速仪对现场车速进行测试，测速点间距 5~6 公里，测速时间在上午 10:00—12:00 之间，天气晴。由于既有互通附近因路面施工封闭半幅公路，导致该路段测速结果偏低，对既有公路的安全性判断存在影响。

从车速的测量结果可以看出，既有公路整体运行速度稳定，除施工区运行速度明显降低，其余路段小客车运行车速基本在 120 公里/时以上，大货车运行速度在 80 公里/时左右。测速区间运行速度差未超过 20 公里/时（施工区除外），运行速度协调性良好。

2. 事故分析

将 2015 年及 2016 年有事故原因记录的数据进行合并，进行事故成因的统计分析，见表 4.17。原始表中记录的事故认定原因有制动不当、酒后驾车、不按规定倒车、右侧超车、超速、变更车道时影响正常行驶机动车、非紧急情况下使用应急车道、违反规定载货、超载、行人进入高速、机动车不在机动车道内行驶、逆向行驶、机动车违反规定使用专用车道、机动车违反禁令标志标线、机动车安全实施不全、驾驶时有其他妨碍安全行车的行为、不在规定车道行驶、不按规定让行、无证驾驶、没有保持安全车距等。这些事故原因归结起来可以分为三大类：一是驾驶员疲劳驾驶、酒后驾车、违章行车，二是机动车超载、故障，三是有行人、乘车人干扰行车。在记录的 2294 起事故中，由于驾驶员造成的有 2277 起，占了绝大多数，由于车辆造成的有 11 起，由于行人、乘车人造成的有 6 起。

表 4.17 事故成因分析表

事故原因	驾驶员	车辆	行人、乘车人	总计
计数/起	2277	11	6	2294

3. 事故多发地点的辨识

为了分析交通事故在路段上的空间分布规律，找出京昆高速项目路段的事故黑点，将京昆高速 K963—K1134 段按照每两公里为区间划分，统计一年中各区段的事故数。以绝对指标事故次数和相对指标亿车公里事故率进行计算统计分析。

可以计算出 K963—K1134 路段上，2015 年平均每两公里发生事故数为 10.3 起，2016 年平均每两公里发生事故数为 7.9 起。整个项目路段事故数不多。两年内各路段均有交通事故发生。总体上，交通事故分布为离散性分布，说明了交通事故发生的偶然性和突发性。事故点在整体的分布图上是没有规律的，与道路自身没有相关性，京昆高速蒲城至涝峪公路段整体的运营状况良好，这表明现有道路总体设计良好。

4. 整体安全评价与结论

从以上的交通安全各项数据的统计分析可以得到以下结论：

（1）京昆高速陕西境蒲城至涝峪段总体安全事故数不多，道路安全性较好。

（2）在所有交通事故中，简易事故占绝大多数，伤亡事故很少。

（3）在各个路段上交通事故发生呈离散分布，没有明显的事故黑点。

（4）绝大多数事故发生是由于驾驶员方面的因素造成的，包括违章行车、操作失误、疲劳驾驶、酒后驾驶等。

（5）道路交通安全与路段交通量密切相关，交通流量越大发生事故的概率越大。

（6）道路线形并不是造成事故发生的原因，路线的设计是均匀而合理的，事故的发生与道路线形无直接相关性。

三、高速沿线主要构造物瓶颈点通行能力分析

对京昆高速蒲城至涝峪段施工区将要出现的施工组织形式进行考虑，分析其道路通行能力，主要从沿线各构造物各阶段出现的不同车流运行状态进行分类分析，采用修正路段基本通行能力的分析方法进行通行能力计算。

主要考虑的施工区影响因素为车速限制、行车道数、车道宽度和路侧净空、大型车混入率、驾驶员对环境的熟悉程度、施工强度等。

1. 路基施工通行能力分析

路基施工在老路的两侧进行，施工前期不涉及路面部分，可以保证现有道路的通行基本不受干扰，即现有四车道正常通行，此时，$f_w=1$；路基加宽施工后期，需挖除土路肩，部分路段需要挖除硬路肩，此时行车道侧向净空大于 1.75 米，超车道左侧中央分隔带保持不变，两侧施工车辆的进出也对道路通行能力有一定程度影响，此时 $f_w=0.99$。四车道保通条件下，大小车分车道行驶，客车车道大型车折减不考虑，货车车道取大型车修正系数 $f_{HV}=0.67$；由于施工工期较长，取驾驶员修正系数 $f_P=0.98$；施工路段长达几公里，且该阶段工期长，施工强度较大，这里施工强度修正系数取 $f_i=0.93$。计算出施工区处通行能力如表 4.18 所示。

表 4.18　路基两侧整体拼接时老路面通行能力值

车道	路段限速/（km/h）	基本通行能力 C_0/[pcu/(h·ln)]	驾驶员修正/系数 f_P	施工强度修正系数 f_i	大型车修正系数 f_{HV}	净空修正系数 f_w	通行能力/[pcu/(h·ln)]
内车道	80	2000	0.98	0.93	1	1	1823
内车道	60	1800	0.98	0.93	1	1	1641
外车道	60	1800	0.98	0.93	0.67	0.99	1088
外车道	40	1600	0.98	0.93	0.67	0.99	967

内车道限速 80 公里/时，外车道限速 60 公里/时时，通行能力值为 2911pcu/h 单向；而限速为内车道 60 公里/时，外车道 40 公里/时时，通行能力值为 2608pcu/h 单向。

2. 路面施工通行能力分析

路面施工阶段先对旧路硬路肩与土路肩部分路面铣刨,并超挖至加宽部分路床底面标高,一并填筑压实后,按新建路面结构施工底基层、基层及中下面层。旧路路面铣刨时,因工作宽度要求,每级错台至旧路路面时侵占外侧行车道1.2米,因此左幅施工段需封闭左幅行车道,维持右幅双向双车道形式,或者封闭外侧车道、维持双向三车道通行,驶出施工段后分流为双向四车道。

按照施工组织要求,并结合国内高速公路拓宽改造经验,本次项目改扩建路面施工可能出现以下几种路况(见表4.19)。

表 4.19 几种路况类型

路况类型	车道划分示意	车道划分说明
I		封闭外侧车道、维持双向三车道通行
II		封闭左幅行车道,维持右幅双向双车道形式
III		维持右幅双向四车道行驶

路面加宽施工,在路况I下,因工作宽度要求,每级错台至旧路路面时侵占外侧行车道1.2米,此时左幅仅一个行车道,中央分隔带保持不变,有2.5米宽外侧行车道,且两侧施工车辆的进出对道路通行能力的影响比较小,此时$f_w = 0.99$。在路况III四车道行驶条件下,大小车分车道行驶,客车车道大型车折减不考虑,货车车道取大型车修正系数$f_{HV}=0.67$;由于施工工期较长,取驾驶员修正系数$f_P=0.98$;施工路段长达几千米,且该阶段工期较长,施工强度较大,这里施工强度修正系数取$f_i=0.93$。则计算出以三种路况施工区处通行能力如表4.20所示。

表 4.20 一般路段路面施工老路面通行能力值

车道	路段限速/(km/h)	基本通行能力 C_0/[pcu/(h·ln)]	驾驶员修正系数 f_P	施工强度修正系数 f_i	大型车修正系数 f_{HV}	净空修正系数 f_w	通行能力/[pcu/(h·ln)]
内车道	80	2000	0.98	0.93	1	0.9—0.99	1641—1805
	60	1800	0.98	0.93	1	0.9—0.99	1476—1624
外车道	60	1800	0.98	0.93	0.67	0.9—0.99	989—1088
	40	1600	0.98	0.93	0.67	0.9—0.99	879—967

路面施工阶段，处于路况 I 情况下，限速为在内车道限速 80 公里/时，外车道限速 60 公里/时时，道路通行能力分别为 1088puc/h（单向），2893puc/h（单向）；限速为内车道 60 公里/时，外车道 40 公里/时时，道路通行能力分别为 967puc/h（单向），2591puc/h（单向）。处于路况 II 情况下，限速 60 公里/时时，道路通行能力分别为单向 1088puc/h（单向），879puc/h（单向），处于路况 III 情况下，限速为在内车道限速 80 公里/时，外车道限速 60 公里/时时，分别为单向 2893puc/h（单向），2630puc/h（单向），而限速为内车道 60 公里/时，外车道 40 公里/时时，道路通行能力分别为单向 2591puc/h（单向），2355puc/h（单向）。

3. 桥涵施工通行能力分析

上跨桥施工一般可在路基施工阶段完成，仅架设预制梁板时需短暂交替封闭主线，中墩施工时，通过硬路肩行车也可保证全线四车道通行，故在此不做单独分析，上跨桥施工处通行能力同普通路段。

主线桥梁扩建采用"分幅通行，分幅施工"的方案。施工进度基本与路面施工吻合，也采用分两侧同时加宽模式，故桥梁施工前几个阶段通行能力跟路面保持一致，这里不再分析。

4. 互通匝道通行能力分析

由于互通匝道形式多种多样，这里着重对以下三种应用最广泛的形式进行重点研究分析。

（1）直接式匝道。

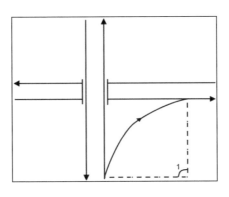

图 4.4 直接式匝道

基于基本通行能力修正：由于互通匝道特殊的道路线形以及纵坡，京昆高速互通改扩建时匝道速度限制为 40 公里/时，对应匝道基本通行能力为 1900pcu/h，直接式匝道累计转角即 $\angle 1$，为 $\pi/2$，对应 $f_{TA}=0.78$；而圆曲线半径折减系数 $f_{CA}=0.9$，故可得出通行能力 $C=C_b \cdot f_{TA} \cdot f_{CR}=1900 \times 0.78 \times 0.9=1331 \text{pcu/h}$。

（2）环圈式匝道。

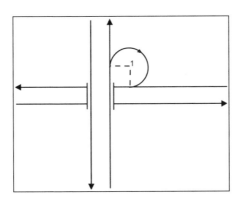

图 4.5 环圈式匝道

基于基本通行能力修正：由于互通匝道特殊的道路线形以及纵坡，京昆高速互通改扩建时匝道速度限制为 40 公里/时，对应匝道基本通行能力为 1900pcu/h，直接式匝道累计转角即 $\angle 1$，为 $3\pi/2$，对应 $f_{TA}=0.47$；而圆曲线半径折减系数 $f_{CA}=0.86$，故可得出通行能力 $C=C_b \cdot f_{TA} \cdot f_{CR}=1900 \times 0.47 \times 0.86=768 \text{pcu/h}$。

（3）半直接式匝道。

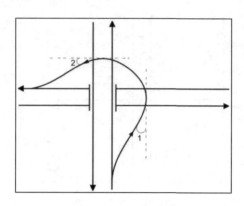

图 4.6　半直接式匝道

基于基本通行能力修正：由于互通匝道特殊的道路线形以及纵坡，京昆高速蒲城至涝峪段互通改扩建时匝道速度限制为 40 公里/时，对应匝道基本通行能力为 1900pcu/h，半直接式匝道累计转角为 $\pi/2+2\angle 1+2\angle 2$，如图所示，这里取 π，对应 $f_{TA}=0.60$；而圆曲线半径折减系数 $f_{CA}=0.85$，故可得出通行能力 $C=C_b \cdot f_{TA} \cdot f_{CR}= 1900 \times 0.60 \times 0.85 = 969$pcu/h。

（4）各阶段通行能力取值汇总。

综合以上分析方法，对京昆高速改扩建施工各阶段瓶颈点通行能力进行分析汇总，针对两种分析方法采用加权处理，结果见表 4.21。

表 4.21　各阶段通行能力取值汇总

施工各阶段		限速/（km/h）	车道数	基于基本通行能力修正/[pcu/(h·ln)]
路基路面	路基施工	内车道 80 外车道 60	双向四车道	2911
		内车道 80 外车道 60	双向四车道	2608
			双向三车道行车	1088
		内车道 80 外车道 60		2893
			半幅双向双车道行车	——
				——

续表

施工各阶段		限速/(km/h)	车道数		基于基本通行能力修正/[pcu/(h·ln)]
		内车道60 外车道40	半幅双向四车道行车		2893
					2630
			双向三车道行车		967
					2591
			半幅双向双车道行车		——
					——
			半幅双向四车道行车		2591
					2355
互通匝道	直接式匝道	40	3.50	——	1331
	环圈式匝道	40	3.50	——	768
	半直接式匝道	40	3.50	——	969

四、施工区限速分析

京昆线（G5）蒲城至涝峪段高速综合限速值确定：利用单纯串行控制的数学模型作简单变化可得，将单个影响因素下的限速折减系数与影响因素权重相关联，通过加权得出综合车速折减系数。数学算式为：

$$r = A \cdot X \tag{4.21}$$

式中，r——综合车速折减系数；

A——不同影响因素所对应的车速折减系数矩阵，$A=(A_1, A_2, A_3, \cdots, A_n)$；

X——因子加权值矩阵，$X=(X_1, X_2, X_3, \cdots, X_n)$。

因此得出道路综合限速值：

$$V_{综} = V_0 \cdot r \tag{4.22}$$

式中，$V_{综}$——道路综合限速值；

V_0——道路原设计车速。

最后将由特殊情况下得出的极小限速值与综合限速值进行比较，取最小值为道路最小限速值。

$$V_{限}=\min(V_1, V_2, V_3, \cdots, V_n) \quad (4.23)$$

由施工情况结合折减系数确定蒲城至涝峪与涝峪至蒲城方向相应的车速折减系数，带入公式（4.21）算出蒲城至涝峪方向综合折减系数 r_1=0.594，涝峪至蒲城综合折减系数 r_0=0.618。按设计车速 120 公里/时计算，带入公式（4.22）算出综合限速值 $V_{限1}$=59.4 公里/时，综合限速值 $V_{限0}$=61.8 公里/时。由于考虑天气晴朗、视距良好的情况，极小限速值大于综合限速值，故取综合限速值为参考限速值。

京昆高速公路蒲城至涝峪段施工期间三车道通行时，限速 60 公里/时，四车道通行时，大小车限速为外车道限速 60 公里/时，内车道限速 80 公里/时，方案可行。

五、中央分隔带开口长度分析

《公路路线设计规范》（JTG D20—2017）（以下简称为《规范》）6.3.3 条规定："互通式立体交叉、隧道、特大桥、服务区等构造物前后，以及整体式路基、分离式路基的分离（汇合）处，应设置中央分隔带开口。"同时，还对中央分隔带开口的间距、开口长度、形式和护栏设置要求作出了相关规定。由此可见，正如 6.3.3 条文说明所述："中央分隔带开口的设置是为了使车辆在必要时可通过开口到反方向车道行驶，以供维修、养护、应急抢险时使用。"

京昆线（G5）蒲城至涝峪高速中央分隔带开口值确定：针对京昆蒲城至涝峪段高速改扩建具体情况，中央分隔带长度为 3 米，横坡度为-2.0%，全线内车道限速为 80 公里/时，外车道限速为 60 公里/时。中央分隔带开口处的设置限速为 40 公里/时，故建议京昆高速改扩建期间中央分隔带开口长度为 65 米。这只是一个车道车流转向情况下的中央分隔带的确定值。当在两个车道、三个车道或四个车道的情况下，中央分隔带开口长度应该更大些。

同时，应该结合实际情况合理设置中央分隔带开口位置，开口位置应选择在通视良好、曲线半径较大、横断面横坡较小的路段为宜。

六、施工区合理分段长度分析

1. 合理分段长度分析意义

京昆高速改扩建路段交通组织总体模式是在双幅路面上利用老路通行,车流利用老路双向四车道通行,由于京昆高速公路扩建改造施工期间,存在扩建历时长、施工路线长等问题,设置合理的施工区分段长度将从局部较好地解决这些问题。

2. 合理分段长度划分原则

京昆高速蒲城至涝峪段改扩建合理分段长度划分原则如下:

(1)根据施工进度进行划分。施工区分段长度从本质上决定着施工工期,一旦分段长度确定好,每一段施工工期将必须完全服从于总体施工进度,因此,施工期分段长度需根据施工进度进行划分。

(2)主要专业工种在各个施工段所消耗的劳动量要大致相等。其相差幅度不宜超过10%~15%。由于京昆高速采用分幅不间断施工,对于每一段必须严格按照相同的时间完成,同时进入下一个阶段的施工安排,从而保证总体施工进度的正常完成。

(3)施工段数不宜过多,要满足合理流水施工组织要求。京昆高速蒲城至涝峪段长达125.54公里,施工段数过多将导致每一段长度有很大限制,并且从根本上增加了施工人员、设施以及组织安排难度,不利于施工组织的顺利开展。

(4)在保证专业施工队劳动组合优化的前提下,施工段的大小要满足专业工种对工作面的要求。施工分段长度需考虑相应设备的承受能力,过短则浪费、过长则不利于工期的准时完成。

(5)要考虑路网结构的整体性,施工段分界线应尽可能与路段结构自然界线(如互通和服务区等构成的界限)相吻合。由于沿线各构造物施工组织进度以及施工流程都有很大区别,比如互通、跨线桥、特大型主线桥的施工,故划分施工段时需结合具体路况进行分析。

(6)施工段的划分要考虑路基施工的便利性和施工成本的节约性,并且尽量减小路基施工对沿线交通流的影响。

3. 施工区合理分段长度

通过对京昆高速蒲城至涝峪段改扩建施工现状条件分析，考虑施工工期、施工人员、设施安排以及工程造价等方面，结合国内已实施改扩建的高速公路施工分段长度划分的经验，以定性的方式讨论施工区合理分段长度。技术路线见图 4.7。

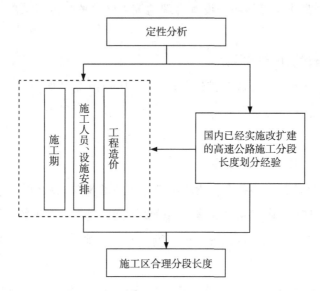

图 4.7 施工区合理分段长度分析技术路线图

（1）国内外研究经验。

国外针对一般道路养护施工长度进行了大量的研究，但针对长距离的高速公路改扩建研究较少。美国伊利诺伊州交通部将施工长度限制为 8 公里，并在此约束下完成了一个创新型的改扩建项目，施工时间及行车延误分别减少 20% 及 15%。

国内高速公路改扩建工程所采用的施工分段长度划分不一。广清高速施工时按立交出入口划分段落，每个施工点长度不得大于 2 公里，每个施工点间隔不小于 2 公里，后面尝试 4 公里甚至 6 公里发现疏导更畅通，但是封路时间不能太长；沪宁高速公路则将半幅施工间隔设置为 6~8 公里，且安排南、北两半幅分段交替封闭施工，国内已实施改扩建高速公路施工分段长度划分见表 4.22。

表 4.22 国内已实施改扩建的高速公路施工分段长度划分

名称	通行车道数状况	分流车型	主要限制车速 /(km/h)	施工分段长度 /km
沪宁高速	路面施工阶段先为双向两车道，半幅完成后改为四车道	大中型货车分流	60~80	6~8
广清高速	施工阶段半幅单向两车道	强制分流半幅交通	60	4~6
安新高速	施工期间主线双向四车道	关键点分流大中型货车	80	4~6
昌樟高速	施工期间主线双向四车道	关键点分流大中型货车	60~80	4~5

（2）施工分段长度定性分析。

一方面，施工间隔距离过长时，驾驶员因行驶状态和注意力长时间无变化，导致对道路施工路段状况的警觉性出现淡化，从而潜意识加速行驶，影响施工路段安全性，施工间隔过长将会延长施工工期；另一方面，半幅施工间隔过短将增加车辆转至另半幅的频率，导致驾驶员加减速频繁，影响道路通行能力及驾驶员驾驶舒适性，并且要求大量施工人员和施工设施。因此，施工间隔长度的设置必须综合考虑各种情况，综合分析，选取合理的施工间距，找到其中的平衡点。

①从施工工期上分析。京昆高速蒲城至涝峪段长度 125.54 公里。路线里程长、现有交通量大、施工期间不中断交通情况下，交通组织复杂、难度大。

从一定意义上讲，施工分段长度决定了该段施工进度安排，施工分段长度越长，所需要的施工时间就越长，由于京昆高速蒲城至涝峪段改扩建对路面同时进行分幅间隔施工，每一段的施工进度安排决定了整个工程进度安排，因此施工分段长度需考虑工期条件，过短或者过长都不利于施工进度的正常实施。

②从施工质量上分析。合理的施工分段长度可以较好地确保施工质量。由于施工单位都具备成熟的施工体系，施工质量在一定程度上取决于施工时间，而施工分段长度从根本上决定施工时间，故施工分段长度过大或者过小都不利于施工质量的保证。

③从工程造价上分析。京昆高速蒲城至涝峪段改扩建路基采用两侧整体拼接。施工各划分段将间隔同时施工，这就要求每个施工划分段具备同样的施工人员以及施工设备，并且保证按进度同时完成相应阶段施工。

一旦分段施工长度确立，也就确定了京昆高速蒲城至涝峪段改扩建施工段数目，分段长度过大，施工段数目就相应较少，对施工技术人员以及施工设备要求较少，在施工工期不变的前提下，施工费用相对较低；同样，施工分段长度过短，则导致施工分段数目相应较大，一个施工段即对应一批专业技术人员以及施工设备，总体施工费用将较大，此外，施工段数过多，每个施工段的费用也相应增多。故从工程造价上考虑，施工分段长度不宜过短。

4. 施工段间隔长度分析

由于京昆高速公路路面全线分段施工，因此，为实现对高速公路行车的安全性、快速性影响最小，同时也保证施工正常进行，各施工路段之间应保持多少间距，有待进一步确定。

根据交通流理论分析，道路施工期间交通瓶颈主要出现在分、合流路段（即中央分隔带开口处，根据施工的需要，车流需在此变换车道）。特别地，对于两相邻施工段间隔较小的情况，理论上可以存在以下两种处理办法：

①可将此两相邻施工段合并为一个施工段，此时只有两处中央分隔带开口处会存在交织现象，且一旦引起局部交通阻塞，两侧有足够的路段空间逐渐自行消减，管理上易于集中，该方案的交通流运行路径如图4.8。

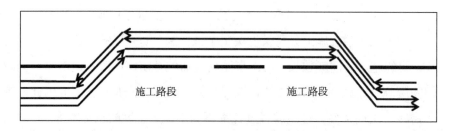

图4.8　两相邻施工段合并为一个施工段交通流运行路径

②两相邻施工段相互独立施工，虽然对充分利用道路空间有利，但其存在四处交织路段，且由于直线段距离较近，一旦有局部交通阻塞，很快便会影响到两端的施工段，此外，短距离内过于频繁的变换车道对于安全也是无益的，管理上工作量较大，仅在交通量较小的情况下适用。该方案的交通流运行路径如图4.9。

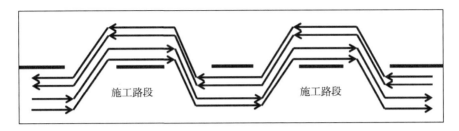

图 4.9 两相邻施工段相互独立施工交通流运行路径

运用 VISSIM 软件对以上两种情况下的交通流进行仿真分析，可得出结论：相邻两施工段之间的间隔应至少为 5 公里，否则应考虑将此两施工段合并成一个施工段。

综上所述，不同角度对应不同的合理施工分段长度，但总体上当施工分段长度介于 4~8 公里之间时，较为合理，满足多方面要求。同时，相邻施工区段间隔不宜小于 5 公里。

第 5 章
保通方案分析及论证

5.1 国内已完成改扩建的高速公路交通组织方案分析

高速公路通常是所在区域的运输干线和交通主骨架，所承载的交通量巨大，增长迅速，其改扩建工程与沿线社会经济发展息息相关，也将会给沿线路网带来巨大的交通分流压力，给社会和经济发展造成不同程度的影响。鉴于上述情况，我们认为有必要对国内具有典型性的已改扩建高速的保通方案进行介绍，并对其改扩建经验进行总结。

一、沪宁高速改扩建保通方案

1. 改扩建概况

沪宁高速公路改扩建采取全线拼接拓宽的方法，即在原有四车道基础上于两侧分别扩建两个车道、局部地段分离加宽，每侧加宽 8.25 米，路基总宽 42.5 米，其沿线的匝道、互通、桥梁等设施全部按八车道标准建设。沪宁高速公路改扩建过程中需要改扩建支线上跨桥 54 座，拆除 52 座；改扩建互通 22 座，新建 3 座；改扩建桥梁 310 座，服务区 6 处。沪宁高速公路货车分流后日均流量仍达 21000 辆，属于第一条真正意义上的大交通流量下边通车边施工的高速公路改扩建工程。

2. 路基施工

路基施工阶段，在路基两侧设置两条贯通便道，将隔离栅移至原路肩护栏处后，同时进行路基各项工程施工。路基填筑和路基拼接阶段，撤除防撞护栏，主线桥进行上部结构连接，部分紧急停靠带切除，路面断面仅剩四个车道。为保障路基施工连续性，采取货车分流和车辆限速的管制措施。

3. 路面施工

路面施工阶段采用分段单幅施工，先由南幅路段开始，施工阶段中主线交通利用北侧路面双向双车道通行；待全线南半幅达到 100 公里，具备四车道双向通行条件，即安排南北半幅分段交替封闭，同时进行路面施工。路面摊铺期间的半幅车流均需要借另半幅道路行驶。

南半幅通车阶段，对于北半幅已改造路段，南北半幅可使用两车道通行，同时利用南半幅两个车道进行交通工程施工；在北半幅没有改造路段，利用南半幅可通行的宽度 18.25 米（4×3.75+3.25），实现双向两车道通行。

4. 上跨桥施工

上跨桥施工阶段采用"先增后改，移位先建后拆，间隔分批改造"的原则，新建、改造和拆除清理施工时，采取转换交通的方式，半幅施工，半幅通行，限速通行。

5. 保通方案

以沪宁为代表的彻底意义上的"分幅分段施工、双向两车道通行"保通方案，按照"在不中断交通的情况下进行施工"的模式，结合周边路网有效分流，保证部分时段关键路段双向两车道，其余施工时段和路段双向四车道通行的设计，具有较好的借鉴意义。

二、广清高速保通方案

1. 改扩建概况

广清高速公路改扩建工程包括广花高速、花清高速和广清北高速三段，采用"两侧加宽为主、局部两侧分离和右侧单侧加宽为辅"的加宽方式对原四车道高速按双向八车道标准进行改扩建，整体式路基标准宽度 41 米，分离式路基标准断面全宽49米或51米。

广清高速改扩建各类桥梁23座，互通式立交14座，分离式立交25座。扩建时按"先加宽道路主线路基路面，后改造立交；先建新立交，最后拆除旧立交及改造旧立交间的主线；先建设加宽桥梁，再拆除或改建现状桥梁"的原则进行道路扩建，并严格执行限速通行的交通管制措施，以减少因道路扩建施工对全线交通流造成的影响。

2. 路基路面施工

广清高速公路改扩建交通组织采用"在不中断交通的情况下进行施工"的模式，推荐"立交分组，同时分幅分段、半幅单向"的交通组织方案。在进行两侧道路加宽部分的软基处理、路基填筑、挡墙修建等工作时，现状道路保持正常通行。

广花段（庆丰至龙山）：在改扩建半幅道路，实施6~7个月封闭，强制分流半幅道路交通流，对向半幅正常单向双车道通行。其间进行路基、桥涵补强，路面改造，调整纵坡，要求做到沥青下面层施工完毕，可供车辆临时实现四车道通行。

广花+花清段（龙山至古钱岭）：施工老路硬路肩、新路路面基层、沥青面层时，6个月半幅封闭，强制分流半幅道路交通流，对向半幅正常单向双车道通行。

在广花段（庆丰至龙山）与广花+花清段（龙山至古钱岭）可以通过合理的施工安排控制其道路半幅封闭道路中的3个月时间重叠。

上述步骤完成后，将车流转移至先期改扩建的四车道半幅道路双向通行，封闭后期改扩建的半幅道路，采用最经济、快速的施工方式对后期改扩建半幅道路施工。后期改扩建的路面施工全部完成后再次将车流转移过来，待施工完成后实现双向八车道通行。

3. 限速措施

广清高速改扩建交通组织推荐采用限速通行，改扩建作业区通行应严格执行限速的交通管制措施，采用路面文字或限速标志的形式限速，不同的施工时段、施工路段采取不同的限速方案，一般的施工路段限速60公里/时，在桥梁半幅通行，道路双向双车道通行限速 40 公里/时。

4. 保通方案分析

以广清为代表的"分幅分段、半幅单向两车道通行"保通方案，鉴于其是半幅单向两车道通行，需要分流半幅对向交通，易造成周边路网单向交通组织失衡，故而在高速公路改扩建运用中存在一定的局限。

三、安新高速保通方案

1. 改扩建概况

安新高速即京港澳高速公路安阳至新乡段，其扩建为"四改八"方式，即在原有四车道基础上，向两侧各拼宽两个车道，原旧路路基宽度 26 米，扩建后路基宽度 42 米。全线采用"边通车、边施工"模式和"半幅分车道施工、双向四车道通行、行车不分流"的交通组织方案。

2. 路基路面施工

在工程准备阶段和路基拼接施工阶段，全线维持现状交通，车辆在原有路面上正常双向行驶；在路面基层拼接及中下面层施工阶段，车辆在原有路面上双向行驶，实施限速、大小型车辆分道行驶管制措施；在老路改造施工阶段，车辆在新建路面上双向行驶，实施限速、大小型车辆分道行驶管制措施；在上面层通铺施工阶段，施工半幅全封闭，车辆在另半幅实行单幅双向通行，大小型车辆分道行驶。

3. 桥涵和互通施工

桥涵工程采用"分幅通行、分幅施工"方案。在路基施工的同时，采用间隔施工的方法进行沿线分离式立交、通道涵洞下部的施工，原四车道正常通车；在路面底基层、基层施工的同时进行同侧半幅桥涵上部结构施工，并对桥梁施工路段限速行驶；在半幅路面施工期间，同时完成本半幅桥涵的铺装、拼接等工程，其间该半幅封闭交通、另半幅双向通行；半幅路面施工结束时，本半幅桥涵亦完成施工，本半幅通车；全幅桥涵施工完毕后，实现全幅通行。

互通区主线桥、涵洞、匝道等工程的施工与路段路基、桥梁同步，匝道施工前修建临时匝道，以保证施工期间互通式立交的交通顺畅。

4. 限速措施

安新高速改扩建施工期间分阶段限速：在路面上面层通铺施工期间（车辆单幅双向通行）大车限速 60 公里/时，小车限速 80 公里/时；在路面基层、中下面层及旧路改造施工期间大车限速 80 公里/时，小车限速 100 公里/时；路基施工阶段按原规定车速，即大车限速 100 公里/时，小车限速 120 公里/时。

5. 保通方案分析

值得注意的是，安新高速也并非完全意义上的利用中面层实现双向四车道通行的保通方案。其桥涵工程采用"分幅通行、分幅施工"方案，方案拟定在半幅路面施工期间，同时完成本半幅桥涵的铺装、拼接等工程，其间该半幅封闭交通、另半幅双向通行。据此可分析，在此过程中，若不利用新桥或无便桥辅助通行，桥梁施工段只能保证半幅双向两车道限速通行，而只有在该半幅路面施工结束及其他施工阶段通车后方能实现双向四车道通行目标；同理对于上跨桥，若无辅道或便桥分流主线交通，路基路面施工阶段也不能有效保证双向四车道通行。

四、西临高速改扩建保通方案

1. 改扩建概况

西临高速公路改扩建采用在原有路基两侧加宽的路基拼接方案，将原整体式双向四车道扩建为整体式双向八车道高速公路。在改扩建中需拼宽及重建桥梁、分离式立交 28 座，改造互通式立交 2 处，新建三、四车道路面，并且部分路段需铣刨重铺一、二车道路面。施工期间对路面资源占用较大，对现有高速公路交通干扰很大。施工过程中需对交通实行管制和分流。

2. 路基施工

路基施工初期主要是清表、地基处理等，该阶段施工对主线车辆正常通行无影响，在合理安排施工的情况下，主线可维持双向四车道通行，不进行交通管制。路基施工中期的主要工程包括路基填筑、桥梁下部结构施工、涵洞和通道的改建等，其中上跨桥的拆建和互通立交改建可在本阶段的的后期开始实施。在路基施工中期，开始实行半幅全封闭施工，另半幅实行单幅双向通行。路基施工末期即采用半幅全封闭施工，南半幅西安至临潼方向禁止车辆通行，北半幅临潼至西安方向维持两车道双向通行,且禁止货车及七座以上客车通行,行车道中间采用水泥隔离墩进行隔离。

3. 路面施工

路面施工以相邻两个互通之间路面为一单元,根据中分带开口位置,以 4~6 公里为一施工作业面进行施工和交通组织。每次作业面的转换事先均需进行严密的交通组织方案的讨论,敲定每一个细节,以保证施工安全及西临高速安全畅通。针对路面施工对交通影响的特点,西临高速改扩建工程采用半幅全封闭的施工方案,可最大程度保障西临高速公路的通行能力。

采用半幅全封闭施工方案时,西安至临潼方向先封闭交通,南半幅路面施工时无交通影响。北半幅可维持单幅双向通行,同时分流货车及七座以上客车。南半幅路面施工期间,由于没有交通影响,可以连续开展整幅工作面,封闭施工时应考虑施工设备情况和其他条件灵活选用作业面长度。

4. 保通方案

考虑西临改扩建自身的特点及上述保畅方案的优劣性及改扩建里程较短,且项目处于旅游区,社会影响较大,应尽量争取缩短施工工期,减少分流车辆,降低社会影响,保证施工区的通行能力与服务水平,综合考虑从第二阶段开始推荐采用双向分流货车及七座以上(不含七座)客车,保留双向七座及七座以下小型车辆通行,全路段实行单幅双向通行。

以西临高速为代表的"分幅分段、单幅双向两车道通行"保通方案,鉴于其是单幅双向两车道通行,需要分流半幅对向交通,易造成周边路网单向交通组织失衡,故而在高速公路改扩建运用中也存在一定的局限。

五、国内高速公路改扩建保通方案对比分析与经验

本节对各典型方案的改扩建指标和建设条件进行对比分析,见表 5.1、表 5.2。柳南高速利用中面层行车的双向四车道保通方案、沪宁高速分幅分段施工的双向两车道保通方案和西临高速分幅分段、单幅双向两车道保通方案在高速公路改扩建交通组织方式上具有代表性。

表 5.1　已改扩建高速指标对比分析

编号	对比指标	沪宁高速	广清高速	安新高速	西临高速
1	里程/km	248.529	57.71	113.173	14.538
2	基年路段交通量/(pcu/d)	21498~43506	—	25053~26115	—
3	设计速度/(km/h)	120	100	120	120
4	加宽方式	两侧加宽为主，局部分离为辅	两侧加宽为主，局部分离和右侧单侧加宽为辅	两侧加宽	两侧加宽
5	原路基宽度/m	26	23、24.5/25.5（分离式）	26	26
6	改扩建路基宽度/m	42.5	41/49、51（分离式）	42	42
7	桥梁数量/座	310	48	141	18
8	互通数量/座	27	14	—	3
9	施工期间的服务水平	二级	二级	二级	三级

表 5.2　已改扩建高速建设条件对比

名称	通行车道数状况	周边路网状况	分流车型	分流车型选择依据
沪宁高速	路段：路基施工阶段双向四车道；路面施工阶段先为双向两车道，半幅完成后改为四车道	路网发达，以国省干线为主，多为一级路，改扩建期间同步改建与其平行的省道S312	大中型货车分流	①周边分流路网较为发达，技术等级高，能满足重型运输的需要；②分流货车后，施工期间项目路能维持到较高的服务水平和安全水平；③分流货车的收费损失在可接受范围
广清高速	路段：施工阶段半幅单向两车道	路网发达，多为国省道和环城高速，二级及以上	强制分流半幅交通	地方路网分流基本可以承受；收费损失相对不大
安新高速	路段：施工期间主线双向四车道	周边路网多为国省干线，以二级为主	关键点分流大中型货车	交通量较小，施工期间道路的通行能力满足交通量的需要，无需分流
西临高速	路段：路基施工阶段实行半幅全封闭施工，另半幅实行单幅双向通行	路网发达，以国省干线为主，多为一级路	双向分流货车及七座以上（不含七座）客车	①路段交通量大，所处区域的路网发达，可供分流路径较多；②改扩建里程较短，路基加宽采用两侧拼宽方案，施工工期紧；③项目连接临潼旅游景区，扩建期社会影响较大，路段服务水平要求高

5.2 工程实例（以京昆高速蒲城至涝峪段为例）

一、京昆高速蒲城至涝峪段道路现状

1. 项目背景

拟改扩建项目所在的京昆线是国家高速公路网的重要组成路段，路线起于北京，途经河北、山西、陕西、四川、云南等省抵达终点昆明，是连接我国华北、西北及西南地区的一条具有重要政治经济意义的公路运输大通道。京昆线在陕西省境内呈东北-西南走向，连接了渭南、西安、汉中3地市，路线由陕晋交界的禹门口入陕境，经韩城、合阳、澄城、蒲城、富平、阎良、高陵、西安、鄠邑、宁陕、佛坪、洋县、城固、汉中、勉县、宁强等市（县），于陕川界的棋盘关进入四川，陕西省境内里程747.2公里，采用分段建设模式，其中西安以北的谢王至禹门口段贯通于2005年11月，西安以南的河池寨至棋盘关段贯通于2008年12月。

拟改扩建的蒲城经西安至涝峪段是京昆线陕西境内交通量最大的路段，路线途经蒲城、富平、阎良、高陵、西安、鄠邑等市（县、区），连接了富平高新技术产业开发区、西安渭北工业区（高陵装备工业组团、阎良航空工业组团、临潼现代工业组团）、西安国际港务区、西安高新技术开发区（三星产业园和梁家滩国际社区）等，对其实施改扩建有利于增强西安中心城市的辐射能力，提升陕西与西南及华北省份间的经济联系。蒲城至涝峪段旧路建设分为以下三段：

（1）西安至阎良高速公路。

京昆高速公路西安至阎良段，是国家"十五"交通重点建设工程之一，路线起于西安市阎良，止于西安市国际港务区谢王互通式立交，全长约30.7公里，为全封闭、全立交、控制出入的双向四车道高速公路，设计速度120公里/时，双向四车道。1998年开工建设，2001年通车运行。路基宽28.0米，全路段设计载荷为汽车-超20级，挂车-120级。全线有大桥1座，中小桥13座，涵洞108道，通道60道，上跨主线的分离式立交桥、天桥24座；互通式立体交叉5处；设有

匝道收费站4处。

（2）西安至涝峪高速公路。

京昆高速西安至涝峪段高速公路是陕西省的公路主骨架的重要组成部分，路线北起于西安绕城高速河池寨互通式立交，止于涝峪互通，全长约32.5公里，设计速度120公里/时，双向四车道。1999年开工建设，2002年通车运行。路基宽28.0米，全路段设计载荷为汽车-超20级，挂车-120级。全线设有大桥4座，中桥12座，小桥13座，涵洞47道，通道55道，上跨主线的分离式立交桥、天桥13座；互通式立体交叉5处；设有匝道收费站4处。

（3）阎良至蒲城高速公路。

京昆高速公路蒲城至阎良段是国家高速公路网、陕西省骨架公路网的重要组成部分，路线北起东杨互通式立交，经蒲城、荆姚、富平，止于阎良，全长约62.6公里，设计速度120公里/时，双向四车道。2003年开工建设，2005年通车运行。路基宽28.0米，全路段设计载荷为汽车-超20级，挂车-120级。全线设有大桥2座，中桥11座，小桥5座，涵洞145道，通道118道，上跨主线的分离式立交桥、天桥25座；互通式立体交叉3处；设有匝道收费站2处。

2. 项目区城镇布局及规划

西安市是国家重要的科技研发中心、区域性商贸物流会展中心、区域性金融中心、国际一流旅游目的地以及全国重要的高新技术产业和先进制造业基地。西安市正充分利用国家内陆开放区域政策和未来亚太内陆世界中心城市形成的机会，发挥西部地区比较优势，实现国际现代化大都市目标并成为内陆开放的世界城市和文化之都，全面建成中国气质的国际文化交流中心、国家科技中心、国家新兴战略产业基地、国家西部交通枢纽门户和综合性经济中心。

西安市今后一段时间的发展目标是加快建设以主城区、副中心城市、城市组团和小城镇为骨架的四级城镇体系，构建特色鲜明的都市框架。统筹市域空间布局、优化主城区区域发展、提升副中心城市及城市组团服务功能、加快小城镇经济发展、创新开发区发展模式、提升农村地区综合发展能力。

鄠邑、临潼、阎良三个副中心城市将成为大西安对外辐射的增长极，是城市中心区向外发挥辐射带动作用的重要节点，是发挥自身产业优势、完善自身功能，形成以其为核心的辐射周边区域的重要城市增长极。通过副中心构建多层次、向外辐射的网络通道，进一步增强副中心区域的带动作用。

项目区域范围为西安市西南向发展轴及东北向发展轴。连接鄠邑及阎良两个城市副中心，是西安市最重要的区域交通通道。

3. 项目区路网规划

近年来，西安市公路网取得了巨大进展，充分发挥了公路交通作为国民经济和社会发展的基础设施的重要作用。将形成通达全省、对接周边的高速公路网络，在以西安绕城高速为核心的放射状路网基础上，扩大覆盖范围，建成西咸环线以及西安大环线鄠邑至乾县段，形成环绕大西安都市区的新环线体系，并对京昆线西安至蒲城、西安至涝峪口等高速瓶颈路段实施改扩建，进一步增强对外辐射能力。结合区域交通需求及城市快速路建设，在路网中增设西安港、金花路、高桥等一批服务型立交，实施机场高速联络线建设，支撑重要节点与高速公路网快速接入。到 2020 年，全市公路总里程达 14000 公里，密度达到 137 公里/百平方公里，二级及二级以上公路占路网总里程的 35%左右，大力提升"西安——丝绸之路经济带起点"在全国性综合交通枢纽的核心城市地位，促进"一路一带"战略的实施，助推西部经济隆起带发展。

将西安建设成全国六大客运中心之一，大都市铁路网采用辐射线、环线相结合的布局，形成以西安车站和北客站铁路枢纽为中心，构成"一横一纵十辐射"的铁路格局。一横：陇海铁路；一纵：包柳铁路；十辐射：郑州—西安客专、西安—兰州客专、大同—西安客专、西安—成都客专、西安—武汉客专、西安—重庆客专、西安—侯马、西安—南京、西安—平凉、西安—银川。

依托西安咸阳国际机场，建设区域性国际航空枢纽，打造空中丝绸之路，使西安成为连接世界与国内各地的空中门户，成为世界航空网络的重要节点。加强航空港与公路、铁路、城市道路、公交系统及快速轨道交通的便捷换乘。2020年，旅客吞吐量达 5300 万人次。鼓励通用航空发展，根据低空开放政策，引导航空产业发展。

二、路段交通量

1. 交通调查概述

（1）调查目的。

公路交通调查是交通需求分析的重要步骤，通过它可了解项目所在通道公路交通量的组成、特性及发展趋势；分析交通流的流向、车型构成等信息，掌握交通流的规律，为交通量预测、模型拟合、规模与标准的确定、方案论证及经济评价提供依据。

（2）相关旧路概况。

G108：该公路是拟改扩建项目通道内的一条重要国道线路，在陕西省境内呈东北－西南走向，连接了渭南、西安、咸阳、汉中4地市，路线由陕晋交界的禹门口入陕境，经韩城、合阳、澄城、蒲城、富平、阎良、三原、泾阳、礼泉、乾县、武功、周至、佛坪、洋县、城固、汉中、勉县、宁强等市（县），于陕川界的棋盘关进入四川，陕西省境内里程763.5公里，其中城市主干线4.9公里（富平境内），一级公路165.5公里，二级公路312.5公里，三级公路256.9公里，四级公路23.8公里。

拟改扩建范围内G108路线起自蒲城县西固村，利用原S106至富平东上官，之后利用富平产业大道至阎良界，利用关中环线向西经三原、泾阳、礼泉、乾县，之后向南利用S108经武功、周至与原G108相接。

（3）调查内容。

根据项目主要影响范围，结合改扩建项目复杂、难度大的特点，确定本次交通调查工作主要包括以下几方面内容：典型断面交通量、沿线各收费站进出交通量的现状及历史交通量、立交节点间的现状OD资料。

交通调查工作流程见图5.1。

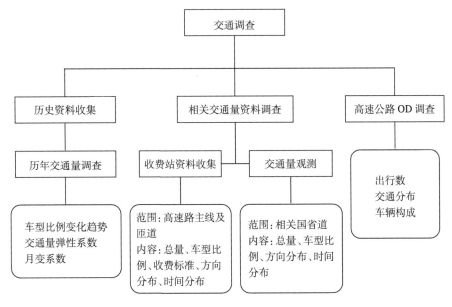

图 5.1 交通调查工作流程图

（4）调查布点。

京昆线：目前该公路主要由西安以北的禹门口至谢王段、西安过境段（西安绕城高速公路谢王至河池寨）和西安以南的河池寨至宁强（陕川界）段组成。其中，西安以北段设置了陕晋界禹门口 1 处主线收费站，拟改扩建项目范围内的蒲城至谢王段共设置了蒲城、荆姚、富平、阎良、高陵等 5 处匝道收费站；西安以南段设置了陕川界宁强 1 处主线收费站，拟改扩建项目范围内的河池寨至涝峪段共设置了三星、鄠邑、涝峪等 3 处匝道收费站，详见表 5.3。

G108：选取了上峪口、王寮、马召和宽川 4 处交通量观测站进行分析（表 5.4），其中上峪口和宽川分别位于陕晋界段和陕川界段，王寮和马召分别位于富平至蒲城段和周至至佛坪段。

通过分析区域现状公路网，结合交通量分布及观测站设置情况，遵循最大限度控制通道主流交通的原则，报告通过查询陕西省高速公路通行数据分析系统、陕西省公路局编印的《陕西省公路交通量年报资料》（2001—2017）等，重点收集以下路段及收费站的历史及现状交通量资料。

表 5.3 调查点布置一览表（京昆高速）

路线	调查点位置		调查点位数	观测点性质	观测时间
京昆高速	西安北	蒲城、荆姚、富平、阎良、高陵	5	OD 点（匝道收费站）	24 小时
		禹门口	1	OD 点（主线收费站）	24 小时
		蒲城—荆姚—富平—阎良—高陵—谢王	5	主线断面交通量	24 小时
	西安南	三星、鄠邑、涝峪	3	OD 点（匝道收费站）	24 小时
		宁强	1	OD 点（主线收费站）	24 小时
		河池寨—三星—鄠邑—涝峪	3	主线断面交通量	24 小时
	西安过境	谢王经吕小寨至河池寨	1	主线断面交通量	24 小时
		谢王经曲江至河池寨	1	主线断面交通量	24 小时

表 5.4 调查点布置一览表（普通国道）

路线名称	调查路段		调查点位置	观测点性质
G108	西安以北	陕晋界段	上峪口	交通流量
		富平至蒲城段	王寮	交通流量
	西安以南	周至至佛坪段	马召	交通流量
		陕川界段	宽川	交通流量

2. 历史交通数据

根据现有京昆高速公路互通式立交布设情况，结合拟改扩建项目研究范围，将该段公路分为蒲城至富平、富平至阎良、阎良至高陵和高陵至谢王四段，并将以长途出省车辆为主的禹门口主线断面也纳入分析范围。根据陕西省高速公路建设集团公司提供的已建成高速公路交通流量资料，得到现有京昆高速禹门口主线断面西安以北（蒲城至谢王段 2006—2015）历史交通量数据见表 5.5 至表 5.9。

表 5.5 现有京昆高速禹门口主线断面交通量表（辆/日）

年度	小客车	大客车	小货车	中货车	大货车	拖挂车	绝对数合计	折算数合计
2006 年	1520	109	189	420	266	89	2593	3524
2007 年	1117	150	459	357	713	139	2935	4675
2008 年	1298	178	559	528	1209	38	3810	6091
2009 年	1647	140	670	874	1679	32	5042	8164
2010 年	2301	201	904	1296	2305	47	7054	11401
2011 年	2955	199	543	230	244	2788	6958	15903
2012 年	3498	215	587	290	221	2723	7532	16284
2013 年	4107	264	623	429	266	3365	9054	19894
2014 年	4469	276	616	443	269	3300	9372	20035
2015 年	6520	551	616	420	241	1761	10109	16238

表 5.6 现有京昆高速蒲城至富平断面交通量表（辆/日）

年度	小客车	大客车	小货车	中货车	大货车	拖挂车	绝对数合计	折算数合计
2006 年	1602	239	565	761	374	240	3781	5562
2007 年	6347	693	1377	1281	1030	595	11323	15640
2008 年	6857	1043	1183	745	817	247	10892	13753
2009 年	6884	933	1262	1155	957	247	11438	14659
2010 年	8639	1311	1222	1123	1042	318	13655	17389
2011 年	6768	1348	1447	1441	638	1032	12674	18122
2012 年	7008	1533	1453	1596	787	1218	13595	19994
2013 年	6189	1259	1031	1352	731	1300	11862	18164
2014 年	9820	1091	1054	1421	872	3806	18064	32046
2015 年	7329	420	1242	549	1212	2580	13332	23375

表 5.7　现有京昆高速富平至阎良断面交通量表（辆/日）

年度	小客车	大客车	小货车	中货车	大货车	拖挂车	绝对数合计	折算数合计
2006 年	1681	227	571	778	354	220	3831	5525
2007 年	5858	718	1344	1240	1115	589	10864	15283
2008 年	6507	1076	1105	763	764	216	10431	13145
2009 年	6609	931	1244	1101	937	214	11036	14100
2010 年	7914	1262	1121	1028	933	270	12528	15883
2011 年	6306	1234	1318	1325	558	922	11663	16546
2012 年	6853	1508	1404	1525	850	1163	13303	19584
2013 年	6424	1364	1150	1453	820	1437	12648	19598
2014 年	10110	1126	1125	1432	1028	3868	18689	33114
2015 年	6574	551	585	630	1161	2269	11770	20909

表 5.8　现有京昆高速阎良至高陵断面交通量表（辆/日）

年度	小客车	大客车	小货车	中货车	大货车	拖挂车	绝对数合计	折算数合计
2006 年	3235	581	492	698	782	290	6078	8761
2007 年	5672	680	541	977	696	408	8974	12071
2008 年	6821	707	581	1212	823	661	10805	14982
2009 年	8991	661	351	1524	1181	938	13646	19324
2010 年	11187	817	523	1547	1368	1280	16722	23796
2011 年	12140	1222	1359	1490	882	2188	19281	28524
2012 年	12131	1206	1316	1460	885	2181	19179	28383
2013 年	10299	1489	1443	1523	1186	2693	18633	29997
2014 年	15398	1689	2014	2132	2076	5084	28393	48670
2015 年	23327	1437	1547	1680	1809	6122	35922	58560

表 5.9 现有京昆高速高陵至谢王断面交通量表（辆/日）

年度	小客车	大客车	小货车	中货车	大货车	拖挂车	绝对数合计	折算数合计
2006 年	4229	378	501	908	369	321	6706	8866
2007 年	6286	605	565	1335	494	646	9931	13580
2008 年	7078	702	715	1764	609	893	11761	16587
2009 年	7782	756	900	2148	636	1335	13557	19968
2010 年	8716	1469	2043	3311	1234	3116	19889	33478
2011 年	11285	1166	1371	1482	902	2070	18276	27163
2012 年	11327	1170	1359	1442	934	2075	18307	27239
2013 年	9801	1424	1522	1583	1236	2767	18333	29992
2014 年	16728	1711	2107	2193	2054	5240	30033	50786
2015 年	25958	1522	1664	1776	1570	7160	39650	65134

◎ **西安以南段**

京昆线西安至棋盘关段全长364.5公里，为双向四车道高速公路，其中西安至鄠邑全长33公里，建成于2002年12月，设计速度120公里/时，路基宽28米；鄠邑经洋县至勉县段全长258.6公里，建成于2007年9月，设计速度60~120公里/小时，路基宽20~26米；勉县至宁强公路全长54.9公里，建成于2003年11月，设计速度60~120公里/时，路基宽20~26米；宁强至棋盘关公路全长18公里，建成于2008年12月，设计速度80公里/时，路基宽20~26米。

根据现有京昆高速公路互通式立交布设情况，结合拟改扩建项目研究范围，将该段公路分成河池寨至三星、三星至鄠邑、鄠邑至涝峪三段，并对以长途出省车辆为主的宁强主线断面也进行了分析，详见表5.10至表5.12。

表 5.10 现有京昆高速河池寨至鄠邑断面交通量表（辆/日）

年度	小客车	大客车	小货车	中货车	大货车	拖挂车	绝对数合计	折算数合计
2008 年	5984	241	892	197	232	214	7760	8969
2009 年	5018	441	1156	907	976	1620	10118	17116

续表

年度	小客车	大客车	小货车	中货车	大货车	拖挂车	绝对数合计	折算数合计
2010 年	7261	508	1196	1043	982	3034	14024	25375
2011 年	9397	560	979	1300	1003	2203	15442	24486
2012 年	11865	695	1055	1662	1250	3147	19674	32169
2013 年	17799	961	1258	1982	1318	3368	26686	40239
2014 年	21065	1687	1469	1981	1255	3413	30870	44826
2015 年	24500	2290	1734	1729	1060	2870	34183	46393

表 5.11　现有京昆高速鄠邑至涝峪断面交通量表（辆/日）

年度	小客车	大客车	小货车	中货车	大货车	拖挂车	绝对数合计	折算数合计
2008 年	1238	48	449	92	71	98	1996	2467
2009 年	1854	410	1076	884	710	1566	6500	12910
2010 年	4803	270	893	865	766	2717	10314	20182
2011 年	5807	408	621	1095	900	2075	10906	19233
2012 年	7516	660	690	1418	1199	2908	14391	25953
2013 年	11032	857	667	1612	1234	3225	18627	31388
2014 年	11722	1041	634	1476	1143	3039	19055	31145

表 5.12　现有京昆高速宁强主线断面交通量表（辆/日）

年度	小客车	大客车	小货车	中货车	大货车	拖挂车	绝对数合计	折算数合计
2008 年	1124	238	885	653	1680	849	5429	10942
2009 年	1556	266	1107	530	1740	2045	7244	16387
2010 年	1644	269	889	346	1803	2145	7096	16543
2011 年	2221	336	679	362	1736	2996	8330	20271
2012 年	3045	426	480	393	1305	3307	8956	21244
2013 年	3920	454	383	434	1200	4452	10843	26443
2014 年	4375	508	370	431	1070	5038	11792	28981
2015 年	4190	275	463	492	1107	5184	11711	29307

京昆高速公路西安以南各路段自其全线贯通以来至 2015 年基本呈持续稳定增长态势（2010 年受连霍线西安至宝鸡改扩建交通分流影响其交通量有所增长），2015 年西安至鄠邑段和鄠邑至涝峪段交通量分别为 4.6 万辆小客车/日和 2.8 万辆小客车/日，与 2009 年相比增速分别为 18.1%、13.9%；2015 年宁强主线段交通量为 2.9 万辆小客车/日，与 2009 年相比增速为 10.2%。

3. 现状交通分析

◎ 京昆高速蒲城至谢王段

（1）主要交通发生源。

2017 年，该段高速公路总出行 6.97 万辆小客车/日，其主要的交通发生源为沿线的阎良、高陵、蒲城、富平、西安、韩城及山西方向等，按出行发生量计，分别占出行总量的 11.5%、8.6%、6.9%、9.4%、29.2% 和 18.1%，共计 83.7%。

（2）出行分布分析。

为直观反映车辆的流向分布，报告将区内交通、出入境交通及过境交通的定义及交通出行情况简述如表 5.13、表 5.14。

表 5.13 区域出行量及其比例构成表（一）

类型	定义	OD 量/（小客车,辆/日）	比例/%
区内交通	京昆高速谢王—蒲城段沿线区域任两点之间的车辆出行	4832	6.9
出入境交通	起点或终点为京昆高速谢王—蒲城段沿线区域的车辆出行	44062	63.2
过境交通	跨越京昆高速谢王—蒲城段全程的车辆出行	20813	29.9
	合计	69707	100.0

区域出行量构成中，比重最大的为出入境交通，约占区域总量的 63.2%；其次为过境交通，约占区域总量的 29.9%；区内交通最少，占区域总量的 6.9% 左右。

表 5.14 区域出行量及其比例构成表（二）

出行方向	出行量 /（pcu/d）	比例 / %
一、区内交通	4832	6.9
二、出入境交通	44062	63.2
沿线区域向北与韩城、山西侯马方向	5254	7.5
沿线区域向南与西安	29198	41.9
沿线区域向南与包茂北、福银北、连霍西等方向	4263	6.1
沿线区域向南与鄠邑、涝峪方向	386	0.6
沿线区域向南与汉中及四川方向	492	0.7
沿线区域向南与包茂南、福银南、沪陕等方向	4469	6.4
三、过境交通	20813	29.9
韩城、山西侯马方向与西安方向	11371	16.3
韩城、山西侯马方向与包茂北、福银北、连霍西等	3515	5.0
韩城、山西侯马方向与鄠邑、涝峪方向	237	0.3
韩城、山西侯马方向与汉中及四川方向	3238	4.6
韩城、山西侯马方向与包茂南、福银南、沪陕等	2451	3.5
合计	69707	100

区内交通：指项目沿线蒲城、荆姚、富平、阎良及高陵之间的出行，该部分出行量为 4832 辆小客车/日，占区域 OD 总量的 6.9%。区内交通量路段分布呈现自北向南递增趋势，即由蒲城至荆姚的 1729 辆小客车/日逐增至阎良至高陵的 2472 辆小客车/日，详见图 5.2。

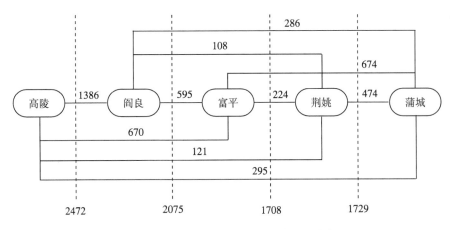

图 5.2 京昆高速蒲城至谢王段区内交通分布图

出入境交通：该部分交通量主要包括沿线区域向北与韩城及山西侯马方向，向南与西安、鄠邑、汉中方向，京昆高速公路与其他高速公路（连霍、福银、包茂、沪陕等高速公路）之间的转换交通三类，共计 44062 辆小客车/日，占该路段区域 OD 总量 63.2%。经分析（图 5.3），该部分交通分布具有以下显著特征：

沿线区域向南的对外交通量远远大于向北，其中西安是主要交通发生、吸引源。

沿线区域向北与韩城及山西侯马方向的车辆 5254 辆小客车/日，占 OD 总量的 7.5%；沿线区域向南与西安之间的车辆出行 29198 辆小客车/日，占 OD 总量的 41.9%；沿线区域向南与鄠邑、涝峪之间的车辆出行 386 辆小客车/日，占 OD 总量的 0.6%；沿线区域向南与汉中、四川方向之间的车辆出行 492 辆小客车/日，占 OD 总量的 0.7%。

沿线区域与其他高速公路之间转换交通量较大，其中与包茂南、福银南、沪陕等之间车辆出行略大于与包茂北、福银北等之间的车辆出行。

沿线区域与包茂北、福银北、连霍西等方向的车辆出行 4263 辆小客车/日，占 OD 总量的 6.1%；沿线区域与包茂南、福银南、沪陕等方向的车辆出行 4469 辆小客车/日，占 OD 总量的 6.4%。

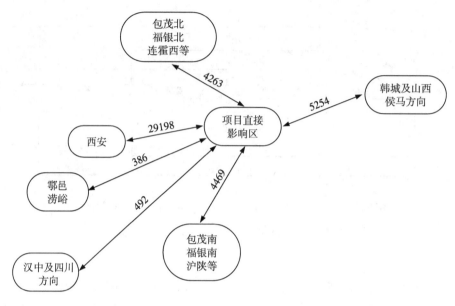

图 5.3　京昆高速蒲城至谢王段出入境交通分布图

过境交通：该部分交通量主要包括韩城及山西侯马方向向南与西安、鄠邑、汉中方向以及与其他高速公路（连霍、福银、包茂、沪陕等高速公路）之间的转换交通两类，共计 20813 辆小客车/日，占该路段区域 OD 总量 29.9%，具体分析见图 5.4。

韩城及山西侯马方向向南与西安、鄠邑、汉中方向之间的车辆出行 14846 辆小客车/日，占该路段区域 OD 总量 21.2%。

与西安方向之间的车辆出行 11371 辆小客车/日，与鄠邑涝峪方向之间的车辆出行 237 辆小客车/日，与汉中及四川方向之间的车辆出行 3238 辆小客车/日。

韩城及山西侯马方向与其他高速公路之间的车辆出行 5966 辆小客车/日，占该路段区域 OD 总量 8.5%。

与包茂北、福银北、连霍西等方向的车辆出行 3515 辆小客车/日，占 OD 总量的 5.0%；与包茂南、福银南、沪陕等方向的车辆出行 2451 辆小客车/日，占 OD 总量的 3.5%。

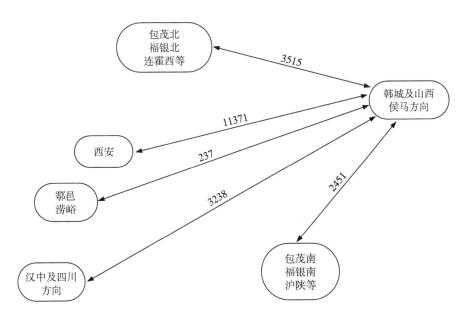

图 5.4　京昆高速蒲城至谢王段过境交通分布图

（3）路段交通量分布。

京昆高速蒲城至谢王段交通量路段分布自北向南呈递增态势，即由东杨枢纽至蒲城段 2017 年的 2.54 万辆小客车/日逐渐递增至高陵至谢王段的 5.24 万辆小客车/日，其中阎良立交是交通量突变最大的节点，详见表 5.15。

表 5.15　2017 年京昆高速蒲城至谢王段路段交通量表（小客车，辆/日）

路段名称	谢王—高陵	高陵—高陵北	高陵北—阎良	阎良—富平	富平—荆姚	荆姚—蒲城	蒲城—东杨
路段交通量	52408	47100	51415	38968	32636	31322	25422

（4）车型构成。

目前，京昆高速蒲城至谢王段行驶的车辆以客车为主（表 5.16），客车绝对值和折算值比重分别为 75.23% 和 54.38%，其中小客车居各类车型之首，其绝对值和折算值比重分别为 72.96% 和 51.95%；货车折算值比重为 45.62%，以特大及拖挂车为主，占路段交通量折算值的 30.38%。

表 5.16 2017 年京昆高速蒲城至谢王段车型比例

车型	小客	大客	客车合计	小货	中货	大货	特大货及拖挂车	货车合计	合计
绝对值	72.96%	2.27%	75.23%	5.73%	5.25%	3.12%	10.67%	24.77%	100.00%
折算值	51.95%	2.43%	54.38%	4.08%	5.61%	5.55%	30.38%	45.62%	100.00%

◎京昆高速河池寨至涝峪段

（1）主要交通发生源。

2017年，该段高速公路总出行7.20万辆小客车/日，其主要的交通发生源为沿线的鄠邑、涝峪、西安、汉中及以远、连霍东方向等，按出行发生量计，分别占出行总量的14.6%、6.0%、24.6%、26.9%和12.4%，共计84.5%。

（2）出行分布分析。

为直观反映车辆的流向分布，报告将区内交通、出入境交通及过境交通的定义及交通出行情况简述如表5.17、表5.18。

表 5.17 区域出行量及其比例构成表（一）

类型	定义	OD 量/（小客车，辆/日）	比例/%
区内交通	京昆高速河池寨—涝峪段沿线区域任两点之间的车辆出行	670	0.9
出入境交通	起、终点为京昆高速河池寨—涝峪段沿线区域的车辆出行	35537	49.3
过境交通	跨越京昆高速河池寨—涝峪段全程的车辆出行	35817	49.7
合计		72024	100.0

区域出行量构成中，过境交通和出入境交通比重均较大，分别为49.7%和49.3%；区内交通最少，占区域总量的0.9%左右。

表 5.18 区域出行量及其比例构成表（二）

出行方向	出行量 /（pcu/d）	比例 / %
一、区内交通	670	0.9
二、出入境交通	35537	49.3
沿线区域向南与汉中、四川方向	3553	4.9
沿线区域向北与西安	24288	33.7
沿线区域向北与包茂北、福银北、连霍西等方向	4996	6.9
沿线区域向北与高陵、阎良、富平、蒲城方向	386	0.5
沿线区域向北与韩城、山西侯马方向	237	0.3
沿线区域向南与包茂南、福银南、沪陕等方向	2077	2.9
三、过境交通	35817	49.7
汉中、四川方向与西安方向	12142	16.9
汉中、四川方向与包茂北、福银北、连霍西等	5481	7.6
汉中、四川方向与高陵、阎良、富平、蒲城方向	492	0.7
汉中、四川方向与韩城、山西侯马方向	3238	4.5
汉中、四川方向与包茂南、福银南、沪陕等	14464	20.1
合计	72024	100

区内交通：指项目沿线三星、鄠邑及涝峪之间的出行，该部分出行量为 670 辆小客车/日，占区域 OD 总量的 0.9%，详见图 5.5。

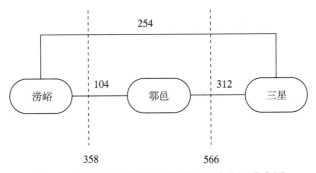

图 5.5 京昆高速河池寨至涝峪段区内交通分布图

出入境交通：该部分交通量主要包括沿线区域向南与汉中、四川方向；向北与西安、高陵、阎良、富平、蒲城、韩城及山西侯马方向；京昆高速公路与其他高速公路（连霍、福银、包茂、沪陕等高速公路）之间的转换交通三类，共计35537辆小客车/日，占该路段区域OD总量49.3%。经分析，该部分交通分布具有以下显著特征：

沿线区域向北的对外交通量远远大于向南，其中西安是主要交通发生、吸引源，见图5.6。

沿线区域向南与汉中及四川方向的车辆3553辆小客车/日，占OD总量的4.9%；沿线区域向北与西安之间的车辆出行24288辆小客车/日，占OD总量的33.7%；沿线区域向北与高陵、阎良、富平、蒲城之间的车辆出行386辆小客车/日，占OD总量的0.5%；沿线区域向北与韩城及山西侯马方向之间的车辆出行237辆小客车/日，占OD总量的0.3%。

沿线区域与其他高速公路之间转换交通量较大，其中与包茂北、福银北等之间车辆出行大于与包茂南、福银南、沪陕等之间的车辆出行。

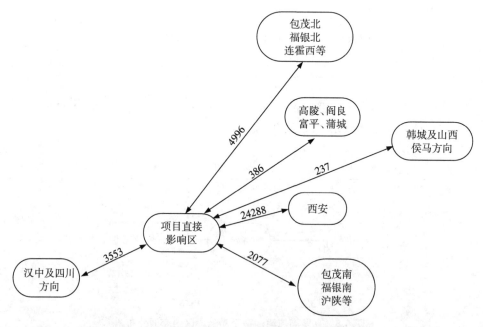

图5.6 京昆高速河池寨至涝峪段出入境交通分布图

沿线区域与包茂北、福银北、连霍西等方向的车辆出行4996辆小客车/日，占OD总量的6.9%；沿线区域与包茂南、福银南、沪陕等方向的车辆出行2077辆小客车/日，占OD总量的2.9%。

过境交通：该部分交通量主要包括汉中及四川方向向北与西安、高陵、阎良、富平、蒲城、韩城及山西侯马方向以及与其他高速公路（连霍、福银、包茂、沪陕等高速公路）之间的转换交通两类，共计35817辆小客车/日，占该路段区域OD总量49.7%。

汉中及四川方向向北与西安、高陵、阎良、富平、蒲城、韩城及山西侯马方向之间的车辆出行15872辆小客车/日，占该路段区域OD总量22.0%。

与西安方向之间的车辆出行12142辆小客车/日，与高陵、阎良、富平、蒲城之间的车辆出行492辆小客车/日，与韩城及山西侯马方向之间的车辆出行3238辆小客车/日，详见图5.7。

汉中及四川方向与其他高速公路之间的车辆出行19945辆小客车/日，占该路段区域OD总量27.7%。

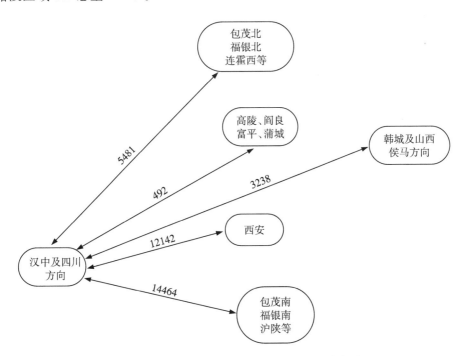

图5.7 京昆高速河池寨至涝峪段过境交通分布图

与包茂北、福银北、连霍西等方向的车辆出行 5481 辆小客车/日,占 OD 总量的 7.6%;与包茂南、福银南、沪陕等方向的车辆出行 14464 辆小客车/日,占 OD 总量的 20.1%。

(3)路段交通量分布。

京昆高速河池寨至涝峪段交通量路段分布自北向南基本呈递减态势,其中鄠邑立交是交通量突变较大的节点,鄠邑立交以北的河池寨至鄠邑段交通量为 5.8~6.4 万辆小客车/日,鄠邑立交以南的鄠邑至涝峪段交通量为 4.1 万辆小客车/日。此外,由于西咸北环线的分流影响,致使三星至鄠邑东段交通量小于鄠邑东至鄠邑段,详见表 5.19。

表 5.19 2017 年京昆高速河池寨至涝峪段路段交通量表(小客车,辆/日)

路段名称	河池寨—三星	三星—鄠邑东	鄠邑东—鄠邑	鄠邑—涝峪
路段交通量	63786	58392	60697	41017

(4)车型构成。

目前,京昆高速河池寨至涝峪段交通量以小客车、特大货及拖挂车为主,两极化趋势十分明显,两车型绝对值比重分别为 64.31%、17.89%,折算值比重分别为 39.08%、43.48%(表 5.20)。

表 5.20 2017 年京昆高速河池寨至涝峪段车型比例

车型	小客	大客	客车合计	小货	中货	大货	特大货及拖挂车	货车合计	合计
绝对值	64.31%	3.16%	67.47%	4.98%	5.17%	4.49%	17.89%	32.53%	100.00%
折算值	39.08%	2.88%	41.96%	3.02%	4.71%	6.83%	43.48%	58.04%	100.00%

◎西安过境段

(1)出行分布分析。

根据全省高速公路联网收费系统提供的 OD 数据,2017 年区域交通出行总量为 121.59 万辆小客车/日,其中与绕城高速相关的 OD 总量为 58.82 万辆/日(表 5.21),占区域高速公路 OD 总量的 48.4%。

表 5.21 西安绕城高速交通构成表

路段名称	交通量/（辆小客车/日）			
	内部交通	对外交通	过境交通	合计
方家村—帽耳刘（北环）	17195	220032	51550	288777
帽耳刘—方家村（南环）	53177	144320	11207	208704
南、北环间	20644		70029	90673
合计	91016	364352	132786	588154
比重	15.5%	61.9%	22.6%	100%

2017年，绕城高速OD出行总量为58.82万辆小客车/日，其中内部交通9.10万辆小客车/日，占绕城总出行量的15.5%；外部交通36.44万辆小客车/日，占总出行量的61.9%；过境交通13.28万辆小客车/日，占总出行量的22.6%。各部分交通组成如下：

内部交通：指西安绕城内部的短途交通，其中绕城北环各立交间的内部出行占总内部总交通的18.9%，南环各立交间的出行占58.4%，南北环间的内部出行占22.7%，南环内部短途交通量明显高于北环。

对外交通：指西安市利用绕城的集散交通，其中绕城北环各立交间的对外出行22.0万辆小客车/日，占总对外交通的60.4%；南环各立交间的对外出行14.43万辆小客车/日，占总对外交通的39.6%，北环对外交通交通量高于南环。

过境交通：指利用绕城过境西安市区的交通，北环过境交通为5.16万辆小客车/日，占过境交通总出行的38.8%；南环过境交通为1.12万辆/日，占过境交通总出行的8.4%，同时行驶南、北环的过境交通为7.00万辆/日，占过境交通总出行量的52.7%。可见，由于北环的路径明显短于南环，北环过境交通量明显高于南环。

（2）路段交通量。

2017年，西安绕城高速公路北环加权交通量为9.82万辆小客车/日，交通量最大路段为吕小寨—朱宏路，日均11.22万辆小客车/日；南环加权交通量为8.93万辆小客车/日，交通量最大路段为长安—西高新立交段，日均10.99万辆小客车/日，北环交通量平均值高于南环，详见表5.22。

表5.22　2017年西安绕城高速公路路段交通量表（小客车，辆/日）

路段名称		交通量	路段名称		交通量
绕城北段（33公里）	方家村—谢王	106208	绕城南段（47公里）	方家村—香王	73419
	谢王—杏园	104901		香王—纺织城	83051
	杏园—吕小寨	104997		纺织城—曲江	82187
	吕小寨—朱宏路	112209		曲江—雁塔	96554
	朱宏路—六村堡	107397		雁塔—长安	105900
	六村堡—帽耳刘	75650		长安—西高新	109924
				西高新—丈八	91790
				丈八—河池寨	90721
				河池寨—阿房宫	61769
				阿房宫—帽耳刘	62347
	加权平均	98199		加权平均	89324

（3）车型比例。

2017年，西安绕城高速北、南环车型构成见表5.23。

表5.23　西安绕城高速车型构成表

	车型	小客车	大客车	客车合计	小货车	中货车	大货车	拖挂车	货车合计	合计
南环	绝对值	68.4%	0.8%	69.2%	6.7%	6.1%	3.6%	14.4%	30.8%	100.0%
	折算值	45.1%	0.8%	45.9%	4.4%	6.0%	5.9%	37.8%	54.1%	100.0%
	车型	小客车	大客车	客车合计	小货车	中货车	大货车	拖挂车	货车合计	合计
北环	绝对值	65.0%	0.8%	65.8%	6.9%	6.6%	4.0%	16.7%	34.2%	100.0%
	折算值	40.7%	0.7%	41.4%	4.3%	6.2%	6.3%	41.8%	58.6%	100.0%

2017年绕城高速公路车型构成以货车为主，南、北环货车折算值比重分别为

54.1%、58.6%，北环货车比重高于南环；从不同车型来看，小客车和拖挂车是主要车型，南、北环小客车折算值分别为45.1%、40.7%，南、北环拖挂车折算值分别为37.8%、41.8%。

三、京昆高速收费站交通量

京昆高速公路陕西段作为国家重要的首都放射线和贯穿陕西东北-西南的运输大通道，随着区域经济的快速发展及对外联系的日益紧密，沿线收费站交通量呈快速增长态势，详见表5.24、表5.25。

表5.24 现有京昆高速相关收费站交通量绝对值表（小客车，辆/日）

年度	禹门口	蒲城	荆姚	富平	阎良	高陵	三星	鄠邑	涝峪	宁强
2011年	6958	4360	1352	4270	8470	4499	—	8780	3299	—
2012年	7532	4810	1347	5471	8511	5637	—	10190	3821	7948
2013年	9054	5641	1558	6687	10300	6410	954	10355	4215	10328
2014年	9372	5880	1630	7250	11044	6768	1644	11756	5004	10772
2015年	10109	6832	1994	8456	14198	8821	3078	19862	6638	11955
平均增速	9.8%	11.9%	10.2%	18.6%	13.8%	18.3%	79.6%	22.6%	19.1%	14.6%

表5.25 现有京昆高速相关收费站交通量折算值表（小客车，辆/日）

年度	禹门口	蒲城	荆姚	富平	阎良	高陵	三星	鄠邑	涝峪	宁强
2011年	15903	5977	2205	5826	9946	5181	—	10215	4113	—
2012年	16284	6170	1974	7463	9293	6467	—	12098	4683	18944
2013年	19894	7075	2046	8767	11435	7433	1118	12138	4987	25339
2014年	20035	7286	2078	9121	12567	7839	1853	13673	6096	26458
2015年	16238	8520	2453	11174	17278	10372	3483	22260	8296	28653
平均增速	0.5%	9.3%	2.7%	17.7%	14.8%	19.0%	76.5%	21.5%	19.2%	14.8%

京昆高速以北段靠近西安的高陵、阎良及富平收费站交通量增长较快，

2011—2015年上述收费站交通量绝对值增速分别为18.3%、13.8%和18.6%，折算值增速分别为19.0%、14.8%和17.7%；荆姚、蒲城、禹门口收费站交通量增长相对较慢，2011—2015年其交通量绝对值增速分别为10.2%、11.9%和9.8%，折算值增速分别为2.7%、9.3%和0.5%。

京昆高速西安以南的三星、鄠邑和涝峪三处收费站交通量绝对值增速分别为79.6%、22.6%和19.1%，折算值增速分别为76.5%、21.5%和19.2%，均高于宁强收费站交通量的14.6%绝对值增速和14.8%的折算值增速。

为便于分析，将京昆高速西安以南路段的三星、鄠邑、涝峪和宁强四处收费站以及西安以北路段的禹门口、蒲城、荆姚、富平、阎良、高陵六处收费站交通量进行汇总，2011—2015年西安以南路段收费站合计交通量绝对值和折算值增速分别为23.7%和20.6%，较西安以北路段收费站合计交通量绝对值和折算值增速高出分别8.6、6.3个百分点。

四、交通量时间分布特征

1. 月分布状况

从交通量月分布情况看（表5.26），相关收费站交通量较大的月份一般出现在4—5月、9—10月，上述月份交通量的月不均匀系数分别为0.9418、0.9362、0.9412、0.9509；而11月至次年3月交通量相对较小，上述月份交通量的月不均匀系数分别为1.0331、1.0204、1.1042、1.1455、1.0201。

表 5.26 相关收费站交通量月不均匀系数表

月份	1月	2月	3月	4月	5月	6月
月不均匀系数	1.1042	1.1455	1.0201	0.9418	0.9362	1.0059
月份	7月	8月	9月	10月	11月	12月
月不均匀系数	0.9765	0.9699	0.9412	0.9509	1.0331	1.0204

2. 小时分布状况

从交通量小时分布情况看（表5.27），拟改扩建项目相关收费站24小时交通量基本呈"M"型分布。

表 5.27 相关收费站主要交通量小时分布指标表

收费站名称	高陵	阎良	富平	荆姚	蒲城
高峰时段	17：00—18：00	17：00—18：00	15：00—16：00	16：00—17：00	15：00—16：00
高峰小时系数	7.85%	7.16%	7.61%	8.15%	7.48%
白天12小时交通量系数	76.25%	77.26%	74.65%	74.89%	76.98%
收费站名称	禹门口	三星	鄠邑	涝峪	宁强主线
高峰时段	17：00—18：00	17：00—18：00	15：00—16：00	17：00—18：00	18：00—19：00
高峰小时系数	6.88%	10.20%	8.83%	8.60%	5.28%
白天12小时交通量系数	60.55%	80.78%	80.10%	75.40%	47.66%

由上表可知，相关收费站高峰时段均出现在下午，其中高陵、阎良、禹门口、三星和涝峪等收费站交通量高峰时段为17：00—18：00，富平、蒲城、鄠邑等收费站交通量高峰时段为15：00—16：00，宁强主线收费站交通量高峰时段相对较晚，为18：00—19：00。

此外，上述匝道收费站高峰小时系数为7.16%～10.20%，白天12小时交通量系数为74.65%～80.78%；主线收费站高峰小时系数为5.28%～6.88%，白天12小时交通量系数为47.66%～60.55%，匝道收费站高峰小时系数及白天12小时交通量系数均高于主线收费站，这一态势与长途过境车辆夜间出行较多有关。

五、方向分布状况

根据各收费站进、出站交通量统计分析可知，涝峪收费站和宁强主线收费站进站方向交通量较大，进站交通量占进出交通总量的0.502～0.512；其余收费站出站交通量较大，出站交通量占进出交通总量的0.517～0.551，详见表5.28。

表 5.28 相关收费站方向分布系数表

收费站名称	高陵	阎良	富平	荆姚	蒲城	禹门口	三星	鄠邑	涝峪	宁强主线
出站	0.532	0.517	0.527	0.551	0.524	0.531	0.539	0.524	0.488	0.498
进站	0.468	0.483	0.473	0.449	0.476	0.469	0.461	0.476	0.512	0.502

六、路段车型构成

根据 2016 年路段交通量清分表计算,京昆高速西安以北蒲城至谢王段、西安以南河池寨至涝峪段车型构成比例见表 5.29。

表 5.29 2016 年京昆高速蒲城至涝峪段车型比例

车型	小客	大客	小货	中货	大货	特大货拖挂车
西安以北	62.24%	3.21%	5.18%	6.29%	6.67%	16.41%
西安以南	43.13%	3.77%	3.08%	5.70%	8.53%	35.79%

京昆高速蒲城至谢王段行驶的车辆以客车为主,客车绝对值和折算值比重分别为 79.95% 和 65.45%,其中小客车居各类车型之首,其绝对值和折算值比重分别为 77.29% 和 62.24%;货车折算值比重为 34.55%,以特大及拖挂车为主,占路段交通量折算值的 16.41%。京昆高速河池寨至涝峪段以大型车辆为主,但中小型车辆所占比例也较大。2016 年小客车占 43.13%,大客车占 3.77%,小货车占 3.08%,中型货车占 5.70%,大型货车及以上占 44.32%。大客车和大型货车及以上所占的比率为 48.09%。

七、路段运行速度

1. 蒲城—西安段

蒲城至西安段长 93.37 公里,设计速度 120 公里/时,平曲线最大半径 9600 米/1 处,最小半径 2000 米/1 处,不设超高的最小半径为 5500 米,半径小于 5500 米的平曲线共有 23 处,均布置了缓和曲线;全段纵坡大于 2% 的路段共有 8 处,大于 3% 的路段共有 1 处,为 3.5%,凸曲线最小半径 17150 米/1 处,凹曲线最小半径 17000 米/1 处。

全线除 1 处纵坡 3.5% 超出现行规范要求外,其余平纵指标均符合规范要求,平曲线半径小于 5500 米的路段长度占全线的 49.1%,纵坡大于 2% 的路段长度占全线的 7.2%。平纵面指标相对较高,可为车辆提供安全舒适的运行环境。全线运行车速计算结果见表 5.30、表 5.31。

表 5.30 正向运行车速表（蒲城—西安段）

序号	起点桩号	终点桩号	修正坡度/%	修正长度/m	运行车速/(km/h)		相邻路段运行车速差值△V85/(km/h)		速度梯度/(km/h/100m)	
					小客	大货	小客	大货	小客	大货
1	K0+000	K1+830	0.00	1830	120	75	0.0	0.0	0.0	0.0
2	K1+830	K2+900	−2.39	1070	120	75	0.0	0.0	0.0	0.0
3	K2+900	K42+710	0.00	39810	120	75	0.0	0.0	0.0	0.0
4	K42+710	K43+780	−2.50	1070	120	75	0.0	0.0	0.0	0.0
5	K43+780	K44+670	2.48	890	120	69.66	0.0	−5.34	0.0	−0.60
6	K44+670	K44+819.129	0.00	149.13	120	75	0.0	5.34	0.0	3.58
7	K44+819.129	K48+130	0.00	3310.87	120	75	0.0	0.0	0.0	0.0
8	K48+130	K48+630	2.10	500	120	73.32	0.0	−1.69	0.0	−0.34
9	K48+630	K49+380	3.00	750	116.25	66.06	0.0	−7.25	−0.5	−0.97
10	K49+380	K50+130	−2.50	750	120	75	0.0	8.94	1.81	1.19
11	K50+130	K50+930	−3.50	800	120	75	0.0	0.0	0.0	0.0
12	K50+930	K54+012	0.00	3082	120	75	0.0	0.0	0.0	0.0
13	K54+012	K54+862	−2.00	850	120	75	0.0	0.0	0.0	0.0
14	K54+862	K77+374	0.00	22512	120	75	0.0	0.0	0.0	0.0
15	K77+374	K78+284	−2.30	910	120	75	0.0	0.0	0.0	0.0
16	K78+284	K93+370	0.00	13390	120	75	0.0	0.0	0.0	0.0

表 5.31 反向运行车速表（蒲城—西安段）

序号	起点桩号	终点桩号	修正坡度/%	修正长度/m	运行车速/(km/h)		相邻路段运行车速差值△V85/(km/h)		速度梯度/(km/h/100m)	
					小客	大货	小客	大货	小客	大货
1	K93+370	K78+284	0.00	13390	120	75	0.0	0.00	0.0	0.00
2	K78+284	K77+374	2.30	910	120	70.66	0.0	−4.34	0.0	−0.48
3	K77+374	K77+252.036	0.00	121.96	120	75	0.0	4.34	0.0	3.56

续表

序号	起点桩号	终点桩号	修正坡度/%	修正长度/m	运行车速/(km/h)		相邻路段运行车速差值△V85/(km/h)		速度梯度/(km/h/100m)	
					小客	大货	小客	大货	小客	大货
4	K77+252.036	K54+862	0.00	22390.04	120	75	0.0	0.00	0.0	0.00
5	K54+862	K54+012	2.00	850	120	72.73	0.0	−2.27	0.0	−0.27
6	K54+012	K53+947.325	0.00	64.68	120	75	0.0	2.27	0.0	3.51
7	K53+947.325	K50+930	0.00	3017.33	120	75	0.0	0.00	0.0	0.00
8	K50+930	K50+130	3.50	800	116	64.46	−4.0	−10.54	−0.5	−1.32
9	K50+130	K49+380	2.50	750	120	59.837	4.0	−4.63	1.81	−0.62
10	K49+380	K48+630	−3.00	750	120	74.84	0.0	15.00	0.0	2.00
11	K48+630	K48+130	−2.10	500	120	75	0.0	0.16	0.0	0.03
12	K48+130	K44+670	0.00	3460	120	75	0.0	0.00	0.0	0.00
13	K44+670	K43+780	−2.48	890	120	75	0.0	0.00	0.0	0.00
14	K43+780	K42+710	2.50	1070	120	68.40	0.0	−6.60	0.0	−0.62
15	K42+710	K42+527.380	0.00	182.62	120	75	0.0	6.60	0.0	3.62
16	K42+527.380	K2+900	0.00	39627.38	120	75	0.0	0.00	0.0	0.00
17	K2+900	K1+830	2.39	1070	120	69.2	0.0	−5.80	0.00	−0.54
18	K1+830	K1+668.561	0.00	161.44	120	75	0.0	5.80	0.00	3.60
19	K1+668.561	K0+000	0.00	1668.56	120	75	0.0	0.00	0.0	0.00

由表中计算结果可看出，小客车的运行速度在116~120公里/时，相邻路段的运行速度差值小于5公里/时；大货车的运行速度保持在60~75公里/时，相邻路段的运行速度差值小于15公里/时。

路线在K50+130~K50+930段纵坡为-3.5%，使大货车在此处反向运行速度降低很快，降幅为15公里/时，降幅较大。

2. 西安—涝峪段

西安至涝峪段长32.17公里，设计速度120公里/时，平曲线最大半径6450米/1处，最小半径2350米/2处，不设超高的最小半径为5500米，半径小于5500

米的平曲线共有 7 处,均布置了缓和曲线;纵坡大于 2% 的路段仅 1 处,为 2.6%,凸曲线最小半径 20000 米/1 处,凹曲线最小半径 18000 米/1 处。

全线采用的平纵指标均符合现行规范要求,平曲线半径小于 5500 米的路段长度占全线的 52.0%,纵坡大于 2% 的路段长度仅占全线的 1.6%。平纵面指标较高,可为车辆提供安全舒适的运行环境。全线运行车速计算结果见表 5.32、表 5.33。

表 5.32　正向运行车速表(西安—涝峪段)

序号	起点桩号	终点桩号	修正坡度/%	修正长度/m	运行车速/(km/h)		相邻路段运行车速差值△V85/(km/h)		速度梯度/(km/h/100m)	
					小客	大货	小客	大货	小客	大货
1	K131+880	K161+694	0.00	28720.00	120	75.00	0.0	0.00	0.0	0.00
2	K161+694	K162+194	2.60	500.00	120	71.57	0.0	−3.44	0.0	−0.69
3	K162+194	K162+291.116	0.00	97.12	120	75.00	0.0	3.44	0.0	3.54
4	K162+291.116	K164+050	0.00	2582.88	120	75.00	0.0	0.00	0.0	0.00

表 5.33　反向运行车速表(西安—涝峪段)

序号	起点桩号	终点桩号	修正坡度/%	修正长度/m	运行车速/(km/h)		相邻路段运行车速差值△V85/(km/h)		速度梯度/(km/h/100m)	
					小客	大货	小客	大货	小客	大货
1	K164+874	K162+194	0.00	2680.00	120	75	0.0	0.00	0.0	0.00
2	K162+194	K161+694	−2.60	500.00	120	75	0.0	0.00	0.0	0.00
3	K161+694	K131+880	0.00	28720.00	120	75	0.0	0.00	0.0	0.00

由表中计算结果可看出,小客车的运行速度能保持在 120 公里/时,相邻路段无运行速度差;大货车的运行速度保持在 71~75 公里/时,相邻路段的运行速度差值小于 5 公里/时;从总体来说,运行速度协调性好。

八、西安市绕城环线交通现状分析

1. 出行分布分析

根据全省高速公路联网收费系统提供的 OD 数据,2016 年区域交通出行总量为 99.27 万辆小客车/日,其中与绕城高速相关的 OD 总量为 47.34 万辆/日,占区域高速公路 OD 总量的 47.7%。西安绕成高速交通构成见表 5.34。

表 5.34 西安绕城高速交通构成表

路段名称	交通量/（辆小客车/日）			
	内部交通	对外交通	过境交通	合计
方家村—帽耳刘（北环）	12934	183983	37356	234273
帽耳刘—方家村（南环）	38690	127709	14516	180915
南、北环间	13071	—	45138	58209
合计	64695	311692	97010	473397
比重	13.67%	65.84%	20.49%	100%

2016 年，绕城高速 OD 出行总量为 47.34 万辆小客车/日，其中内部交通 6.47 万辆小客车/日，占绕城总出行量的 13.67%；外部交通 31.17 万辆小客车/日，占总出行量的 65.84%；过境交通 9.70 万辆小客车/日，占总出行量的 20.49%。

内部交通：指西安绕城内部的短途交通，其中绕城北环各立交间的内部出行占总内部总交通的 20.0%，南环各立交间的出行占 59.8%，南北环间的内部出行占 20.2%，南环内部短途交通量明显高于北环。

对外交通：指西安市利用绕城的集散交通，其中绕城北环各立交间的对外出行 18.40 万辆小客车/日，占总对外交通的 59.0%；南环各立交间的对外出行 12.77 万辆小客车/日，占总对外交通的 41.0%，北环对外交通交通量高于南环。

过境交通：指利用绕城过境西安市区的交通，北环过境交通为 3.73 万小客车/日，占过境交通总出行的 38.5%；南环过境交通为 1.45 万辆/日，占过境交通总出行的 15.0%，同时行驶南、北环的过境交通为 4.51 万辆/日，占过境交通总出行量的 46.5%。可见，由于北环的路径明显短于南环，北环过境交通量明显高于南环。

2. 路段交通量

2016 年，西安绕城高速公路北环加权交通量为 71690 辆小客车/日，交通量最大路段为吕小寨至朱宏路，日均 83273 辆小客车/日；南环加权交通量为 66607 辆小客车/日，交通量最大路段为长安至西高新立交段，日均 94329 辆小客车/日，北环交通量平均值仍高于南环,但绕城全线最大交通量路段位于南环,详见表5.35。

表5.35　2016年西安绕城高速公路路段交通量表（小客车,辆/日）

	路段名称	交通量		路段名称	交通量
绕城北段 （33 km）	方家村—谢王	71292	绕城南段 （47 km）	方家村—香王	53409
	谢王—杏园	73482		香王—纺织城	66188
	杏园—吕小寨	73482		纺织城—曲江	66138
	吕小寨—朱宏路	83273		曲江—长安	86898
	朱宏路—六村堡	79322		长安—西高新	94329
	六村堡—帽耳刘	54037		西高新—河池寨	77425
				河池寨—阿房宫	51650
				阿房宫—帽耳刘	41310
	加权平均	71690		加权平均	66607

3. 车型比例

2016年西安绕城高速北、南环车型构成如表5.36。

表5.36　2016年西安绕城高速车型构成表

	车型	小客车	大客车	客车合计	小货车	中货车	大货车	拖挂车	货车合计	合计
南环	绝对值	82.06%	1.28%	83.34%	4.50%	3.42%	2.43%	6.31%	16.66%	100%
	折算值	65.68%	1.54%	67.22%	3.60%	4.10%	4.86%	20.21%	32.78%	100%
	车型	小客车	大客车	客车合计	小货车	中货车	大货车	拖挂车	货车合计	合计
北环	绝对值	69.58%	0.84%	70.42%	6.91%	6.48%	4.06%	12.14%	29.58%	100%
	折算值	47.61%	0.86%	48.47%	4.72%	6.65%	6.94%	33.22%	51.53%	100%

绕城南环车型构成以客车为主,客车绝对值、折算值比重分别为83.34%和67.22%,尤其是小客车绝对值、折算值比重分别达到了82.06%和65.68%;绕城北货车绝对值、折算值比重分别为29.58%和51.53%,其中拖挂车绝对值、折算值比重分别为12.14%和33.22%。可见,南环车型构成以客车为主,尤其是小客车比重为高,北环车型客车与货车基本相当。

5.3 京昆高速蒲城至涝峪改扩建保通方案分析

一、路基施工阶段保通方案设计

1. 一般路基段路基路面施工保通方案

第一阶段：左幅护栏内移，拼接部分地基处理、基底清表、夯实、清除老路坡面，并逐级开挖台阶、填筑路基、修建左幅拼宽段路面（7米）至临时保通路面，占用部分旧路行车道的路面；左幅修筑至路床，铣刨回填，进行新旧道路拼接；保留旧路一车道，与右幅旧路两车道和应急车道一起实现双向四车道通行。

第二阶段：将车辆转移至左幅旧路及左幅新建路面实现双向四车道通行；采用临时护栏隔离对向车流。封闭施工右幅，右幅新建拼宽段路面（7米）至临时保通路面，进行右幅新老道路拼接；右幅既有中间带拆除改造，交通安全设施同步建设完毕。

第三阶段：转移交通至右幅，采用临时护栏隔离对向车流，保证双向四车道通行。进行左幅新老道路拼接，路面改造。

第四阶段：当右幅路段路面施工完成后，拆除临时护栏，按照新建道路的标准完成剩余的附属工程，如护栏施工、土路肩表面及侧面绿化、坡面急流槽进口端完善等。最后待全线全部施工完毕后实行双向八车道通行。

2. 分离新建段路基路面施工保通方案

为保证施工阶段四车道通行，结合路面施工交通组织方案，主线进行旧路利用，单幅新建路基，改造过程中"半幅通行，半幅施工"。

第一阶段：完成主线左幅路基整体新建工程，路面上下部结构施工。利用右幅旧路，实行双向四车道通行。

第二阶段：转移交通至左幅新建路面，设置临时中央分隔带，实行双向四车道通行，对旧路改造或加固及部分施工。

第三阶段：等右幅旧路与过渡段施工完毕后，完成中央分隔带施工及剩余附属设施施工，转移交通，全断面开放双向八车道通行。

3. 纵坡超限段施工保通方案

针对纵坡调整段，建议右幅加铺 3.5 米临时保通路面。施工过程中"半幅通行，半幅施工"。

第一阶段：右幅护栏内移，拼接部分地基处理、基底清表、夯实、清除老路坡面，并逐级开挖台阶、填筑路基、修建左幅临时拼宽段路面（3.5 米）至临时保通路面，占用部分旧路行车道的路面。利用旧路，实行双向四车道通行。

第二阶段：将车辆转移至右幅路面实现双向四车道通行；采用临时护栏隔离对向车流。封闭施工左幅，中间带拆除，设置路基防护，进行整体路基路面改造。

第三阶段：转移交通至左幅，采用临时护栏隔离对向车流，保证双向四车道通行。进行右幅整体路基路面改造，交通安全设施同步建设完毕。

第四阶段：当右幅路段路面施工完成后，拆除路基防护，修建中央分隔带，按照新建道路的标准完成剩余的附属工程，如护栏施工、土路肩表面及侧面绿化等。最后待全线全部施工完毕后实行双向八车道通行。

4. 桥梁段施工保通方案

针对纵坡调整段落，建议右幅新建 4.5 米临时保通桥。施工过程中"半幅通行，半幅施工"。

第一阶段：右幅右侧新建 4.5 米临时保通桥梁，完成下部及上部结构施工，施工至临时桥面，内外侧设置临时护栏。原有老桥实施双向四车道通行。

第二阶段：转移一侧交通至新建临时桥面，单车道通行，右半幅老桥双向三车道通行，采用临时护栏隔离对向车流，全断面双向四车道通行。左幅整体修建半幅桥梁，桥面摊铺施工至上面层及交通安全设施施工。

第三阶段：左幅整体修建完成后，将车流转移至该半幅，采用临时中央分隔带隔离对向车流，实行左半幅双向四车道通行。拆除右幅临时保通桥，右幅整体修建半幅桥梁，桥面摊铺施工至上面层及交通安全设施施工。

第四阶段：等右半幅施工完毕后，拆除临时护栏，完成剩余附属设施施工，转移交通，桥面双向八车道通行。

5. 反挖桥梁段施工保通方案

部分路基较低路段考虑到地方道路的通行，需预留一定空间保证地方道路穿越项目路，此种情况下，需将原先路抬高路基，形成原老路路改成桥的状况，针对这种情况，提出以下施工方案：

第一阶段：左侧单侧拼宽桥梁，新建7.25（7）米桥梁，完成下部及上部结构施工，现浇调平层，外侧设置永久护栏，内侧设置临时护栏，转移一侧交通转至新拼宽7.25（7）米桥上，单车道通行，右半幅旧路维持双向三车道通行，采用临时护栏隔离对向车流，全断面双向四车道通行。封闭7.25（7）米新建桥梁一侧的左半幅路基，对左半幅路基进行挖除工程。

第二阶段：左幅路基挖除后，左幅整体修建半幅桥梁，并摊铺施工至上面层及交通安全设施施工。拆除左幅临时护栏，左幅新建两桥梁完成拼接、统一罩面。新拼宽7.25米桥和右半幅旧路实现双向四车道通行。

第三阶段：左半幅桥梁施工完毕后，转移交通至该半幅，设置临时中央分隔带隔离对向车流，双向四车道限速通行；挖除对向右半幅路基，右幅整体修建半幅桥梁，桥面摊铺施工至上面层及交通安全设施施工。

第四阶段：将车流转移到右半幅，左幅完成整体桥面铺装施工。

第五阶段：等左半幅施工完毕后，拆除临时护栏，完成中央分隔带施工及剩余附属设施施工，转移交通，实现新桥双向八车道通行。

6. 分离新建桥梁段施工保通方案

针对个别老桥进行原桥利用，建议采用单侧新建21米分离新建桥方案。施工过程中"半幅通行，半幅施工"。

第一阶段：完成主线桥新建拼宽桥梁上下部结构施工，桥面铺装临时路面，利用原有老桥实行双向四车道通行。

第二阶段：转移交通至左幅新建桥面，实行双向四车道通行，设置临时中央分隔带，对老桥改造或加固及部分桥梁顶升等施工。

第三阶段：等旧桥路面改造施工完毕后，完成中央分隔带施工及剩余附属设施施工，转移交通，全断面开放双向八车道通行。

7. 上跨桥交通组织

上跨桥拆除作业总体原则应保证先建后拆，以保证地方道路的正常通行。此外，路段要编组实施、分幅封道，以确保主路与地方路车辆顺畅通行；跨线桥新建应在路面拼接前完成，既有上跨桥梁拆除宜在路面上面层施工前完成。

◎跨线桥新建方案

为保证被交路及主线的通行，故拆除原桥前须新建跨线桥保证原路畅通，新建桥梁也须满足主线四车道通行的要求，考虑本项目施工工期、主线交通通行及在保证通行净空的前提下尽量不调整被交路纵坡等因素，现对此类型结构跨线桥进行交通组织方案说明。主要有以下两种方案：

方案一：移位新建。

地方交通流量较大时，需要保持原上跨桥正常通行，或者由位置合理性验证需要移位重建上跨桥时，按照以下步骤进行。

步骤一：保留原上跨桥，地方交通正常通行，确定新桥修建位置后，完成新桥连接部施工，之后进行中墩及桥台施工，跨线桥处土路肩暂不挖除，封闭主线两侧超车道进行施工时，硬路肩作为行车道以保证主线四车道通行。

步骤二：中墩施工完成后，分幅架设预制梁板，对墩顶进行结构连续施工，完成桥面面层铺装、护栏施工等后续作业。在此期间，封闭半幅老路，将其交通转移至另外半幅，借用另外半幅道路硬路肩行车，实行对向三车道通行。

步骤三：以同样的方式完成新建上跨桥另半幅主梁的吊装，待现浇桥面及桥面铺装后将原上跨桥上的交通转移至新桥上，拆除原桥。至此，上跨桥移位新建完成。

方案二：原位改建。

在原上跨桥交通流量不大或者其他的必要的情况下，可采取修建便桥临时通行，此外部分需要原位改建跨线桥的附近有其他下穿通道或上跨桥时，可考虑修建临时便道或利用现有路网进行绕行，相邻需改建的上跨桥可交替施工保证地方道路的通行。

若改建上跨桥附近无可利用路网和其他上跨桥保证地方道路通行，则需采用修建临时便桥的方式通行，修建便桥的交通组织与移位改建新桥的方式相同。

修建便桥改建上跨桥方式的交通组织具体步骤如下：

步骤一：修建一个便桥以方便地方道路穿越主线，从而确保地方路网维持通行。

步骤二：便道修完后，转移地方交通至便道上，对原上跨桥进行拆除作业，具体步骤见跨线桥拆除方案；跨线桥拆除完后，原位重建新上跨桥，进行中墩及桥台施工，跨线桥处硬路肩暂不挖除，封闭主线两侧超车道进行施工，硬路肩作为行车道，保证主线四车道通行，此阶段需设置临时标志诱导车流转至硬路肩行驶。

步骤三：中墩及桥台施工完成后，分幅架设预制梁板，对墩顶进行结构连续施工，完成桥面面层铺装、护栏施工等后续作业。在此期间，主线两侧基本保持双向四车道通行，仅架设预支梁板时需短暂交替封闭半幅交通（一般选择流量较低的夜晚进行作业）。

步骤四：新建跨线桥施工完成后，转移交通至新桥上，拆除便桥。至此，上跨桥原位改建完成。

二、路面施工阶段保畅方案设计

路面拼接过程需要挖除土路肩和硬路肩，占用一部分行车道空间，考虑行车的安全性及行车时需要留有一定的侧向净空。综合分析采用"利用老路面单幅双向二车道行车""利用老路面双幅双向二车道行车""利用老路双幅双向三车道行车"的保通方案。经分析，推荐全程"利用老路双幅双向三车道行车"保通方案。

1. "利用老路面单幅双向二车道行车"的保畅方案

第一步：封闭上半幅交通，进行上半幅路面拼接施工，并进行上半幅旧路一、二车道的铣刨和补强。下半幅维持双向两车道通行。

2. "利用老路面双幅双向二车道行车"的保畅方案

为保证行车安全，需在老路外侧行车道与硬路肩分界线往行车道方向 1 米的位置处设置临时隔离设施。当外侧行车道宽度被压缩至 2.5 米以内，需要两侧施工区每隔一段距离设置开口，作为紧急停车带。或者利用中央分隔带开口作为紧急停车带。紧急停车带与老路路面存在高度差时，需在结合处设置过渡坡面。此阶段建议限速 80 公里/时。

当一般路段左右半幅路面均施工完成后，拆除临时护栏，按照新建道路的标准完成剩余的附属工程，最后待全线全部施工完毕后实行双向八车道通行。

3. "利用老路双幅双向三车道行车"的保畅方案

第一步：先进行上半幅加宽路面施工。在行车道与施工区分隔处设置临时隔离设施，且每隔一段距离设置临时开口，作为紧急停车带。下半幅暂不施工。

第二步：左幅分段施工贯通后，加宽部分路面至中面层与旧路齐平，此时将车辆全部转移至左幅进行双向四车道行驶，封闭施工右幅。

第三步：右幅分段通铺上面层贯通后，此时将车辆全部转移至右幅进行双向四车道行驶，封闭左幅，进行上面层铺筑。

第四步：待上下半幅均施工完毕后，完成剩余附属设施施工，最后实现八车道通行。

三、过渡段保畅方案设计

过渡路段有两侧拼宽与单侧分离、单侧分离与两侧拼宽、两侧拼宽与左侧拼接右侧分离、左侧拼接右侧分离与两侧过渡等形式。下面对过渡路段交通组织进行介绍。

1. 两侧拼宽与单侧分离过渡段

步骤一：施工分离侧拼宽部分、渐变段及分离段的路基和路面至沥青混凝土顶面，拆除渐变段老路中央分隔带护栏，利用老路硬路肩及老路实现双向四车道通行。

步骤二：待分离道路修建完成后，转移交通至分离道路，封闭老路需要调整路段，进行老路封闭式施工。新建道路实行双向四车道通行。

步骤三：等老路与过渡段施工完毕后，完成中央分隔带施工及剩余附属设施施工，转移交通，全断面开放双向八车道通行。

2. 单侧分离与两侧拼宽过渡段

步骤一：施工分离侧拼宽部分、渐变段及分离段的路基和路面至沥青混凝土顶面，拆除渐变段老路中央分隔带护栏，利用老路硬路肩及老路实现双向四车道通行。

步骤二：待分离道路修建完成后，转移交通至分离道路，封闭老路需要调整路段，进行老路封闭式施工。新建道路实行双向四车道通行。

步骤三：等到老路和过渡段三角区域施工完毕后，完成中央分隔带施工及剩余附属设施施工，转移交通，全断面开放双向八车道通行。

3. 两侧拼宽与左侧拼接、右侧分离过渡段

步骤一：施工两侧拼宽部分至混凝土顶面，施工右侧分离和渐变段的路基和路面至路面顶层，原老路实行双向四车道通行。

步骤二：施工右侧拼宽部分路基并进行新、老路面拼接施工，施工右侧分离和渐变段的路基和路面至路面顶层，利用左侧加宽部分混凝土顶面及原老路实行双向四车道通行。

步骤三：施工左侧拼宽部分路面并进行新、老路面拼接施工，利用右侧加宽分离式路面及原老路实行双向四车道通行。

步骤四：等到施工完毕后，完成剩余附属设施施工，即可全线实行双向八车道通行。

4. 两侧拼宽与右侧拼接、左侧分离过渡段

步骤一：施工两侧拼宽部分至混凝土顶面，施工左侧分离和渐变段的路基和路面至路面顶层，原老路实行双向四车道通行。

步骤二：施工右侧拼宽部分路基并进行新、老路面拼接施工，施工左侧分离和渐变段的路基和路面至路面顶层，利用左侧加宽部分混凝土顶面及原老路实行双向四车道通行。

步骤三：施工右侧拼宽部分路面并进行新、老路面拼接施工，利用右侧加宽分离式路面及原老路实行双向四车道通行。

步骤四：等到施工完毕后，完成剩余附属设施施工，即可全线实行双向八车道通行。

四、保畅方案综合评价

1. 保通方案的交通影响分析

（1）分流压力。

考虑跟项目路的连接关系，京昆高速公路所穿越的关中地区公路运输体系较

完善、路网较发达，区域公路网以连霍、京昆、福银、沪陕、包茂5条国家高速公路通道为主，并辅之以众多的国、省、县道，一个交汇于省会西安，并与周边省份相连接的辐射型开放路网格局已形成，完全有能力承担其扩建施工期间的分流交通量。根据本节分析结果，路基施工阶段"利用老路路面双向四车道行车"保通、路面施工阶段"利用老路路面双向三车道行车"保通时，原有道路服务水平较高，分流压力较小，对周边路网影响较小。

（2）行车安全。

京昆高速路况条件较好。在路基施工阶段"利用老路路面双向四车道行车"保通、路面施工阶段"利用老路路面双向三车道行车"保通能充分发挥公路作用。改扩建期间有紧急停车带，有利于行车安全。

（3）沿线构筑物施工。

京昆高速沿线构筑物密度较大，须在合理设计、协调及施工的基础上，才能满足双向四车道通行要求。但应特别指出的是，上跨桥拆除时，根据拆除方式的不同，可能需要短时间封闭交通（2～3小时）或在施工处短时间双向两车道通行（半幅封闭车道），对交通有一定影响。互通及主线桥的施工建设须合理协调，按时完工，否则将会影响施工进度，增大施工的交通组织难度，无法保证全线双向四车道通行。

（4）工程质量。

由于只利用原有路面行车，对新建道路影响较小，有利于保证施工质量。但路基沉降时间较长，影响施工进度，可能不能保证路基施工质量。

（5）通行费损失。

京昆高速周边可供分流的高速公路以连霍、福银、沪陕、包茂4条国家高速公路通道为主，并辅之以众多的国、省、县道，在路基阶段"利用老路路面双向四车道行车"保通、路面阶段"利用老路路面双向三车道行车"保通条件下，道路通行能力受影响程度小，通行费损失小。

2. 保通方案的社会影响分析

（1）从施工方的角度分析。

改扩建工程施工对高速公路的通行能力或多或少都会造成一定程度的削减，

对车辆通行造成一定的干扰。如何保证工程质量，减少工程量、缩短工期和保障施工车辆和人员安全是施工方主要考虑的问题。从保证工程质量、保障施工车辆与人员安全、减少工程量和缩短工期层面分析，路基施工阶段"利用老路路面双向四车道行车"保通方案、路面施工阶段"利用老路路面采用双向三车道行车"保通方案有一定优势。

（2）从运营方的角度分析。

改扩建工程施工，不同的保通方案会对通行费收费造成不同程度的损失。作为高速公路运营方，都希望在保证畅通的前提下，遵循效益最优原则，争取通行费收费损失和工程投资整体最小的保通方案。路基施工阶段"利用老路路面双向四车道行车"保通方案、路面施工阶段"利用老路路面采用双向三车道行车"保通方案尽可能多地保留了行车道，通行收费损失较少。

（3）从出行者的角度分析。

出行者出行要求快捷便利、安全舒适，从该层面考虑，路基施工阶段"利用老路路面双向四车道行车"保通方案、路面施工阶段"利用老路路面采用双向三车道行车"保通方案因通行能力降低较小，且不需大量分流绕行，一般为出行者所接受。

（4）从政府的角度分析。

改扩建工程牵涉多个层面，权衡各方利益，政府应该决策合适的保通方案，并做好沿线工程施工和交通组织协调工作，保障改扩建工程施工和行车安全，实现整个社会效益的最大化。

3. 综合评价

结合以上几个方面的综合评价，得到评价见表5.37。

表5.37 保通方案各指标评价

序号	比较项目	利用老路面单幅双向二车道行车（A）	利用老路面双幅双向二车道行车（B）	利用老路双幅双向三车道行车（C）
1	通行能力	较小	较小	较大
2	分流压力	较大	较大	较小
3	行车安全	较差	较差	较安全

续表

序号	比较项目	利用老路面单幅双向二车道行车（A）	利用老路面双幅双向二车道行车（B）	利用老路双幅双向三车道行车（C）
4	沿线构筑物施工	较差	较差	较安全
5	工程质量	较好	较好	较好
6	通行费损失	较大	较大	较少
	推荐意见	不推荐	不推荐	推荐

路面施工阶段，根据"利用老路双幅双向三车道行车"保通方案的特点，结合方案实施下的交通影响、社会影响，综合评价得到该保通方案可以满足通行能力要求、分流压力较小。"利用老路面单幅双向二车道行车"保通方案特点，施工组织较简单，但是通行能力较低，通行费损失较高，需要考虑分流单方向部分车流。"利用老路面双幅双向二车道行车"保通方案特点，通行能力较低，通行费损失较高，需要考虑分流两个方向部分车流。

五、小结

本节首先通过介绍国内已改扩建高速的保通方案，对其改扩建经验进行了总结，并予以同类指标对比分析，提出各种方案在保通层面的部分局限性。

在对京昆高速现有状况及改扩建概况介绍、交通状况分析、周边路网条件分析的基础上，根据京昆高速改扩建采用两侧整体拼宽方案这一情况，结合京昆高速改扩建实际情况及国内已改扩建高速的保通方案分析，本章从交通影响、社会影响两方面对保通方案进行了综合评价，确定了京昆高速期间路基施工阶段"利用老路路面双向四车道行车"保通、路面施工阶段"利用老路路面双向三车道行车"保通。

第 6 章
区域路网分流

6.1 分流目标及原则

一、分流目标

在充分调查分析项目通道交通及路网现状和施工期交通需求的基础上，结合施工交通组织方案，确定合理的分流车型、分流路径和管理组织措施，充分调动、整合其他干线公路的潜在运能，在确保施工安全的前提下，保证施工期间路网效率得到最大发挥。同时，根据区域道路状况和改扩建期间的交通需求等因素，提前将有可能产生交通瓶颈或影响车辆通行的路段进行改造整治，保证分流方案的有效实施，进而保障高速公路改扩建的顺利完成。

二、分流原则

区域路网分流原则如下：

1. 保障改扩建施工顺利实施

交通分流方案的制定，必须以保障改扩建工程顺利进行且不影响施工质量和进度为基本原则。

2. 确保公路交通运行的畅通

制定交通分流方案时，要尽量协调施工与交通出行间的矛盾，确保区域公路交通顺畅运行。

3. 坚持因地制宜、以人为本的原则

制定交通分流方案时，应充分考虑不同类型、不同层次交通流的实际特点，从适应广大交通出行者的需要出发，本着因地制宜的原则，选择科学、合理的分流方案，将改扩建施工对交通出行的影响降至最低，并同时遵循以人为本的原则，确保车辆运行和建设者的安全。

4. 充分发挥路网的整体效率

制定交通分流方案时，首先应对区域可承担分流任务道路的主要功能、路况等进行详细的研究，然后，结合施工期交通量预测结果，进行合理分流，保障不同层次公路交通流的均衡、便捷与畅通，使每条道路的通行潜力得到充分运用，发挥项目沿线地区路网的整体效率。

6.2 分流方案

一、方案内容及分类

1. 内容

交通组织总体设计应根据改扩建工程的需求确定区域路网分流方案，分流方案的内容包含分流启动的时机、分流的时段、分流交通量、分流车型的选取及分流路径的选择等。

2. 分类

区域路网分流方案分为项目路整体分流方案和局部路段分流方案。其中，局部路段分流主要发生在上跨桥拆除重建、高边坡开挖等施工时段。制定区域路网分流方案时宜制定相应的回流方案。项目路整体分流方案和回流方案应保持稳定性。分流和回流方案需考虑项目路施工组织计划，分析通行能力、荷载、净空和速度等限制条件的持续时间，选择持续时间较长的情形编制分流和回流方案，避免分流、回流的交替重复，从而保证分流、回流措施的稳定性，满足出行者的需要。

二、方案设计

1. 设计条件

可能存在下列情况之一时,应进行分流方案设计,并适时启动分流:

①保通路段服务水平低于四级;

②保通路段对车辆有荷载要求;

③关键工点施工对车辆有限高要求;

④关键工点施工需单向或双向中断交通。

2. 设计内容

改扩建工程各阶段区域路网分流设计内容应符合下列要求:

(1)可行性研究阶段应对区域路网分流方案进行研究和方案比选。

(2)设计阶段应对项目路整体分流推荐方案、局部路段短时分流方案、回流方案进行具体设计。

(3)施工阶段项目路及影响区路网通行条件或交通需求发生显著变化时,应对区域路网分流方案进行调整。其中,施工阶段通行条件或交通需求发生显著变化的情况主要包含下列情况:

①当项目影响区内出现新增道路或者既有道路开展养护、大修时;

②项目路的通行能力发生显著变化时;

③与改扩建相关的政策(如道路收费标准调整)、项目路改扩建的施工方法及工艺、施工计划、影响区路网的建设养护计划和进度等发生变化时。

3. 设计方法

(1)影响因素。

项目路整体分流方案宜采用源头疏导的方式,在远端设置分流节点。项目路整体分流方案应在计算项目路及受流路服务水平、交通容差、节点重要度、绕行度等基础上进行,并应结合下列因素制定方案:

①社会、经济、国防、民生、民俗文化、环境等;

②项目路和受流路线形、荷载、净空和速度等限制条件;

③项目路施工组织计划、施工方法及工艺;

④工程实施的难易程度及经济性。

（2）设计指标。

①交通容差。交通容差可分为路段容差和分流路径容差，路段容差为路段服务通行能力与高峰小时交通量之间差值；分流路径由1个或多个路段组成，取各路段容差的最小值。路段容差和分流路径容差计算模型见公式6.1和6.2：

$$T_i = C_i - Q_i \tag{6.1}$$

式中，T_i——路段 i 的容差，pcu/h；

　　　i——路段的编号；

　　　C_i——路段或节点 i 的服务通行能力，pcu/h；

　　　Q_i——路段或节点 i 的高峰小时交通量，pcu/h。

$$T_p = \min\{C_{pi} - Q_{pi}\} \tag{6.2}$$

式中，T_p——分流路径 p 的容差，pcu/h，$p \in \{1, n\}$；

　　　i——第 p 条分流路径上路段的编号；

　　　C_{pi}——第 p 条分流路径上第 i 路段或节点处的服务通行能力，pcu/h；

　　　Q_{pi}——第 p 条分流路径上第 i 路段或节点处的高峰小时交通量，pcu/h。

②节点重要度。节点重要度可选取人口、工业总产值、商品零售总额、旅游收入总额、交通运输增加值等指标。各指标的权重一般可采取主观或客观权重赋值方法。主观权重赋值方法采取定性的方法，由专家根据经验进行主观判断而得到权重；客观权重赋值方法则可根据历史数据研究指标之间的相关关系或指标与评估结果的关系来进行综合评估。节点重要度计算模型见公式6.3。

$$I_i = \sum_{k=1}^{n} a_{ik} \frac{z_{ik}}{z_{ia}} \tag{6.3}$$

式中，I_i——第 i 节点重要度；

　　　a_{ik}——第 i 节点第 k 项指标的权重；

　　　z_{ik}——第 i 节点的第 k 项指标值；

　　　z_{ia}——第 i 节点第 k 项指标的平均值；

　　　k——指标的编号；

　　　n——指标的数量。

③绕行度。绕行度是起迄点间有效最短路的广义行程时间与实际最短路的广义行程时间的比值。广义行程时间是指完成一次出行所花费的时间总和,其为直接时间、费用、安全性和舒适性等变量的函数。各变量对函数的影响程度与项目影响区的社会经济发展程度及车型相关:经济越发达,直接时间、安全性和舒适性的影响程度越高,费用的影响程度越低,反之亦然;货车对费用的要求较高。可通过调查问卷、专家打分等方式确定各变量的参数。在区域路网分流研究中,绕行度宜分客、货分别计算。

交通小区 i 的公路用户平均绕行度计算模型见公式 6.4。

$$R_i=\frac{\frac{\sum_{j=1}^{m}\sum_{k=1}^{n}(Q_{jk}\times t_{jk})}{\sum_{j=1}^{m}\sum_{k=1}^{n}Q_{jk}}}{\frac{\sum_{j=1}^{m}\sum_{k=1}^{n}(Q^o_{jk}\times t^o_{jk})}{\sum_{j=1}^{m}\sum_{k=1}^{n}Q^o_{jk}}} \tag{6.4}$$

式中,R_i——交通小区 i 的公路用户平均绕行度;

i——交通小区编号;

Q^o_{jk}——分流前交通小区 i 与 j 之间第 k 条车流路径上的流量,pcu/h;

Q_{jk}——分流时交通小区 i 与 j 之间第 k 条车流路径上的流量,pcu/h;

t^o_{jk}——分流前交通小区 i 与 j 之间第 k 路径的广义行程时间(费用),h(元);

t_{jk}——分流时交通小区 i 与 j 之间第 k 条路径的广义行程时间(费用),h(元);

m——交通小区 i 的公路用户目的地交通小区数量;

n——分流前交通小区 i 与 j 之间车流路径的数量或分流路径数量;

j——交通小区 i 的公路用户目的地交通小区编号;

k——交通小区 i 与 j 之间的车流路径编号。

(3)层次递进法。

确定区域路网分流方案时,可采用层次递进法。层次递进法是从定量的角度进行改扩建期间路网分流的方法,该方法从分流节点、分流车型优先级、节点分流手段及目标服务水平等多角度、多层次分析确定各分流时段的分流方案,使分流后区域路网、项目路段及关键工点服务水平满足交通组织总体设计方案要求。

①层次递进关系的确立：

a. 第一层递进：分流节点递进。根据节点重要度，明确分流节点优先级，先对优先级高的节点进行分流，再对其他节点进行分流。

b. 第二层递进：分流车型递进。根据分流车型分析，明确分流车型优先级，在同一目标服务水平下，优先对第一优先级分流车型进行分流，再对其他车型进行分流。

②路网分流的基本步骤：

a. 依据路段及关键工点施工组织计划和交通组织总体设计方案确定路段及关键工点通行能力，同时开展交通需求预测获取全车型OD；

b. 开展交通分配预测，获得全车型OD网络配流，对项目路段及区域路网服务水平进行评价；

c. 确定需分流路段，进而对需分流路段的车流来源进行分析；

d. 分析待分流节点，论证可分流节点，计算各分流节点重要度，确定分流节点优先级，共划分为 i 级（$i=1, 2, 3, \cdots$）；

e. 确定分流节点优先级 i（初始值为1）；

f. 确定分流车型优先级 j（初始值为1）；

g. 确定节点分流手段；

h. 计算分流后区域路网、项目路段及关键工点服务水平，与交通组织总体设计服务水平要求进行对比，若满足要求则确定整体分流方案，若不满足要求则进入步骤 i；

i. 判断需进一步分流的节点集是否非空，若不为空集，则计算剩余OD，转入步骤 e，$i=i+1$，若为空集，则进入步骤 j；

j. 新增分流车型，计算剩余 OD，$j=j+1$，计算分流后区域路网、项目路段及关键工点服务水平，与交通组织总体设计服务水平要求进行对比，依此循环，直至确定整体分流方案。

6.3 分流车型选择

一、分流车型分类

分流宜分别按大型车辆、中型车辆、小型车的优先级顺序进行。宜采用大型车辆分流为第一优先级，中型车辆分流为第二优先级，小型车分流为第三优先级。车型分类标准若项目所在地有专门规定，从其规定；若项目所在地无规定，可按照表 6.1 进行。

表 6.1 分流车型分类表

优先级	第三优先级	第二优先级		第一优先级	
车型	第一类	第二类		第三类	
	小型车	中型客车	乘用车列车	大型车	
客车	9座及以下	10~19座	—	≤39座	≥40座
货车	1类、2类	3类	4类	5类	6类

我国高速公路行驶车辆车型的构成较为复杂，参考《收费公路车辆通行费收费车型分类》（JT/T 489—2019）把车型分为三类：第一类（小型车；1类、2类货车）、第二类（中型客车、乘用车列车；3类、4类货车）、第三类（大型客车；5类、6类货车）。优先级次序的分类与车型的分类相对应。

影响分流车型选择的周边路网技术条件主要包括曲线半径、路面和桥梁承载、车道宽度等。货车对路面和桥梁承载的通行要求更高，所需的曲线半径、最小车道宽也均大于客车。

混合车流中，货车（特别是5类、6类货车）所占比例越高，对道路通行能力影响越大，在同等实验条件下，车流中每增加1%的大型车，作业区的通行能力要下降约1%；在不同的限速条件下，大型车比例增大，作业区通行能力都会随之下降。货车对净空、车道宽度的要求高，在改扩建关键工点的施工过程中，净空、净宽等条件可能不满足货车通行的需求（如跨线桥施工、互通式立体交叉匝道施工等），此时需对货车进行分流。当项目路的路面不能承载重载交通时（如采取中面层行车），亦须对货车进行分流。此外，车辆在行车过程中产生的震动，对路基、路面和桥梁上部结构拼接施工质量也有一定影响。车辆载重质量越大，产生的震动越强，对路基、路面和桥梁上部结构拼接施工质量的影响也越大，改扩建施工对震动有特殊要求时需对货车进行分流。

重载交通对环境的不利影响占有较大的分担率。分流重载交通将对受流路径沿线的空气环境、声环境、水和土壤环境产生不利影响，对受流路径区域野生动植物的生长产生不利影响。在分流重载交通时，需注意其对受流路径区域原环境影响的叠加效应。

客车对运行速度、行程时间及舒适性的要求比货车高，对分流带来的不利影响更为敏感，在分流客车时需注意其社会影响程度是否在可接受范围之内。

符合下列情况之一时，经论证，可采用小型客车为分流第一优先级，小型货车和大中型客车为分流第二优先级：

①区域路网通行条件不满足大中型货车通行时；

②项目路中大中型货车占有比例较小，分流大中型货车不能满足项目路通行要求时。

一般情况下高速公路改扩建工程多采用对大中型货车进行分流，此处为特殊情况下的分流特例，采用该分流方案时要从经济、技术、管理等多方面进行论证。

二、分流车型选取原则

1. 与施工方案紧密结合，保障施工顺利实施的原则

分流车型的选取应与施工方案紧密结合，根据不同施工阶段所能够提供的通行条件差异，合理地选择分流车型，保障改扩建施工的顺利的实施。

2. 保障安全的原则

分流车型的选取，必须保障运营车辆及其乘客的行驶安全，同时也必须保障施工车辆和施工人员的安全。

3. 周边路网的技术等级能够承载分流出分流车型的原则

分流车型的选取，应考虑周边路网的技术等级。货车对行驶道路的等级和质量要求高，客车适合各种等级的道路通行。

4. 适应项目路施工期间通行能力变化的原则

高速公路改扩建交通组织中，分流的前提是尽可能将改扩建高速公路的交通量控制在施工期的道路通行能力范围内，并充分利用高速公路的道路资源。因此，结合车辆构成特性，选取合理的分流车型，以适应项目路施工期间通行能力变化。

5. 可操作性原则

可操作性是指针对某一项目，其工作研究成果应迅速反映到现实中，并指导项目的实施和顺利完成。分流时，应选择操作性强的车型进行分流。

6. 征费收益最佳原则

高速公路为经营性设施，在满足分流要求的前提下，要选择导致征费收益损失最小的车型进行分流，确保征费收益最佳。

7. 社会效益最大化原则

分流时，应选择公众接受度高，社会影响、环境影响小的车型，确保社会效益最大化。

6.4 分流路径分析

根据区域路网的技术状况、交通量预测结果、通道交通承载能力，并结合交通流向预测结果，将车辆出行进行分流路径的设定。诱导分流路径宜首选高速公路；强制分流路径宜选择绕行度小、通行条件良好的公路或城市道路。

当封闭交通超过 2h 时，应制定局部路段短时分流方案。短时分流方案应符合下列规定：

①处于相邻两个互通式立体交叉间的多个局部路段宜同时进行；
②应满足受流路段通行条件和交通管制要求。

确定区域路网分流方案后，应校验受流路的服务水平，并根据结果优化分流方案。

6.5 分流点设置

施工道路的交通拥挤,一方面是由于施工路段通行能力下降所致,另一方面是由于缺乏必要、及时的流量信息和分流诱导措施,致使驾驶员无法提前选择合理路线,造成交通量在路网上分布不均衡。

通过在适当地点设置分流点,一方面可以推荐服务水平较高的行驶路线以辅助驾驶员优选路线,充分利用现有路网有效地缓解交通拥挤;另一方面,极大方便交通管理部门对施工路段进行交通管制,制定有效的强化分流引导方案。

一、分流点的主要功能

1. 交通诱导功能

交通诱导属于相对柔性的交通管理意图,实质是通过发布路况信息等手段实施交通管理的策略。从分流点的功能特点来看,路网分流点是各种必要的行车信息集中发布的平台或场所。行车信息包括区域路网分布信息、分流路径信息、道路预警信息、管制措施信息、前方道路流量信息、路网施工信息以及其他综合服务信息。先进的现代通信技术和良好的设施设备,如可变信息板等为实施交通诱导提供了良好载体,各种新闻媒体也成为信息发布的重要途径。

对于公路使用者来说,及时、详细的行车信息是促使其对行驶路线进行选择的重要诱因。提前、准确地了解和掌握实时通行状况,可以主动、合理地选择行车路线,避免盲目性和错觉。因此,通过设置分流点让车辆驾驶员提前掌握各种相关道路信息,可以有效地实现对路网资源利用的最大化,并减少不必要的延误和混乱。

2. 交通分流功能

交通分流属于相对刚性的交通管理措施,是采用交通渠划等手段引导交通流进入指定的分流路径的过程。交通分流点除了兼具诱导功能外,主要通过交通标志、标线等设施指导出行者从主观意愿上实现交通的路径转换和不同路径的连续衔接及有机组合。高速公路改扩建施工期间,对于各种不同出行目的的车流提供适当的分流路径，这些分流路径不仅分布广，而且存在多种组合方案。因而，需要将各种分流路径有机衔接起来，使分流点功能得到最大的发挥。

3. 交通管制功能

交通管制属于强制性的交通管理手段，是强制出行者行驶交通管理者规定路径的行政行为。作为交通分流组织方案的基础平台，分流点还是实现强化交通管制的主要措施之一。交通管制主要依靠分流标志、标线的引导和交管部门的现场组织调度，控制交通分流既定车型的顺利分离和有序行驶，避免不必要的混乱和延误，同时保障施工路段的顺利通行。一般情况下，在路网分流点主要设置各种醒目的预告、警示、指路以及分流标志，并配备交通警察指挥岗，重要分流点还应实行24小时现场指挥，以减轻施工路段的交通压力。

二、分流点设置方法

在拟定研究区域内的诸多分流路径后，需要在更大范围的路网中提前设置分流点，在省界以外对大量过境和始发交通流提前预告，起到疏导和必要的交通管制作用。

设置总原则：按流量流向需求布设、减少干扰；逐层上游疏导、由远及近、地区协调组织；分级分类、按作用功能级配优选。

以上述设置原则为指导，项目路整体分流方案宜设置诱导、分流和管制三级分流节点。各分流节点的设置应符合下列规定：

①诱导点应为计划主动分流的节点，宜设置在区域路网内高速公路枢纽式互通立体交叉处；

②分流点应为计划强制分流的节点，整体分流方案的分流点宜设置在项目路连接线的主要交叉口和项目路的互通式立体交叉出口，路段短时分流方案的分流点宜设置在上游互通式立体交叉出口；

③管制点应为对交通强制管控的节点，宜设置在分流点下游路段的互通式立体交叉或平面交叉口。

在三级分流节点中，诱导点主要通过各种信息发布手段诱导驾驶员合理选择行车路线，降低项目路的交通压力；分流点主要通过设置标志、标线，同时配合交管部门现场执勤,将分流车型分流到分流路径上;管制点一是控制分流车型进入施工路段,二是在立交匝道拆除或拼接等施工阶段进行交通管制。

6.6 京昆高速蒲城至涝峪段分流设计

一、交通分流必要性分析

1. 项目路施工期间通行能力

表 6.2 项目路施工期间各阶段通行能力

施工各阶段		限速	车道数	基于基本通行能力修正/[pcu/(h·ln)]
路基路面	路基施工	内车道 80km/h 外车道 60km/h	双向四车道	2911
	路面施工	内车道 80km/h 外车道 60km/h	双向四车道	2608
		内车道 80km/h 外车道 60km/h	双向三车道行车	1088
				2893
			半幅双向四车道行车	2893
				2630
		内车道 60km/h 外车道 40km/h	双向三车道行车	967
				2591
			半幅双向四车道行车	2591
				2355
互通匝道	直接式匝道	40km/h	3.50	—	1331
	环圈式匝道	40km/h	3.50	—	768
	半直接式匝道	40km/h	3.50	—	969

2. 周边路网情况

京昆高速公路所穿越的关中地区公路运输体系较完善、路网较发达,区域公路网以连霍、京昆、福银、沪陕、包茂 5 条国家高速公路通道为主,并辅之以众多的国、省、县道，一个交汇于省会西安，并与周边省份相连接的辐射型开放路网格局已形成，完全有能力承担改扩建施工期间的分流交通量。

京昆通道西安以北路段：该路段可利用分流的主要公路包括榆蓝线蒲城经渭南至玉山段、G108、G210 和关中环线。其中榆蓝线蒲城至玉山段已建成通车，蒲城至渭南段、渭南至玉山段分别为设计速度 120 公里/时和 100 公里/时的双向四车道高速公路标准；G108（S106）大程至蒲城段、G210 豁口至大程段均为二级公路，路面宽度以 12 米为主，道路状况良好；关中环线大程段为一级公路，路面宽度 17 米，线形较好，平纵指标较高。

京昆高速西安以南路段：可利用的高速公路分流道路包括 G7011（十天高速）汉中至安康段、G65（包茂高速）西安至安康段。高速公路均为设计速度 80 公里/时的四车道高速公路；可利用的地方分流道路 G108 西安至汉中段（二级及三级公路技术标准）、S107（关中环线）涝峪至长安段（一级公路技术标准）、G211 大王至五竹段（二级公路技术标准）、西安至太平峪公路西安至下滩村段（一级公路技术标准）、西安至沣峪口公路西安至滦镇段（一级公路技术标准）、X214 五竹至庞光段（二级公路技术标准）。

总体来看，京昆高速通道范围内的各等级路网，道路状况较好，通行能力储备富裕，绕行距离相对较小，通过局部改造后完全有能力承担京昆高速改扩建期间的分流交通量。也具备在京昆高速短期封闭后承担路网交通保畅的能力。

二、分流车型选择

1. 国内高速改扩建分流车型介绍

分流车型的选取是高速公路改扩建交通组织的一个重要环节。目前，随着我国经济社会不断发展，交通需求增加，国内有多条高速公路已实施或正在实施改扩建，其在交通组织上的成功经验，为高速公路改扩建项目分流车型的确定提供了宝贵的参考意见。

对国内已改扩建的高速进行深入研究，从周边路网状况、车型构成、施工期间通车条件、分流收费损失进行对比分析，最后针对最终实施的分流车型进行阐述，如表 6.3 所示。

表 6.3　国内部分高速公路改扩建分流车型对比分析

高速公路	周边路网状况	车型构成	施工期间通车条件	分流收费损失	分流车型
沪宁高速	路网发达，以国省道为主，多为一级路，在沪宁改扩建期间其平行道路S312,同时改建	以小客车为主，大型货车比例占5%，小中型货车占30%	路段：第一阶段双向四车道；第二阶段半幅双向两车道；第三阶段半幅双向四车道，关键点两车道	2004年6月至12月货车分流期间，日均通行费收入比去年同期下降40.39%	大中型货车分流
柳南高速	周边路网多为国省道，技术等级以二级为主	以小型客车为主，为41.0%；货车中，大货、拖挂车和集装箱占34.4%，小型货车比重占4.1%	路段：整个施工阶段半幅单向四车道通行，关键点两车道	—	关键点:大型货车及以上分流
西临高速	路网发达，多为国省道和环城高速，技术等级二级及以上	主线小车占60%左右的比例；中车占10%左右；大型车占30%左右	路段：施工期间主线单幅双向通行,关键点两车道	—	双向分流货车及七座以上（不含七座）客车
连霍潼宝段	周边路网欠发达且技术等级低	部分路段大货及以上比例大，依据潼关收费站资料，该处大货及以上比例48.6%	路段：施工期间主线双向四车道通行，关键点两车道	货车分流，通行费损失达77.3%	大小客车、中小货车

由以上分析可知每条高速都有自身特点，选择合理的分流车型依据各异，归纳如表6.4所示。

表 6.4　国内部分高速公路改扩建时分流车型依据

改扩建项目	分流车型	分流车型选择的依据
沪宁高速	货车	①周边分流路网较为发达，技术等级高，能满足重型运输的需要 ②分流货车后，施工期间项目路能维持到较高的服务水平和安全水平 ③分流货车的收费损失在可接受范围 ④客运比重大，社会影响大，不适合分流客车
柳南高速	大型货车及以上	施工期间交通量未达到饱和程度，道路（除关键点外）的通行能力基本能满足交通量的需要

续表

改扩建项目	分流车型	分流车型选择的依据
西临高速	货车及七座以上客车	①路段交通量大，所处区域的路网发达，可供分流路径较多 ②项目连接临潼旅游景区，改扩建期间社会影响较大，路段服务水平要求高
连霍高速潼关至宝鸡段	大小客车、中小货车	①周边分流路网技术等级低，线形差，路面及桥梁承载力不足，难以满足重型运输的需要 ②大货比例高，分流大货车会导致收益大幅降低

在高速公路改扩建交通组织的研究中，选择分流车型要考虑通过车辆运行特性以及对改扩建施工的影响程度；要分析区域公路网的技术状况和通行能力；还应根据区间交通需求的性质和交通出行分类以及通行安全、经济收益、管理措施等综合因素，以交通组织设计原则为基础，确定适合通行环境和条件的车型进行科学合理地分流。

2. 京昆高速蒲城至涝峪段车型分流方案

（1）京昆高速交通构成分析。

根据2016年路段交通量清分表计算，京昆高速西安以北蒲城至谢王段、西安以南河池寨至涝峪段车型构成比例见表6.5。

表6.5　2016年京昆高速蒲城至涝峪段车型比例（折算值）

车型	小客	大客	小货	中货	大货	特大货拖挂车
西安以北	62.24%	3.21%	5.18%	6.29%	6.67%	16.41%
西安以南	43.13%	3.77%	3.08%	5.70%	8.53%	35.79%

根据2016年统计数据可以看出，京昆高速蒲城至涝峪段断面交通量车型构成存在以下特点：

①京昆高速蒲城至谢王段行驶的车辆以客车为主，客车折算值比重为65.45%，其中小客车居各类车型之首，其折算值比重为62.24%；货车折算值比重为34.55%，以特大及拖挂车为主，占路段交通量折算值的16.41%。

②京昆高速河池寨至涝峪段以大型车辆为主，但中小型车辆所占比例也较大。小客车占43.13%，大客车占3.77%，小货车占3.08%，中型货车占5.70%，大型

货车及以上占44.32%。

③从流量上分析,可将分流车型定为两类,即小客车和大货及以上车辆类型,与之前分析对应。

(2)不同分流车型对京昆高速影响分析。

根据2016年路段交通量清分表计算,京昆高速可将西安以北蒲城至谢王段、西安以南河池寨至涝峪段分流车型定为小客车和大货车及以上车辆类型,并通过对比两种分流车型对京昆高速通行、收费、安全、施工、社会的影响及对周边路网的通行能力与可承担分流能力进行分析,确定京昆高速改扩建分流车型。

①通行影响。京昆高速蒲城至谢王段行驶车辆以小客车为主,占62.24%,其次为大货车及以上车型,为23.08%。西安以南河池寨至涝峪段大货车及以上车型与小客车比重基本持平,前者为44.32%,小客车为43.13%。绝对数相等的情况下,从交通流基本理论角度看,货车比重越小,则单位路段通行交通量越大,对路段服务水平越有利,交通流车头时距、车型车速比、单车路面占有率、事故率等指标越优良。结合上述历年统计资料,并参考2016年最新统计车型比数据,现状货车比重与客车比率持平,分流同等车流量情况下,分流货车时的大车混入率将小于分流客车,且利于在局部保通方案实施时保障整体路段的车流通畅,分流货车对单位路段通行能力的影响优于分流客车。

②对通行费的影响。京昆高速公路改扩建采取边施工边通车模式,施工期间的车辆分流方案对收费收入具有较大影响。根据京昆高速公路交通量预测结果和收费标准对分流方案的经济效益进行分析,主要为通行费收入损失分析。由于货车收费按记重收费,而客车主要根据行驶里程进行衡量,货车收费占高速收费更大比率,分流货车收费损失较大。

③交通安全影响。大车混入率与交通事故率成正比,车流量与交通安全潜在危险性成正比。京昆高速公路现状承载交通量绝对数大。京昆线西安以北蒲城至谢王段大货车及以上车型比重较低,为23.08%;西安以南河池寨至涝峪段大货车及以上车型与小客车比重基本持平,前者为44.32%,后者为43.13%。因此,分流货车可降低大车混入率,直接降低路段发生交通事故的潜在危险。且分时段分路段改扩建保通时,大车比例越小,则越有利于局部瓶颈节点保畅及路侧安全,

进而保障全路段车流稳态通行。

④施工影响。京昆高速公路沿线构筑物类型较多，总量较大，当实施四车道保通方案时，同等工况、路况条件下，客车占用道路面积及汽车综合性能均优于货车，而改扩建工程施工对京昆高速公路的基本通行能力、路段及路侧行车安全、局部瓶颈节点交通疏导均造成一定程度的影响。施工区交通流内货车比重越小，则对保证施工区作业安全、施工车辆及人员安全、行车安全、车流顺畅等越有利。此外，当遇到特殊情况需进行施工区局部交通量应急疏导时，由于施工区路宽及路况受限，货车所需转弯半径、最小车道宽、单车车长等均大于客车，不利于短时高效疏导车流，不利于事件的快速安全处理。

⑤社会影响。京昆高速西安以北蒲城至谢王段大货车及以上车型绝对值占比与折算值占比分别为 8.41%、23.08%，西安以南河池寨至涝峪段大货车及以上车型绝对值与折算值占比分别为 19.05%、44.32%。分流大货车及以上车型可保证施工路段双向交通均不中断，可满足部分群众对公路的需求，社会影响相对较小，但交通分流点、管制点处部分车辆交通组织困难，应做好分流车辆的筛选工作，以保证分流点的交通顺畅，提高公众的满意度。因此，在施工期需要做好宣传工作，尽可能争取公众的谅解和支持，使分流车辆尽量自觉选择分流路径。

京昆高速以小客车为主，其中京昆高速西安以北蒲城至谢王段小客车绝对值占比与折算值占比分别为 77.29%、62.24%，西安以南河池寨至涝峪段小客车绝对值与折算值占比分别为 66.47%、43.13%。分流小客车，严重影响了沿线城镇的交通出行，不仅降低了公众对交通部门的满意度，而且对沿线经济带来了一定影响，社会影响巨大。分流时可将过境车辆和内部车辆从不同层次路网分流，尽量降低车辆的绕行距离，争取公众的满意度。同时，在遇紧急情况或重要活动时，应开辟应急通道，保障半幅封闭车道可临时通行，以满足特殊情况对公路的需求，降低社会影响。并且把分流道路维修完善，把对沿线经济带来的影响降至最低。

(3) 周边路网的通行能力与可承担分流能力。

京昆高速公路所穿越的关中地区公路运输体系较完善、路网较发达，区域公路网以连霍、京昆、福银、沪陕、包茂 5 条国家高速公路通道为主，并辅之以众多的国、省、县道，一个交汇于省会西安，并与周边省份相连接的辐射型开放路网格局已形成，完全有能力承担改扩建施工期间的分流交通量。

3. 京昆高速分流车型选取

从对周边路网的影响、对京昆高速公路自身的影响以及对社会的影响几个方面综合考虑，京昆高速公路小客车分流、大货车及以上车型分流主要影响对比分析见表6.6。

表6.6 京昆高速公路分流小客车、大货车及以上车型影响对比分析

分流车型	周边路网影响	通行能力影响	交通安全影响	施工影响	收费损失	社会影响
大货及以上	降低周边路网的安全水平，对道路设施破坏程度大，对分流路网的等级要求高	有利于京昆高速公路通行能力的提高	有利于京昆高速公路交通安全水平的提高	有利于施工安全水平、施工质量的提高，降低养护成本	收费损失大	社会影响较小
小客车	对周边路网影响相对较小，对分流路网等级要求低	降低施工期间京昆高速公路通行能力	货车比例增加，加大了京昆高速公路发生交通事故的概率	货车比例增加，对施工安全、施工质量影响大，增加未来道路的养护成本	收费损失小	社会影响较大

结合京昆高速公路改扩建工程的实际情况，分流车型宜选择大货车及以上车型，具体分析如下：

①路网现状：京昆高速公路所穿越的关中地区公路运输体系较完善、路网较发达，区域公路网以连霍、京昆、福银、沪陕、包茂5条国家高速公路通道为主，并辅之以众多的国、省、县道，一个交汇于省会西安，并与周边省份相连接的辐射型开放路网格局已形成，完全有能力承担改扩建施工期间分流的大货车及以上车型的分流交通量。

②通行费收益：高速公路为经营性设施，货车分流产生的收费损失较大，但货车分流对比客车分流而言，造成的收费损失在可接受范围内。

③通行能力、服务水平：货车（特别是大型及以上车型）较客车而言，对通行能力的影响更大，在改扩建过程中，由于需要封闭部分车道，对通行能力的影响较大，为避免通行能力的进一步损失，建议分流货车，提高项目路的服务水平。

④社会影响：京昆高速蒲城至涝峪段车型构成以小客车为主，若分流小客车，

将严重影响沿线城镇的交通出行，不仅降低了公众对交通部门的满意度，而且对沿线经济带来了一定影响，社会影响巨大。若分流大货车及以上车型，可保证施工路段双向交通均不中断，且能满足部分群众对公路的需求，社会影响相对较小。

三、分流路径分析

根据区域路网的技术状况、交通量预测结果、通道交通承载能力，并结合交通流向预测结果，将车辆出行分京昆线南段和京昆线北段两部分进行分流路径的设定。

1. 京昆线西安以北段

京昆线西安以北段可利用分流的主要公路包括榆蓝线蒲城经渭南至玉山段、G108、G210 和关中环线。其中榆蓝线蒲城至玉山段已建成通车，蒲城至渭南段、渭南至玉山段分别为设计速度 120 公里/时和 100 公里/时的双向四车道高速公路标准；G108（S106）大程至蒲城段、G210 豁口至大程段均为二级公路，路面宽度以 12 米为主，道路状况良好；关中环线大程段为一级公路，路面宽度 17 米，线形较好。

长途车辆：利用榆蓝线＋连霍线＋西安绕城高速/西咸北环线＋其他高速公路进行分流。

区间车辆：利用 G108＋G210/关中环线等进行分流。

2. 京昆线西安以南段

京昆线西安以南路段可利用分流的主要公路包括十天高速汉中至安康段、包茂高速西安至安康段、G108、关中环线、西太路、西沣路和 G211 大王至五竹公路及 X214、X318 等。其中十天高速汉中至安康段、包茂高速西安至安康段均已建成通车，为设计速度 80~100 公里/时的双向四车道高速公路标准；G211 大王至五竹段主要为二级公路，局部路段为四级公路，路面宽度以 7 米、12 米为主，最窄处仅 6 米，其改造计划已列入 G211 西安过境段改造工程，2018 年完工；关中环线涝峪至滦镇段为一级公路，路面宽度以 17 米、28 米为主，线形较好，平纵指标较高；西太路西安至下滩村段、西沣路西安至滦镇段，道路状况良好；X214 五竹至庞光段地形条件较好，平纵指标较高，但局部路段需完善路基防护工程和排水工程。

长途车辆：利用十天线+包茂线+西安绕城高速+其他高速进行分流。

涝峪方向车辆：沿关中环线至涝峪后，利用西太路、西沣路或 X214 五竹至庞光段+G211 大王至五竹+连霍西等 3 条路径进行分流。

鄠邑区车辆：利用 X318 鄠邑至五竹+G211 大王至五竹+连霍线进行分流。

四、分流点设置

以分流点设置原则为指导，设置三级路网分流点，分别为诱导点、分流点和管制点。从网、线、面上进行交通分流。

一级分流点（诱导点）：设置在区域路网的市级节点和外省公路入口处，发布分流消息、诱导交通，尽量分离过境交通。

二级分流点（分流点）：在区域路网的主要交叉口设置，以强制性的交通疏导为主要功能，并考虑设置部分临时交管设施。

三级分流点（管制点）：在京昆高速公路蒲城至涝峪段沿线所有互通入口和西安绕城高速公路与其直接相连的收费站处设置，同样以强制性交通管制为主要手段，解决出现路堵时的交通疏解问题。

各级分流点设置如表 6.7 所示。

表 6.7 诱导点、分流点、管制点设置

序号	诱导点	分流点	管制点
1	禹门口主线收费站入口	上元观枢纽	蒲城收费站入口
2	宁强主线收费站入口	涝峪收费站	荆姚收费站入口
3	汉中收费站入口	东杨枢纽等	富平收费站入口
4			阎良收费站入口
5			高陵收费站入口
6			谢王收费站入口
7			河池寨收费站入口
8			三星收费站入口
9			鄠邑收费站入口

五、分流道路的改造整治

为保证拟改扩建项目施工交通分流方案的有效实施,降低工程施工对区域交通的影响,缓解由于项目施工所导致的分流道路通行能力及服务水平的下降,同时减轻对周边道路所产生的交通压力,需对区域分流道路进行必要的改造整治。

遵循"安全至上、协调一致、标准适度、因地制宜、系统最优、连续稳定"的基本原则,将改扩建期间分流道路在交通或路况等任一方面不适应的路段作为改造整治对象,并提出对应的改造整治措施,详见表 6.8。

表 6.8 分流道路改造整治表

路段归属	路段名称	里程/km	整治改造措施	备注
G210	豁口—大程	39	面层补强	
G108（S106）	大程—蒲城	58	面层补强	
G211	大王—五竹	13		已计入 G211 西安过境段改造工程
G310	阿房宫—沙河	8	面层补强	
关中环线	大程段	4	面层补强	
	涝峪—滦镇	28	面层补强	
X214	五竹—庞光	10	面层补强、基层补强,完善路基防护工程、排水工程	
X318	五竹—鄠邑	5	面层补强	
西太路	西安—下滩村	25	面层补强	
西沣路	西安—滦镇	20	面层补强	
合计		210		

根据路网分流方案,结合道路现状技术状况,需对 G210、G108（S106）、G211、G310、关中环线、X318、西太路、西沣路等相关路段进行改造整治,主要整治措施为面层补强;此外需对 X214 五竹至庞光段进行面层补强、基层补强,完善路基防护工程和排水工程等,共计 210 公里。

六、小结

对京昆高速改扩建期间交通量、改扩建期间服务水平以及周边路网等情况进行分流必要性分析,并结合国内已改扩建高速分流车型选取经验,对比各类型分流车型方案的优缺点、适用性,并考虑京昆高速改扩建工程概况,推荐京昆高速改扩建工程期间分流大型及以上货车。

提出京昆高速改扩建分流的目标及原则,并通过调研分析得出京昆高速公路所承担的交通流可以概括为三种主要类型:一是区内交通,二是出入境交通,三是过境交通,分别对三种类型交通进行潜在分流路径分析,并优选出最佳路径;结合京昆高速周边路网状况,设置三级路网分流点,一级分流点(诱导点)、二级分流点(分流点)、三级分流点(管制点)相结合,保证施工期间项目路通畅。

第 7 章
保通路段交通组织

7.1 交通组织设计内容

一、一般规定

保通路段交通组织根据交通组织总体设计确定,保通路段交通组织设计包括一般路段交通组织和关键工点交通组织。

改扩建工程各阶段的交通组织设计内容应符合下列要求:

(1)可行性研究阶段,保通路段交通组织应比选并推荐各施工阶段的交通组织方案。该阶段的交通组织方案研究专题成果有:保通路段的交通组织方案说明、一般路段和关键工点的交通组织比选方案图表。

(2)初步设计阶段,应根据保通路段的不同工程设计方案和施工方案比选并确定相应的交通组织方案。该阶段保通路段交通组织设计成果有:一般路段分阶段施工的交通组织设计图表、关键工点分阶段施工的交通组织设计图表。

(3)施工图设计阶段,应根据确定的保通路段交通组织方案进行交通组织设计。

(4)施工阶段,应根据实际情况对保通路段的交通组织设计进行动态调整。施工阶段的保通路段交通组织设计应在设计阶段一般路段和关键工点交通组织设计成果的基础上,根据实际路段的施工计划对路段施工交通组织设计进行动态调整，提供调整的一般路段及关键工点相应的交通组织设计图表。

保通路段交通组织设计应与作业区段划分统筹协调，综合考虑，减少交通管制时间。

二、保通方式

高速公路改扩建工程保通路段交通组织可采用双向四车道保通、双向两车道保通或双向三车道保通等方式。

1. 双向四车道保通

同时满足下列条件时可采用双向四车道保通方案：

①具备设置对向通行隔离设施的条件；

②侧向余宽不小于 0.75 米，条件受限时，经论证后可为 0.5 米；

③保通车道宽度不小于 3.5 米，当条件受限且仅限小客车通行时，经论证后可为 3.25 米。保通车道宽度为 3.25 米时，区段长度不宜大于 8 公里；

④项目建设条件有利于该方案优点的发挥。

国内高速公路改扩建双向四车道保通方案典型实例：G4 京港澳高速公路安阳至新乡段改扩建工程、G15 沈海高速公路佛山至开阳段改扩建工程、G0421 许广高速公路广州至清远段改扩建工程。

2. 双向两车道保通

同时满足下列条件时可采用双向两车道保通方案：

①有完善的区域路网进行分流；

②受流路的通行条件满足分流车型通行的要求；

③分流后受流路不低于四级服务水平；

④项目建设条件有利于该方案优点的发挥。

国内高速公路改扩建双向两车道保通方案典型实例：沪宁高速公路在路面施工阶段，采用双向两车道保通，全线仅允许小型客车通行，大中型车分流至 G4221 沪武高速、G312 等路上。分流前作了广泛的宣传，使公众尽快了解区域路网分流的具体要求，避免造成混乱。路面施工时由于分流工作及时到位，采用双向两车道保通实施顺利，保通路段的车速基本达到了 80 公里/时左右。

3. 双向三车道保通

满足下列条件之一时可采用双向三车道保通方案：

①双向交通流不对称且差异较大，达到30%以上；

②双向交通流无明显差异，但采用双向三车道保通方案仍能满足通行需求。

7.2 路基施工交通组织

一、路基施工交通组织原则

（1）保障安全：保障施工段施工安全，保障主线、分流道路交通安全，保障衔接区域如分合流点、高速公路单幅双向行驶、施工场地与行车道交界处等关键部位的各类人员及财产安全。

（2）影响最小：交通（主线及沿线）、施工、质量、环境（社会及经济环境）、时间等影响最小化。

二、路基施工分段划分原则

（1）主要专业工种在各施工段所消耗的劳动量相差幅度≤15%。

（2）优化专业施工队劳动组合，施工段数满足合理流水施工组织要求，施工段大小满足专业工种对工作面的要求。

（3）考虑路基施工便利性及成本节约，施工段划分时尽量减小对沿线交通流的影响，且其分界线尽可能与路段结构自然界线（如互通和服务区等构成的界线）相吻合。

三、路基施工交通组织方案

路基施工在老路的两侧进行，在施工期不涉及路面部分，可以保证现有道路的通行基本不受干扰，即现有四车道通行。部分时段因大型设备调度、作业高度增大等原因可能会采取短时间限制硬路肩停车或封闭一个车道等措施。另外施工时，可以拆除现有道路隔离栅，将其设置在现有道路路侧，隔离施工路基与主线车流，确保现有道路车流不受施工影响。此阶段主线桥梁下部结构同时施工。几种主要路基加宽方式下的具体交通组织方案如下。

步骤一：原四车道正常通行，拆除两侧隔离栅，两侧拼接部分基底清表、夯实，清除老路坡面防护、排水设施以及清表等施工，同时进行桥梁的下部结构施工。施工时应在老路护栏上设置施工标志标牌，以提醒路面上行驶车辆注意，不要超速或在硬路肩上超车行驶。

步骤二：原四车道正常通行，对两侧加宽部分先进行地基处理施工，再对原老路两幅坡面削坡处理，逐级开挖台阶，及时填土、铺设土工格栅及土工格室和横向排水管的预埋等，并分层压实至新建路面路床顶面。

7.3 路面施工交通组织

路面施工占用道路资源较多，使主线的可供通行空间受压缩较大，对主线通行影响大，施工交通组织难度大，此阶段需进行主线路面施工、旧涵通道改造施工和桥面铺装施工。

一、一般路段路面交通组织方案

步骤一：分段施工左幅，先对旧路硬路肩与土路肩部分路面铣刨，并超挖至加宽部分路床底面标高，一并填筑压实后，按新建路面结构施工底基层、基层及中下面层。旧路路面铣刨时，因工作宽度要求，每级错台至旧路路面时侵占外侧行车道1.2米，因此左幅施工段需封闭外侧车道，维持双向三车道通行，驶出施工段后分流为双向四车道。右幅维持双车道通行，左右幅重复利用路基施工末期的临时隔离设施保证行车与施工安全。

步骤二：左幅分段施工贯通后，加宽部分路面至中面层与旧路齐平，此时将车辆全部转移至左幅进行双向四车道行驶，封闭施工右幅。

步骤三：右幅分段通铺上面层贯通后，此时将车辆全部转移至右幅进行双向四车道行驶，封闭左幅，进行上面层铺筑。

二、特殊路段路面交通组织方案

针对纵坡调整段，建议右幅加铺 3.5 米临时保通路面。施工过程中"半幅通行，半幅施工"，具体交通组织过程如下：

第一阶段：右幅护栏内移，拼接部分地基处理、基底清表、夯实、清除老路坡面，并逐级开挖台阶、填筑路基、修建左幅临时拼宽段路面（3.5 米）至临时保通路面，占用部分旧路行车道的路面。利用旧路，实行双向四车道通行。

第二阶段：将车辆转移至右幅路面实现双向四车道通行；采用临时护栏隔离对向车流。封闭施工左幅，中间带拆除，设置路基防护，进行整体路基路面改造。

第三阶段：转移交通至左幅，采用临时护栏隔离对向车流，保证双向四车道通行。进行右幅整体路基路面改造，交安设施同步建设完成。

第四阶段：当右幅路段路面施工完成后，拆除路基防护，修建中央分隔带，按照新建道路的标准完成剩余的附属工程，如护栏施工、土路肩表面及侧面绿化等。待全线全部施工完毕后实行双向八车道通行。

7.4 关键工点交通组织

一、主线桥梁拼接加宽交通组织

（1）主线桥梁拼接加宽交通组织应符合下列规定：

①上部结构拼接前，宜保留既有桥梁护栏，维持既有通行状态。

②既有桥梁外侧护栏拆除时，应设置临时护栏，并应在施工区外侧边缘设置防止车辆驶出车行道、越过施工区掉入桥下的设施。

③上部结构拼接施工时，宜采用限定车道、限制速度等通行措施。

④上部结构拼接施工时的交通转换应与桥梁所在路段交通转换协调一致，必要时在桥头处设置过渡路段。

⑤为了防止车辆驶出车行道并越过施工区掉入桥下，在既有桥梁路侧护栏拆除和上部结构拼接施工前，要求先施工拼接加宽部分的路侧护栏或设置临时护栏。

（2）双向两车道保通的保通路段，新建桥梁与既有桥梁上部结构拼接施工时可以封闭需拼接半幅的交通，另半幅采用双向两车道通行的交通组织方式。以路基宽度 28 米改扩建为 42 米的双向八车道高速公路为例。

①双向三车道保通的保通路段，新建桥梁与既有桥梁上部结构拼接施工时可以将需拼接的半幅桥梁封闭一个车道，另半幅维持单幅两车道正常通行的交通组织方式。

②双向四车道保通的保通路段，新建桥梁与既有桥梁上部结构拼接施工比较复杂。因半幅桥梁宽度难以满足双向四车道通行，因此需专门考虑。可以采用如下交通组织方式：

方式一：将一侧正常拼接宽度超拼到满足单向两车道通行的宽度，封闭需拼接半幅的交通，另半幅采用单幅双向四车道通行，右幅桥梁超拼 2.0 米。

方式二：将正常拼接宽度桥梁与老桥进行临时拼接，借用部分老桥宽度，以满足拼宽桥梁单向两车道通行的宽度要求。

方式三：将需要拼接的半幅仅通过设置临时护栏封闭硬路肩，拼接施工半幅行车道上供车辆低速行驶，另半幅维持单幅两车道正常通行。

在桥梁上部结构拼接施工过程中，拼接加宽部分桥梁与既有桥梁进行拼接施工时的交通组织和速度限制等要充分考虑既有桥梁上大货车行车震动对接缝现浇混凝土的影响，限速值宜不超过 60 公里/时。

二、主线桥梁拆除重建交通组织

主线桥梁拆除重建的交通组织应符合下列规定：

（1）可采用拼宽桥梁或施工便桥（便道）保通。

（2）施工便桥和过渡路段的设计标准需要满足保通设计速度、施工期交通量和交通荷载控制等通行要求。

（3）施工便桥（便道）和过渡路段的横断面应根据保通设计速度设置车道宽度和必要的侧向余宽。

（4）施工便桥（便道）和过渡路段可实施客、货分道行驶的交通管理方式。

（5）上部结构拼接施工时，宜采用限定车道、限制速度等通行措施。

三、新增通道和下穿分离式立体交叉交通组织

新增通道是指由于地方道路规划需求等原因，需挖除既有高速公路路基，新增通道或下穿分离式立体交叉。需要单幅双向四车道保通的改扩建项目，在新增通道或下穿分离式立体交叉交通组织时可采用临时便道、便桥保通。临时便道、便桥的设计标准需要满足施工期交通量及交通荷载控制的通行要求。当临时便道及便桥长度大于或等于2公里时，便道及便桥保通设计速度不宜低于60公里/时。

新增通道和下穿分离式立体交叉交通组织应符合下列规定：

（1）单幅双向四车道保通路段新增通道或下穿分离式立体交叉时，宜设临时便道、便桥保通。

（2）临时便道、便桥的设计标准应合理确定设计速度，满足施工期间临时通行能力的要求。当便道长度较大时，应分段核查路段通行能力。

四、跨线桥改扩建交通组织

跨线桥改扩建交通组织应符合下列规定：

（1）原位拆除重建时，应按照交替分批改建的原则进行。

（2）宜按照先建后拆的原则进行。

（3）既有跨线桥拆除宜选择交通低峰时段。

（4）当多座跨线桥位于相邻两个互通式立体交叉间时，其交通组织应作为一个整体进行考虑，并应与该作业区路段相邻构造物的改扩建和交通转换相协调。

（5）应做好地方路保通及分流绕行方案。

五、互通式立体交叉改扩建交通组织

互通式立体交叉改扩建交通组织应符合下列规定：

（1）相邻互通式立体交叉宜交错进行。

（2）宜根据互通式立体交叉设计方案、转向交通量等条件，采用临时匝道、临时安全设施和管理设施等工程措施，实现交通转换。

（3）匝道和匝道跨线桥改建宜先建后拆。

（4）临时匝道、便桥的设计标准应满足通行要求。临时匝道的设计速度不宜

低于 30 公里/时。

（5）互通式立体交叉的跨线桥拆除和新建宜选择交通低峰时段。

（6）匝道与主线连接部路面施工阶段的交通组织对进出匝道的车辆影响较大，要求匝道与主线连接部的路面施工交通组织和主线路段路面施工保通方案相匹配。

六、隧道改扩建交通组织

隧道改扩建交通组织应符合下列规定：

（1）采用两侧新建隧道改扩建方案时，宜采用先建后改造的原则，维持改扩建公路隧道路段的正常运营。

（2）无须设置横洞的分离式隧道应在新隧洞建成后将交通转移至新隧道，并应在路基段提前设置过渡段。

（3）需设置横洞的同向隧道在扩建横洞施工时宜采用半幅封闭施工、另半幅双向通行的交通组织方式。

七、服务区、停车区改扩建交通组织

服务区、停车区改扩建交通组织应符合下列规定：

（1）应根据服务区、停车区之间的间距、布局和改扩建方案，确定服务区、停车区改扩建的交通组织。

（2）服务区、停车区改扩建可采取边运营边施工或半幅交替封闭的交通组织方式。

（3）进出服务区、停车区的临时匝道设计标准应满足通行的要求，设计速度不宜低于 30 公里/时。

八、涵洞、通道改扩建交通组织

涵洞、通道改扩建时应考虑地方路交通组织的通行需求，做好保通及地方路分流绕行方案。

7.5 京昆高速蒲城至涝峪段互通式立交交通组织方案

一、互通式立交交通组织设计背景

随着京昆高速主线按八车道扩建，以及主线和相交道路间的交通转换量的逐步调整和增长，作为各等级公路间交通转换节点的互通也需做出相应的改变及调整。即在保证互通通行能力适应远期交通量增长的情况下，改建（或新建）以提高互通匝道、跨线桥的技术标准，实现互通整体与主线的匹配，以及安全、环保的适应性。综合考虑现有互通的形式、改扩建后互通规模的大小和相应路段主线采用的扩建方案，本项目对全线互通进行改扩建的方式包括原位改建和新建。

1. 互通立交改扩建交通组织原则

（1）根据全线各互通所属区域、类型及功能，合理划分各互通的施工时段和施工区段。

（2）尽量减少施工对互通区域内的社会、经济和交通的影响。

（3）宏观与微观相结合，宏观上保证互通匝道施工顺序的合理性，与全线保通方案相匹配；微观上考虑设置必要的交通标志、安全设施等，保证车辆方便、安全地出入互通。

（4）交通组织应和互通范围内的路基、路面、桥梁等改扩建施工方案和施工工艺紧密结合，确保交通组织与施工工序协调一致。

（5）临时通道应该满足基本的行驶要求，设置相应的紧急停车带，保证足够的侧向余宽和视距，确保行车安全。

（6）灵活布设临时匝道，优先保障交通量大的匝道的车辆通行，尽量缩短中断交通的时间。

2. 互通立交改扩建施工编组

为了保证互通改扩建按期完成和互通的交通顺畅，采用"空间分隔，时间间隔"的思想对全线互通进行施工排序。具体思路包含以下几方面内容：

（1）本次交通组织将全线的互通划分为枢纽互通和一般互通两个等级。不同等级的互通的改扩建施工工期是不同的，尽量保证枢纽互通与其附近的一般互通不同时施工。

（2）主线上跨和主线下穿两种不同形式的跨线桥的改扩建施工对主线和匝道的交通影响不尽相同，因此，尽量保证主线上跨互通间同时进行施工，主线下穿的互通也同时施工。

（3）充分考虑互通立交在路网的交通功能，沟通同一个区域的互通一般不同时进行施工，保证同一个区域的交通的通畅。

（4）相邻的两个互通应在时间上错开进行施工，特别是城市范围内的相邻互通不同时改建，因为这些互通的流量较大，同时改建将会影响城市内外交通的正常转换。

（5）同一时段进行改扩建的互通的间距应该合理，避免互通施工时对交通相互干扰。

3. 互通立交交通组织方案设计

沿线主要有三种类型的互通：喇叭型互通、Y型（T型）枢纽互通和苜蓿叶型枢纽互通。互通与主线交叉的形式包括匝道下穿高速公路、匝道上跨高速公路。不同互通形式在改扩建中的施工方法和交通组织方案存在一定的差异性。

二、东杨枢纽立交（十字型互通）

1. 东杨枢纽立交概况

东杨枢纽立交为京昆高速与渭蒲高速进行交通转换的枢纽立交，立交形式为环形+半定向匝道组合式立交形式，京昆高速下穿渭蒲高速，该立交于2010年11月通车运营。该立交也是本项目的建设起点。立交共由8条匝道组成，定向匝道为标准双车道匝道，路基宽度12米，2个内环匝道为简易双车道匝道，路基宽度10.5米，出口匝道连接部采用直接式，入口匝道连接部采用平行式。

路基加宽采用双侧拼宽方案。本项目下穿渭蒲高速，立交形式为半定向+苜蓿叶型，该枢纽的主要功能是实现京昆高速公路与渭蒲高速公路间的交通量转换。除此之外，还需要完成主线车道变化的要求。东杨枢纽立交C、D匝道未预留京昆高速改建为八车道的条件，为避免拆除通车时间较短的 C、D 匝道桥引起的社会影响，同时提高下阶段改扩建对本阶段改扩建大部分工程的利用，减小互通规模，节约占地，本次改建维持工可的项目起点，东杨立交仅对与京昆高速公路顺接的 A、B 匝道进行改扩建。

考虑到下阶段改扩建尽可能利用本次改扩建工程，取消对东杨立交 A、B 匝道的二次改造，降低社会影响，工程土建部分实施方案为：主线西安方向车道数 K963+850～K964+050 由双车道渐变至四车道，渐变段长度 200 米。主线韩城方向车道数在刚过 A 匝道分流端部后于 K964+390～K964+190 段由四车道渐变至三车道，渐变段长度 200 米；K964+120～K963+920 段由三车道渐变至双车道，渐变段长度 200 米。

土建工程在 470 米范围内主线经过了两次车道数渐变减少，由四个车道变成了两个车道，渐变段长度均为 200 米，渐变段长度过短，不利于交通流稳定过渡，影响该枢纽互通的通行能力和服务水平，存在较大安全隐患，容易形成道路瓶颈路段，产生交通堵塞和一系列安全问题。

为解决此问题，需在土建工程按照上述方案实施的基础上，重新进行主线车道过渡方案及相应的标志、标线方案设计。

主线车道过渡方案如下：

西安至韩城方向：K965+140（A 匝道渐变段起点）为主线四车道，至 K965+050（A 匝道渐变段终点）渐变为五个车道，即主线四车道+一个辅助车道，该段长度 90 米；于 K965+050（辅助车道起点）至 K964+750（辅助车道终点）由主线四车道+一个辅助车道渐变为主线三车道+匝道二车道（即主线第四车道直接顺接匝道内侧车道），该段长度 300 米；主线于 K964+750 至 K964+220 段继续维持三车道行驶，该段长度 530 米；主线于 K964+220 至 K963+920 段由三车道渐变为二车道（顺接既有京昆高速车道），该段长度 300 米。

安全设施设置情况如下：

标志：分别在主线路基左侧 K965+050、K964+300 设置车道数变少标志，告知司乘人员主线车道数分别由四车道渐变至三车道，三车道渐变至双车道；在主线路基左侧 K965+600 设置门架式指路标志，以明确第四车道是渭南蒲城方向的出口专用车道，及时将驶出车辆诱导到外侧车道，同时将直行交通流诱导到内侧三车道。

标线：A 匝道渐变段之前设置三组导向箭头，其中左外侧车道设置右转箭头，第三车道设置直行及右转箭头，内侧两车道设置直行箭头；立交出入口标线设置于三、四车道之间；渐变段之前设置地面文字标记，外侧车道设置"渭南蒲城方向"地面文字标记，内侧三车道设置"韩城方向"地面文字标记，五车道等宽段设置地面文字标记，外侧两条车道设置"渭南蒲城方向"地面文字标记，内侧三车道设置"韩城方向"地面文字标记，连续设置三组，间距 100 米；渐变段起点设置至匝道分流处，二、三车道之间渐变段起点至小鼻端位置设置禁止跨越同向车行道分界线；三车道渐变为两车道之前间距 50 米设置三组导向箭头，其中最外侧设置前方需向左侧合流箭头，内侧两车道设置直行箭头；出口的导流标线设置突起路标，设置间距 4 米。

护栏：分流鼻端处设置 TS 级可导向防撞端头，分流鼻端开始主线三车道及匝道内侧护栏采用移动式护栏，主线移动式护栏设置至主线双车道位置，匝道设置至原分流鼻端位置，待后期立交范围内八车道改建完成，拆除移动式护栏，将防撞端头迁移至原分流鼻端位置，重新按照原设计施画标线。

三、谢王枢纽互通式立交（T 型互通）

T 型互通改建交通组织

京昆高速公路改扩建蒲城至涝峪段共有两处 T 型互通，即北段终点谢王枢纽互通，南段终点河池寨互通，下面对谢王互通改扩建进行交通组织方案设计。

1. 谢王枢纽互通改扩建分析

谢王枢纽立交为京昆高速北段与西安绕城高速东段相接的枢纽转换立交，为部分苜蓿叶加定向匝道的形式，主要技术指标见表 7.1，立交同时兼顾京昆高速车辆和绕城高速车辆落地，接入新筑收费站。

表 7.1 谢王枢纽立交匝道主要技术指标表

序号	匝道名称	最小平曲线半径/m	最大纵坡/%	路基宽度/m	加速车道/m	减速车道/m	辅助车道/m	渐变段/m
1	A	470	2.2948	12.5	—	—	617.43	90
2	B	259.17	2.3995	12.5	—	—	—	—
3	C	130	−2.4001	8.5	—	—	—	—
4	D	748.18	2.4000	8.5	—	—	—	—
5	E	280	−2.4000	2.4	—	—	—	—
6	F	188	2.7000	8.5	289.49	—	—	70
7	G	240	−2.2144	6.5	—	226.90	—	—
					247.28	—	—	70
8	H	67	−2.7317	8.75	—	—	618.16	70
9	I	53	3.2029	8.5	交织段长 256.76 米			
10	J	170	1.7067	8.5	—	224.03	—	—
11	K	52	−2.3077	8.5	交织段长 256.76 米			

存在的主要问题：

（1）K 匝道与 I 匝道之间交织段长度不满足现行规范要求。

（2）F 匝道与 B 匝道与驾驶员习惯不符造成误行比例较高。

（3）F 匝道上增设的解决误行的简易匝道不满足相关技术标准要求。

2. 谢王枢纽互通改扩建方案

本项目仅对与京昆高速相接的 4 条匝道进行局部改建，以满足车道平衡和行车顺畅。改建标准以不低于现有指标同时满足交通量要求为准，谢王立交通往北绕方向的匝道为标准双车道匝道，路基宽度 13 米，通往南绕方向的匝道为简易双车道，路基宽度 11 米。本次改建调整了京昆上东绕匝道的流出位置，解决了运营中存在的与驾驶习惯不符造成误行的问题。

3. 谢王枢纽互通改扩建交通组织方案

由于立交形式基本不变，为便于交通组织，充分利用既有匝道，设计中充分考虑立交的交通流特点,在满足现行规范的基础上,利用主线拼宽部分作为匝道的保通便道,既节约了临时占地,也避免了新建便道工程造成的工程投资增加。

四、蒲城互通式立交(喇叭型互通)

1. 蒲城互通现状分析

该互通位于蒲城县附近,连接白水至蒲城省道201,采用匝道上跨A型单喇叭。该互通段主线设计速度为120公里/时,路基宽度为28米,平面位于直线段,最大纵坡-0.78%,匝道上跨主线桥采用21+2×25+21米连续箱梁。该互通匝道设计速度为40公里/时,平曲线最小半径为60米,最大纵坡-3.397%。最短加速车道长200米,最长为230米,最短减速车道长101.610米,最长为106.982米,对向双车道匝道路基宽度为15.50米,其余匝道为单向单车道匝道,路基宽度为8.5米。该互通匝道收费站长60米,2进3出,收费管理中心布设于出口侧。

根据交通量预测,至2040年,蒲城至西安方向转移交通量合计为19060辆小客车/日。蒲城至禹门口方向转移交通量合计为6174辆小客车/日。由于蒲城至西安方向交通量较大,该方向B、D匝道改建后为单向双车道,路基宽度10.5米,而蒲城至禹门口方向交通量较小,该方向A、C匝道改建后为单向单车道,路基宽度9.0米。

由于主线按八车道拼接加宽,匝道的技术指标,包括路基断面、端部半径、圆曲线半径等,不能满足需求,四条单车道匝道需要进行局部改建,对向双车道匝道和跨线桥也需要进行扩建。

2. 蒲城互通改建方案

该互通平纵面指标较好,按现行技术标准进行原位改建,进一步改善各匝道技术指标,调整平交口交角,并进行渠化设计,提高互通服务水平。改建后互通匝道设计速度为40公里/时,E匝道路基宽度采用18.0米,A、D匝道采用单向双车道,路基宽度10.50米,B、C匝道采用单向单车道,路基宽度9.00米,匝道最小平曲线半径为60米,最大纵坡为-3.40%。其中A、B、C、D及E匝道原位改扩建。

3. 蒲城互通交通组织方案

第一阶段施工交通组织：

主线路基及主线桥梁均采用"两侧拼接"的方式进行加宽；移位新建 D 匝道，修建临时匝道 C′；收费站扩建。主线加宽建设时，设置安全设施主线对向四车道通行，所有匝道维持通行。

第二阶段施工交通组织：

原互通 D 匝道交通转移到新建 D 匝道上通行，原互通 C 匝道交通转移到临时匝道 C′ 上通行，其余原互通匝道正常通行，主线维持四车道通行。修建临时匝道 M′、B′ 和 A′，拆除原 C、D 匝道。

第三阶段施工交通组织：

将原互通 M、B、A 匝道车辆转移至临时匝道 M′、B′ 和 A′ 上通行。然后拆除原互通 M、B、A 匝道。

第四阶段施工交通组织：

主线进行路面施工。原位改建 M、B、A 匝道。待匝道 C 修建完成后，转移临时匝道 C′ 上交通流至新建 C 匝道上，然后拆除临时匝道 C′。临时匝道 M′、B′、A′ 和新建匝道 C 供车辆通行。

第五阶段施工交通组织：

待 M、B、A 匝道改建完成后，拆除临时匝道 M′、B′、A′，完成主线路面工程及剩余附属设施工程后，新互通改建即可完成运营通行。

五、服务区改扩建交通组织

1. 服务区改扩建交通组织原则

（1）新、旧服务区滚动开放，不重叠施工。

（2）服务区科学编组，新站优先间隔施工。

（3）服务区施工独立，互不干扰。

2. 服务区编组方案

施工期间因车道封闭、行驶速度降低等因素，导致通行时间增加，对于服务设施的需求也有所加大。为提高全线服务区的密度，在施工服务区顺序的确定上，建议第一阶段先完成新增服务区及停车区建设。之后对现有服务区进行改扩建施工。施工排序的思路是一个服务区左侧施工，右侧服务区正常使用，同时其前后两个相邻的的服务区右侧施工，左侧正常使用。保证施工时每侧均有 1~2 个服务区供过往车辆使用。施工期间的服务区信息应提前发布，减少对过往车辆的影响。

第一阶段：在已有服务区改扩建开始之前，完成新增服务区的建设，提高全线服务区的密度。

第二阶段：完成新增服务区及停车区建设后，现有服务区半幅交叉封闭施工，另外半幅交叉的服务区正常开放。

第三阶段：重复第二阶段步骤，现有服务区半幅交叉封闭施工，另外半幅交叉的服务区正常开放。

3. 服务区施工交通组织

第一阶段：在路段两侧路基填至路床顶面阶段，对一侧服务区进行施工，另外一侧其他路段上路基施工，但服务区不改建，交通在老路上正常双向四车道通行。正常使用的服务区流入、流出匝道起始点范围内的现有路基暂不进行拓建填筑，维持老路的正常通行及服务区的正常使用；同时对按拓宽后为八车道的主线路基扩建设计确定的服务区流入、流出匝道进行填筑。

第二阶段：主线加宽路面施工阶段，第一阶段施工的服务区侧的路面施工完毕后，开放第一阶段一侧施工完毕后的服务区，另一侧服务区的原流入、流出匝道进行填筑和路面施工，并对另外一侧服务区进行封闭后改建施工。

第三阶段：等到道路主线、进出服务区道路以及服务区改建完成后，开放服务区，交通流在改建道路上双向八车道行驶，服务区正常运行。

车辆通行时，应注意对过渡区域进行必要交通引导，对向行驶车辆之间设置必要的分离设施，路段限速，保障行车安全。因改扩建占用了服务区原有的停车场区域，若停车需求较大，可考虑服务区附近可利用空地另建停车场，以满足停车需求。

4. 工程实例：富平服务区

富平服务区为原址扩建的一类服务区，规划占地 190 亩，新增占地 110 亩。

因现状服务区房建工程不满足新规范的相关要求，扩建利用难度较大，如保留现有建筑，服务区布设受限制较多，不便于未来的运营管理。经综合比选，采用了拆除现有服务区房建设施的方案。

施工交通组织方案如下：

第一步，主线路基按设计要求加宽，新建临时匝道和永久匝道与主线相连，同时扩建服务区，本阶段车辆在原匝道行驶。

第二步，待服务区建设完成，拆除原匝道和原服务区，之后修建永久匝道与服务区相连，本阶段车辆在临时匝道和永久匝道上行驶。

第三步，拆除临时匝道，整平路面，服务区正常开放，实现主线双向八车道通行。

六、跨线桥改扩建交通组织

为保证施工阶段四车道通行，结合路面施工交通组织方案，主线桥梁双侧拼宽，新老桥分别改造拼接，拼接过程中"半幅通行，半幅施工"。有以下三种方案：方案一，双侧均加宽 7 米，老桥对向三车道通行；方案二，单侧拼宽 9.5 米新建桥梁；方案三，双侧均拼宽 9.5 米。综合考虑，推荐方案二和方案三，详见表 7.2。

表 7.2　主线桥老桥无需拆除方案比选表

方案	优点	缺点	适用性	综合比选
方案一	桥梁拼宽宽度可充分利用，投资成本低；工期相对较短	施工质量保证较方案三差；交通组织复杂；侧向净空不足，行车安全得不到保障	适合 28 米横断面段以及带人行横道桥	不推荐
方案二	新拼宽桥通行时，留有侧向净空；老桥一次性施工，可以保证施工质量；交通组织简单；可以保障行车安全	施工完后，桥梁宽度浪费，投入成本大；工期较长；两侧拼宽宽度不一致，不符合美学观念	适合所有类型桥	推荐
方案三	与路面组织协调一致，交通组织简单；预留了空间，并且可以保障行车安全；两侧加宽度一致，美观	施工完后，两侧桥梁宽度浪费，投入成本最大	适合所有类型桥	推荐

主线桥交通组织

对于净空不足的上跨桥，在改扩建过程中要注意抬高上跨桥，避免改扩建后项目路上跨桥的净空不足。而对于一般跨度不足的上跨桥则需拆除重建，加大上跨桥的跨度满足加宽路基路面的要求。

经统计调查，京昆高速主线下穿的分离式立交桥梁孔径绝大部分不满足扩建要求，需要对跨越主线的桥孔进行重建或调整，以适应扩建后路基宽度需要，结合现有跨线桥及项目特点，项目路上跨线桥大部分需全部拆除重建。

跨线桥主要有三种结构形式，分别为预应力砼预制空心板、钢筋砼斜腿刚构及钢筋砼现浇箱梁。

（1）简支空心板拆除。

方案一，汽车吊吊装拆除；方案二，架桥机整体移梁拆除；方案三，满堂支架凿除施工方案；方案四，爆破方案。以8片空心板，双柱式桥墩跨线桥拆除为例，主要方案比选见表7.3。

表 7.3　方案比选表

项目	方案			
	方案一	方案二	方案三	方案四
工期	工期短	工期较长，对机械设备要求高	工期长	爆破拆除工期短，效率高
成本和技术难度	成本小，施工工艺简单	成本较高，不适应多节点施工作业，架桥机安装周转难度大	改道施工工程量大，受现场环境影响制约，在路堑段和填方路基段，需要大量土方转运，不利于施工组织。成本高	费用低，风险可控；需编制专项爆破方案
交通影响	无需在路面搭设临时支架，对交通影响小	无需在路面搭设临时支架，对交通影响小	需要在路面搭设满堂支架和改道施工，对交通影响较大	需临时进行交通全封闭，对交通影响大
环境影响	对环境影响小	对环境影响小	对环境影响小	对环境影响较大
预算	约75万元	约90万元	约105万元	约40万元
综合比选	推荐方案	比较方案	比较方案	比较方案

(2) 斜腿刚构桥的拆除。

方案一，切割分块汽车吊吊装拆除；方案二，满堂支架凿除施工方案；方案三，爆破拆除。对几种斜腿刚构桥拆除方案比选见表 7.4。

表 7.4 斜腿钢构跨线桥拆除方案比选

项目	方案		
	方案一 切割分块汽车吊吊装拆除	方案二 满堂支架凿除施工方案	方案三 爆破拆除
总体描述	在高速公路中央分隔带处搭设支撑支架，在边跨搭设满堂支撑处搭设支撑支架，将中跨整体切割成两块并用汽车吊拆离运走，将边跨主梁切割吊走或凿除，斜腿进行凿除	在两边搭设满堂支架，对两边先进行凿除；在原高速公路两侧修建临时便道，铺筑临时路面。将车流分至两侧临时路面上，再在斜腿刚构下设置满堂支架，分小块切割拆除。拆除完成后恢复交通至原路面	根据斜腿刚构的受力特点炸点布置在斜腿上，在斜腿上布置足够的爆破点，装药爆破，使桥体在自重作用下，由上向下垮塌解体，然后对其进行清理
施工难易度	虽然桥梁受力体系需多次转换，支架也为该方案的重点控制点之一，但因桥梁结构并不复杂，操作较容易，技术较成熟。切割时产生废水，应设置导水设施，防止废水污染路面。施工较简单	本方案可在满足四车道通行的条件下完成桥梁拆除工作，且不需封闭交通，拆除工作一次完成，施工简单，技术成熟；但由于本项目斜腿刚构设置集中，且布置密集，如设置两侧临时便道，对车辆行驶影响较大。临时便道增加了新建工程量，费用较大，工期较长	拆除时采取小爆破结合人工的方式进行拆除，该方案效率较高，可短时间完成拆除工作，费用较低。但手续办理、材料采购等不确定因素较多，不易于控制，造成的社会影响较大
对交通影响	需要短暂封闭交通，约 2~3 小时，对交通的影响小。在交通无法封闭的情况下，可以采用半幅通行进行施工	无须封闭交通，但因需要改道施工，临时便道较多，对交通的影响大	对交通的影响大，爆破期间需要封闭交通。无法进行半幅通行施工。爆破时全封闭时间约为 5 小时
预算	约 75 万元	约 150 万元	约 30 万元
方案比较	施工风险较小，工期短，造价低	施工风险小，临时便道施工周期长，成本大	施工风险大，爆破不确定因素较多，后续成本大
综合评定	经综合评定，该方案作为推荐方案	经综合评定，该方案仅作为比较方案	经综合评定，该方案仅作为比较方案

(3) 连续箱桥的拆除。

连续箱桥的拆除主要有以下三种方案：方案一，顶推平移逐步破碎拆除方案；方案二，汽车吊吊装移梁拆除方案；方案三，爆破方案。综合考虑，推荐爆破方案，详见表 7.5。

表 7.5 连续箱梁跨线桥拆除方案比选

项目	方案		
	方案一 顶推平移逐步破碎拆除方案	方案二 汽车吊吊装移梁拆除方案	方案三 爆破方案
工期	工期长，需要在路面搭设较多临时支架，局部还要进行地基处理	工期较长，对机械设备要求高	爆破拆除工期短，效率高
成本和技术难度	成本高，技术风险难度大	由于该梁为现浇梁，切割后梁体（保证交通情况下）也达 60 多吨，需较大吊车才能实现；需要进行多次体系转换	费用低，风险可控；需编制专项爆破方案
交通影响	需要在路面搭设较多临时支架，对交通影响大	需要在路面搭设较多临时支架，对交通影响大	只需临时封闭交通，对交通影响较小
环境影响	对环境影响小	对环境影响小	对环境影响较大
预算	约 105 万元	约 85 万元	约 45 万元

七、临时交通组织

施工期间由于通行能力降低、交通处于不稳定状态等，使得一些微小的干扰都可能导致交通堵塞，尤其是交通事故等突发事件。同时，高速公路改扩建工期一般比较长，其间改扩建交通组织会经受春运、国庆等节假日交通高峰期，交通疏导的压力非常大。因此有必要结合交通管制措施，拟定应急预案，并建立健全应急工作机制，保障行车顺畅。

根据交通事故的严重程度，交通事故可分为 5 种情况。针对各种事故情况，需研究如何利用监控系统、车道使用控制、可变限速控制、可变信息板、出入口匝道控制等措施进行交通诱导分流与组织，保证改扩建施工期间的安全运营。

依据技术规范以及以往改扩建经验，高速公路服务水平达到二级下限时，可考虑进行改扩建，施工期间保证服务水平达到三级，可进行边施工边通车组织。充分利用各施工阶段道路路网及交通设施，主动分流和被动分流、定性分流与定量分流相结合，对整体路网进行合理分流是本次项目分流的目标。

施工期间以诱导分流长途过境交通为主；分流方案中对特殊关键施工点（如上跨天桥等）可能需要强制分流某些车型；同时在节假日车流量高峰期、发生交通事故情况下、恶劣天气需进行交通管制分流部分车辆。

总体上，施工期间在不低于三级服务水平的情况下，不考虑强制分流。当由于突发情况或其他原因导致服务水平低于三级服务水平时须采取分流措施。

八、小结

本节以总体的交通组织保通方案为前提，对路段及关键点进行了具体的交通组织方案设计。针对各种形式下的填方路基以及挖方路基进行交通组织说明，同时对项目路上各种改扩建形式间的过渡段提出了详细交通组织方案；对不同类型跨线桥提出了具体的拆除方案，并给出推荐方案，有针对性地提出跨线桥的两种新建方案；提出了两种一般性主线桥梁的交通组织方案，并给出各自的适用条件，同时，对于主线桥单侧拼接及单侧分离两种改扩建形式以及局部需改建为桥的路段提出了对应的交通组织方案；针对各种互通立交类型，介绍了互通立交施工过程的交通组织。设计中也给出了临时交通组织的一些要点，作为常规设计方案的有效补充。

第8章 交通组织实施

8.1 分流路网节点选取

一、分流点的主要功能

1. 信息集中发布

从分流点的功能特点来看，路网分流点是各种必要的行车信息集中发布的平台或场所。行车信息包括分流路径信息、道路预警信息、管制措施信息、前方道路流量信息以及其他综合服务信息。对于公路使用者来说，及时、详细的行车信息是构成其对行驶路线选择的重要诱因。因此，通过设置分流点让车辆驾驶员提前掌握各种相关道路信息，可以有效地实现对路网资源利用的最大化，并减少不必要的延误和混乱。

2. 实现分流路径无缝衔接

根据前面研究结果，在高速公路施工期间，对于各地区之间出行的车流都提供了适当的分流路径，而且这些分流路径分布广并存在多种组合方案。因而，将各种分流路径有机的衔接起来，可使分流点功能得到最大的发挥。

3. 强化交通管制措施

作为交通分流组织方案的基础平台，分流点除了上述的功能以外，还是实现强化交通管制的主要措施之一。一般情况下，在路网分流点主要设置各种醒目的预告、警示、指路以及分流标志，并配备交通警察指挥岗，重要分流点还应实行 24 小时现场指挥，以减轻施工路段的交通压力。

二、分流点设置

高速公路改扩建施工时，为了保证施工和行车安全，需限速行驶，并设置相应的安全隔离设施。同时也要为行驶的司机及时、准确地提供充足而且适量的信息，保证行车和施工安全。因此临时交通设施的合理设置对交通组织的实施非常重要。

在拟定研究区域内的诸多分流路径后，需要在更大范围的路网中提前设置分流点，在省界以外对大量过境和始发交通流提前预告，起到疏导和必要的交通管制作用。以按流量流向需求布设，减少干扰；逐层上游疏导，由远即近，地区协调组织；分级分类、按作用功能级配优选为指导原则，设置三级路网分流点，分别为诱导点、分流点和管制点。从网、线、面上进行交通分流。

一级分流点（诱导点）：设置在区域路网的市级节点和外省公路入口处，发布分流消息，诱导交通，尽量分离过境交通。

二级分流点（分流点）：在区域路网的主要交叉口设置，以强制性的交通疏导为主要功能，并考虑设置部分临时交管设施。

三级分流点（管制点）：在高速公路所有互通入口和绕城高速公路与其直接相连的收费站处设置，同样以强制性交通管制为主要手段，解决出现路堵时的交通疏解问题。

8.2 分流路网临时设施

一、诱导点临时设施

车辆分流时，需要提前告知驾驶员前方道路状况，使驾驶员及时获得相关路网分流信息,并进行相应的行驶路线选择。因此,可考虑设置大型可变信息标志,提供与驾驶员行车方向相同的广域道路以及直接相连的其他道路的信息,帮助驾驶员在不同道路间选择路径。

可变信息板采用彩色 LED 显示屏,应在各个诱导点的相关道路上提前设置,并重复提醒,以便驾驶员根据信息选择合适的路线。可变信息板可以在工程完成后用作路段交通状况提醒。

二、分流点临时设施

分流点需要设置相应的告示标志、禁令标志以及相关的标线,引导出行者从主观意愿上实现交通的路径转换。分流点设置于现有道路,沿线与分流相关的交通工程设施主要为告示标志,提示高速公路施工并诱导过往车辆选择其他路径。具体如下:

①告示标志。布设于高速公路、国省道,诱导、分流车辆。

②禁令标志。配合告示标志使用,用于对过往车辆分车型分流。

③其他安全设施。在分流点设置相应的其他临时安全设施,引导过往车辆按道行驶。

三、管制点临时设施

在管制点设置相关的标志、标线,还需要安排人员在道路施工期间对现场交通进行管理,如交警、交通协管员,并配置交通清障设置用于管理交通。

对沿线管制点的互通形式进行分类,并在管制点处分别设置禁止大货及以上车型通行标志,同时全路段限速 40 公里/时。每个匝道由 1~2 人辅助进行交通管制,对大货及以上车型进行分流。

对不同类型的互通路面施工的不同阶段,需在高速公路入口处设置相应的禁令标志,禁止大货及以上车型进入高速,其他管制点互通入口处均需设置相应标志。

8.3 临时交通安全设施

临时交通安全设施包括临时交通标志、临时交通标线、临时隔离设施、临时诱导设施等。

一、临时交通标志

高速公路施工时，临时交通标志的设置是保障高速公路在不中断交通的情况下顺利完成高速公路建设的重要条件，是高速公路交通组织方案中重要的组成部分。从经济性、安全性出发，合理设计临时交通标志的版面和支撑方式，以充分发挥临时交通标志的有效功能，保障高速公路建设安全实施，减少车辆的错行、误行，使车辆安全、顺利地通过施工路段。

根据交通组织、施工组织方案，临时交通标志的设置应结合施工组织计划，配合施工时段划分及进度，在路网以及路段上设置相应的临时设施，确保施工期间路段各阶段交通流的正常转换，以及施工作业区的正常作业。各个阶段的临时交通标志的设置推荐采用新建为主，兼顾老路拆除后的标志改造的再利用。

1. 作业区标志

高速公路改扩建作业区临时安全设施设计的内容主要包括临时交通标志、临时标线、临时隔离设施、临时防护设施等。作业区安全设施的设置为满足作业区安全行车的需要，以主动引导为主、被动防护适度、隔离封闭合理进行施工图设计。

作业区临时安全设施基本布置原则如下：

①警告区：警告区是从最前面的第一块交通标志开始到作业区的第一个渠化装置为止，最小长度为1600米。警告区内必须设置施工标志、车辆慢行标志等，其他标志可视情况而设置。

②过渡区：当需要关闭车道时，必须设置过渡区。过渡区的设置尽可能使车流的变化平缓。过渡区通常由渠化装置或路面标线所组成。下游过渡区最小长度为30米。

③缓冲区：缓冲区的最小长度为 50 米。

④工作区：工作区是施工人员活动和工作的地方，其长度一般根据养护维修作业的需要而定，车道与工作区之间用锥形交通路标进行分隔。工作区应为工程车辆提供安全的进出口。工作区前方用路栏隔离。

⑤终止区：终止区最小长度为 30 米。

⑥其他：在重要临时设施上附着施工警告灯，保证夜间施工及行车的安全性。

⑦作业区临时标志采用可移动式结构，施工完后可用于其他施工地点。因本工程施工时间较长，为保证施工路段交通安全，临时标志版面采用三类反光膜，夜间施工的重要临时标志上应附着施工警示灯和黄闪警示灯。

⑧临时安全设施的布置应配合主体的施工组织计划进行，并根据施工具体情况调整。

2. 指路标志

该类标志通常设置于老路中央分隔带，在施工过程中用来替代老路路侧被挖除的标志的功能，是引导驾驶员合理选择路径的标志。

3. 禁令标志

设置于项目扩建施工期间，发挥临时交通管理功能。如限速标志、禁止停车、禁止超车等交通标志。

①限速 80 公里/时，限速 60 公里/时，限速 20 公里/时等：设置在警告区护栏外侧或上游过渡区、缓冲区、工作区内。

②解除限速标志，解除禁止超车：设置在终止区。

③左侧变窄，右侧变窄：设置在警告区护栏外侧。

④注意落石，道路施工，左侧绕行，右侧绕行：设置在警告区护栏外侧或上游过渡区、缓冲区、工作区内。

⑤警告标志：该类标志颜色为黄底、黑边、黑图案，形状为等边三角形，顶角朝上，警示驾驶员安全行车。在施工出入口处，设置警告标志，并增设太阳能警告灯，进一步加强行车与施工安全性。

二、临时交通标线

临时交通标线包括车道边缘线、车道分界线、路面标记、导向箭头等，标线设计按照《道路交通标志和标线》（GB 5768.4—2017）等执行。其中临时标线的总体要求如下：

①作业区临时标线的主要技术指标应不低于永久标线的设计指标，临时交通标线颜色宜为橙色；

②应考虑永临结合问题，新增的临时交通标线应与保留的老路交通标线、新路永久性交通标线配合使用；

③标线材料的使用，在施工期间优先考虑能为临时通行车辆提供清晰的信息之外，还应考虑标线材料的易清除性；

④标线的设置方案不得与临时交通标志相互矛盾；

⑤在道路、周边空间条件、自然环境等合适的情况下，标志和标线应同时设置。

不同工况下，临时交通标线的设计方案如下：

1. 封闭内侧车道施工

封闭内侧车道进行长期或中期施工时，借用硬路肩行驶，此时设置临时标线且清除原有道路标线，并在封闭车道边缘线外侧设置临时隔离设施。

2. 半幅双向通行

半幅双向四车道通行时，应设置临时交通标线，包括车道边缘线、车道分界线，用于渠化同向交通、分离对象交通。

（1）利用拼宽临时路面双向通行。

利用拼宽临时路面半幅双向通行时，应对临时拼宽路面设置临时交通标线，此时原路面两车道行车方向改变，设置临时行车方向标线，外侧拼宽路面应设置临时交通标线。

（2）利用拼宽永久路面双向通行。

利用拼宽永久路面半幅双向通行时，应对临时拼宽路面设置临时交通标线，此时内侧两车道行车方向改变，设置临时行车方向标线，但该方向外侧车道边缘线可设置永久性标线，施工完毕后不需重新设置，而外侧拼宽路面则设置临时交通标线，施工完毕后清除。

3. 转序区

转序区临时交通标线设置包括半幅双向转双幅双向转序区临时交通标线设置和半幅双向转半幅双向转序区临时交通标线设置。

临时交通标线设置应满足规范要求，并在转序区前设置纵向减速标线与横向减速标线。

4. 立体交叉匝道附近改扩建

立体交叉匝道附近改扩建作业时，若新建临时匝道或改变原有匝道路口位置，应设置临时交通标线。

三、临时隔离设施

临时隔离设施包括移动式钢护栏、混凝土隔离墩、锥形路标、防撞桶、安全带等。其设置依照设计文件以及其他相关规范及规定进行，布设时注意临时设施与永久设施相结合。

根据行车安全性及施工安全性，对隔离设施设置进行如下规定：

1. 路侧

（1）一般路基段。

路基拼宽施工阶段，最大需开挖至路面以下约 2~3 米，隔离行车区和作业区采用移动式钢护栏连续布设（行车限速 60 公里/时）。路面施工完毕利用半幅对向四车道通行前，可先行安装路侧永久护栏，减少临时护栏设置。

（2）纵断面抬高路段。

对于纵断面抬高不超过 2.0 米路段，均采用移动式钢护栏连续布设隔离行车区和作业区（行车限速 60 公里/时）；对于纵断面抬高大于 2.0 米或桥梁临时防护，则采用混凝土隔离墩连续布设方式隔离行车区和作业区（行车限速 60 公里/时）。

（3）临时便道。

临时便道主要是指用于社会车辆保通的临时道路，均采用波形梁钢护栏用作临时防护。

（4）临时便桥。

临时便桥不设置护栏，则均采用混凝土隔离墩用作临时防护。

2. 路中

隔离对向行车采用移动式钢护栏，连续布设。

3. 其他

桥梁、涵洞、天桥等构造物路段施工，前后 20 米范围内均采用混凝土隔离墩，连续布设，加强防护。需要进行交通改道转换的路段采用混凝土隔离墩，连续布设，确保安全。事故多发路段，基于安全考虑，采用混凝土隔离墩连续布设方案。

（1）移动式钢护栏。

移动式钢护栏应采用锁扣或其他形式进行连接并在迎车面应贴轮廓标，保证夜间行车导向性及安全。

（2）混凝土护栏。

混凝土护栏基础采用提前预埋处理，护栏现浇。

各节护栏端头上半部分预埋连接部矩形钢管，两节护栏对齐就位后，插入工字钢连接栓，将混凝土连成整体。排水孔设计应满足当地降水特性。

（3）锥形桶。

为规范行车秩序，施工过程中部分临时车道的边缘线为原老路车道分界线（6/9 虚线），建议临时车道边缘位置采用锥形桶，3 米设置一个。

锥形桶应满足夜间反光要求。

设在需要临时分隔车流、引导交通、保护施工现场设施和人员等场所周围或以前适当地点，本项目主要用于时间较短的交通诱导。

（4）防撞桶。

防撞桶设置宜满足下列要求：

①临时分流鼻端、临时紧急停车带起终点处宜设置防撞桶。

②路段施工期间，防撞桶和混凝土隔离墩可间隔设置，能够提高夜间行车的视认性，保障行车安全。

③防撞桶宜采用进口 PE 树脂，桶中空灌沙或加水，具有缓冲弹性，能有效

吸收强大撞击力,降低交通事故程度;组合使用,整体承受力更强,更加稳固。

④防撞桶桶色为橘红色,色泽鲜明亮丽,贴上红白反光膜增强夜间视认性。

(5)临时隔离栅。

路基开挖阶段,由于护栏还未拆除,将原老路隔离栅拆除后移至护栏外侧并固定于立柱上,防止施工人员随意进入高速。临时隔离栅设置宜满足下列要求:

①隔离高度应不小于1.5米,靠近城镇区域的隔离栅高度应不低于1.8米。

②填方路段隔离网宜采用50毫米×50毫米×1.5毫米网片,可充分利用老路原有隔离栅。

③挖方路段宜采用彩钢瓦进行临时隔离,隔离高度应不小于1.5米,彩钢瓦厚度为0.25毫米。

四、临时诱导设施

主线拓宽施工时,应设置临时诱导设施,提示驾驶员注意道路状况的改变,并进行视线诱导。

(1)为确保拓宽施工时高速公路的安全畅通,必要时应设置线形诱导标。

(2)诱导标包括普通标志及太阳能诱导标,与施工标志配合使用。

(3)在路侧或中央分隔带设置混凝土隔离墩时,在混凝土隔离墩正面与侧面交角处贴三类反光膜。

(4)在扩建过程中,在过渡区、缓冲区及互通作业区等处应设置施工警示灯,可采用太阳能警示灯。

五、其他

本项目临时交通工程涉及的设施可重复利用。本项目施工期间部分临时设施在使用过程中会出现不同程度的损毁或破坏,因此在临时设施数量计量过程中酌情考虑。

(1)作业区标志。作业区临时标志等,考虑损坏、丢失情况,按照5%年损耗率进行综合计量。

(2)指路标志。路段内和路网范围内设置的临时指路或引导标志,一般不会出现损毁等情况,故不考虑损耗。

（3）锥形桶。锥形桶在运送安装阶段会有部分丢失或损坏，使用过程中丢失和损毁情况也较为多见，按照 1.2 的损耗系数综合计量。

（4）混凝土隔离墩。混凝土隔离墩在吊装或搬运过程中有破损情况，建议按照 5% 年损耗率进行综合计量。

（5）防撞桶。防撞桶在运送安装阶段会有部分损坏，使用过程中也会出现被事故车辆撞毁的情况，按照 1.1 的损耗系数综合计量。

（6）临时标线。在路面施工第一阶段需要施画临时标线，下阶段罩面中予以覆盖，不考虑损耗情况。

（7）可变箭头信号、施工警告灯、临时安全警示灯均按 1.1 的损耗系数综合计量。

根据项目分标情况，路基和路面各为一标，考虑路基施工完毕后余下的临时设施全部利用至路面施工阶段。具体设施的设置位置、间距等还应根据施工现场实际进行调整。

8.4 互通施工临时设施

路段施工期间，所需临时设施主要包括隔离设施、防撞设施、临时护栏、路栏、临时标志、临时标线等。

在路基拼宽和路面拼接期间，道路无路侧护栏，行车安全存在隐患，因此需要设置临时护栏与其他隔离设施用以防止车辆驶出道路；在半幅道路双向行驶期间同样需要用隔离与防撞设施隔离对象车流，从而保证行车安全；封闭施工区需要路栏以及隔离设施等。

为确保各个阶段在拆除路、车标志后给驾驶员提供必要的道路交通信息，每个阶段需设置完善的临时交通标志，临时交通标志主要包括施工预告标志、警告标志、禁令标志、分流标志、指示标志和指路标志。禁令标志，仅设主线限速标志，其他禁令标志取消；警告标志，增设"施工道路车辆慢行""道路施工谨慎驾驶"等施工警告标志；指示标志，跨线桥上的标志取消；指路标志，如前方 2 公里/1 公里/500 米出口预告，服务区 2 公里/1 公里/500 米预告，服务区出口、地点距离、收费站预告，分合流诱导标等标志放置于紧急停车岛（小于 2 米的标志放置于中央分隔带）；远距离的服务区预告、著名地点、车距确认、指向路政、交警单位的指路标志取消；增设事故报警电话号码公告牌，方便紧急事件发生后的报警。

互通立交施工区范围的某些匝道的通行功能可能发生改变，例如使用临时便道代替改建施工的匝道，或是匝道由单向匝道改成双向匝道等。为了使驾驶员能够适应这种匝道通行功能的改变，在互通立交前的一定路段范围内需要设置相应的施工提示标志，如可变信息板，提前告知驾驶员互通施工区的交通通行情况。再如，施工时利用了路肩来拓宽车道，需要设置相应的交通标线，进行车道划分，并指示行车方向等，保证施工区的道路通行权明确，避免出现交通拥堵现象。

为保证道路施工人员和车辆的安全运行，在施工路段需要设置临时安全设施，如黄闪灯、LED 箭头灯、诱导标、锥形桶及防撞桶、路栏等。这些设施可以提醒驾驶员施工段的道路变化情况，有利于引起驾驶员注意，减速或按规定的道路行驶。

8.5 桥梁、通道施工临时设施

高速公路原有桥梁上部结构主要为钢筋混凝土预制空心板、预应力混凝土预制空心板、预应力混凝土先简支后连续预制箱梁、现浇箱梁等。下部桥墩结构有柱式墩、薄壁墩等形式，桥台采用柱式台、肋板台、薄壁台、重力式台；基础采用桩基和扩大基础。

原有整体式路基宽 28 米，中央分隔带为 3.0 米；本次改扩建设计整体式路基对应加宽改建为 42 米。本次改扩建工程量大，影响因素众多，在施工期间要保证不中断交通，就必须结合实际情况，综合各方面因素，按照最大限度利用原有结构的基本原则进行全线桥梁的加宽改建设计。

借鉴桥涵加宽拼接技术研究成果（详见《桥涵加宽拼接技术及设计验算规范研究报告》），依据差异沉降单项荷载计算与组合计算结果，确定新、旧桥梁基础之间的差异沉降容许值为 5 毫米，在各种效应组合下，对横接板进行了结构设计，结果表明，通过适当的措施，采用钢筋混凝土构件可以实现新、旧桥梁的良好拼接，满足新、旧桥及拼接构造的受力要求。项目沿线地质状况以亚黏土、亚砂土、砂、砾石层为主，地质状况良好。通过研究可知，全线桥梁的工后沉降均能控制在 5 毫米以内，可以满足上部结构拼接控制指标的要求，方案比选见表 8.1。

表 8.1 方案比选表

连接方式	方案一 湿接缝连接	方案二 铰缝连接	方案三 横隔板连接	方案四 混凝土铰连接	方案五 纵向桥面连续
优点	①整体性好，确保新旧结构整体共同受力；②湿接缝连接处刚度较大，并在板端部设置加强横梁，确保有足够的强度去抵抗因收缩徐变和基础沉降等产生的附加内力及变形；③桥面铺装现浇层参与受力，共同抵抗连接处附加内力及变形；④避免拆除原桥下部；⑤加宽后桥面美观、行车舒适；⑥后期养护成本低	①整体性好，确保新旧结构整体共同受力；②桥面铺装现浇层参与受力，共同抵抗连接处附加内力及变形；③加宽后桥面美观、行车舒适	①整体性较好，新旧结构能共同受力；②横隔板能够抵抗因收缩徐变和基础沉降而产生的附加内力及变形；③避免拆除原桥下部	①加竟桥与原桥之间混凝土铰连接，允许产生较小变形，通过变形消减部分附加内力；②可减少连接处不规则裂缝；③加宽桥基础沉降及行车对原桥影响较小；④避免拆除原桥下部	①基础不均匀沉降对其原桥影响小；②避免拆除原桥下部；③施工简单，周期短
缺点	①对于连接的时间以及不均匀沉降的控制范围要求较高；②施工工艺较复杂，植筋数量较多	①对于连接的时间以及不均匀沉降的控制范围要求高；②铰缝宽度很小，容许变形能力差，在不均匀沉降作用下易开裂；③基础不均匀沉降对其原桥影响大；④需拆除部分原桥下部，施工难度大；⑤施工工艺较复杂，植筋数量较多	①连接后，加宽桥与原桥产生较大不均匀沉降时，对加宽桥与原桥影响大且集中，横隔板易产生的内力比较集中，横隔板易开裂；②施工工艺较复杂，植筋数量较多；③横隔板之间桥面纵向连续，局部易产生纵向裂缝，影响美观以及使用寿命；④后期养护成本较高	①整体性较差；②对混凝土铰施工要求高；③加宽桥与原桥连接处产生较大变形时，会导致桥面铺装纵向开裂，影响加宽后桥面美丽程度及行车舒适性；④后期养护成本较高	①整体性差；②原桥与加宽桥仅靠桥面现浇层连接，桥面铺装易产生纵向裂缝，影响加宽后桥面美观程度及行车舒适性；③后期养护成本高
综合评价	较好 推荐方案	一般 比较方案	一般 比较方案	一般 比较方案	较差 比较方案

经分析比较，主线上跨的桥梁扩建方案推荐采用上部构造连接下部构造不连

接的方案。

施工时应在待加宽主线上跨桥（通道）的下面设置防落网。桥梁护栏撤除后，则在旧护栏内侧设置防撞砂包，并在砂包外侧每 5 米设置锥形交通标，每个桥头设置频闪灯、硬质塑料沙马。如果是大桥加宽，则还需在旧护栏前方沿行车方向的起点 2 公里、1 公里、300 米、150 米处设置"前方施工，交通管制 2 公里""前方施工 1 公里""前方施工 300 米""前方施工 150 米"等警告标志，并设置限速标志。在桥尾设置频闪灯一只，在距桥尾 1 公里处放置太阳能爆闪灯一只；大桥结束后设置解除限速标志。通道采用间隔施工，在施工通道设置"道路施工，禁止通行"标志，在通道相邻道路上设置禁止标志和指路标志。

8.6 交通保畅宣传

为取得群众的谅解和告知出行如何选择合理的路径，项目在施工前应在有关媒体（报纸、电台、手机短信）和主要入口处提前公告改扩建交通封闭或管制措施，包括具体路段长度、时间、分流措施。同时派发传单给来往车辆，充分利用可变情报板、有线广播等引导交通，防止作业区段交通拥堵。

在物联网、智能化、信息化迅速发展的时代，创新开发改扩建项目智慧交通系统，利用路网拓扑、浮动车路况和交通管控机器人等对施工路段交通流进行实时监测和评价，利用大数据分析手段对往来车辆峰值进行实时推送。同时，搭建交通数据融合分析平台，实现交通网络数据和路侧交通设备的数据融合，辅以数据分析、算法建模等技术，定制出高速公路改扩建项目建设交通流监测系统方案，根据路况场景自动匹配规划施工组织计划，有效缓解改扩建项目实施过程中对区域路网的干扰，以数字化、信息化赋能改扩建项目管理。

在智慧交通管理平台中，现场交通维护人员可以通过移动端实时了解交通流信息，提前对可能发生的拥阻及时做好应对措施，管理人员也可通过监测系统，实现对全线交通流量、道路运行情况的实时在线监管。

诱导点和分流点的实施主体为以政府为核心的管理机构；对于管制点以及针对施工作业面和构造物的施工点，实施主体为施工组织单位，并将随着施工进程进行动态调整。

8.7 作业区设施方案

高速公路施工作业区是为高速公路养护和维修作业而设置的特殊交通管理区域。由于高速公路施工作业过程中通常并不中断交通，施工路段受施工作业的影响比较大，往往出现车道数量减少并存在车辆合流、跟驰和分流等复杂运行状况，因此，路段通行能力下降、交通延误加剧、交通事故率上升。

一、作业区的划分和设施

1. 作业区划分

施工作业区包括警告区、上游过渡区、缓冲区、工作区、下游过渡区、终止区六部分。常见的机动车道作业区组成示意如图 8.1 所示。

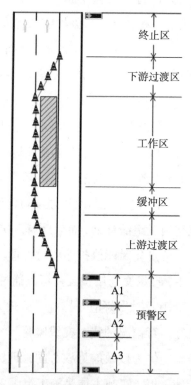

图 8.1 作业区各组成部分示意图

（1）警告区。

警告区逆行车方向依次一般分为三段或四段：A1，A2，A3，或 A1，A2，A3，A4。根据道路上游速度与施工作业区速度差值、施工条件和通行条件的不同，警告区可分别选取三段式或四段式。常见的警告区累计长度取值见表 8.2。每段的长度一般选取 400~600 米。

表8.2　高速公路公路警告区最小长度

公路等级	设计速度/(km/h)	交通量 Q/[pcu/(h·ln)]	警告区最小长度/m
高速公路	120	Q≤1400	1600
		1400＜Q≤1800	2000
	100	Q≤1400	1500
		1400＜Q≤1800	1800
	80	Q≤1400	1200
		1400＜Q≤1800	1600

（2）上游过渡区。

上游过渡区的长度应结合平移渐变段或合并渐变段设定。作业区两端均有车辆通行时，两端的过渡区均按上游过渡区的要求设置，详见表 8.3。

表8.3　封闭车道上游过渡区最小长度

最终限速值/(km/h)	封闭车道宽度/m			
	3.0	3.25	3.5	3.75
80	150	160	170	190
70	120	130	140	160
60	80	90	100	120
50	70	80	90	100
40	30	35	40	50
30	20	25	30	
20	20			

注：封闭路肩施工作业的上游过渡区长度不应小于表中数值的 1/3。

(3) 缓冲区。

机动车道的缓冲区长度根据作业区相关道路的限制车速确定（表8.4），高速公路施工作业区的缓冲区长度不得小于100米。

表8.4 纵向缓冲区最小长度

最终限速值/（km/h）	不同下坡坡度的纵向缓冲区最小长度/m	
	≤3%	>3%
80	120	150
70	100	120
60	80	100
50	60	80
40	50	
30、20	30	

注：工作区和纵向缓冲区与非封闭车道之间宜布置横向缓冲区，其宽度不宜大于0.5米。

(4) 工作区。

工作区的范围和大小根据实际施工作业需要确定，最大长度不宜超过6公里。

(5) 下游过渡区。

下游过渡区的长度不宜小于30米。

(6) 终止区。

作业区的后部应设置终止区。解除限速标志应设置于终止区的后端点处。终止区的长度不宜小于30米。

2. 作业区设施

(1) 作业区标志。

用以通告道路交通阻断、绕行等情况，设在作业区前适当位置。其尺寸和规格应符合 GB 5768.4—2017 中 5.1 的要求。

(2) 警告标志。

用以对车辆、行人起到警告的作用。警告标志的种类、规格及设置地点均应符合 GB 5768.2—2022 中 7 的相关要求。

（3）禁令标志。

用以对车辆、行人起限制作用。禁令标志的种类、规格及设置地点均应符合 GB 5768.2—2022 中 5 的相关要求。

（4）指示标志。

用以对车辆、行人的行为提出指示。指示标志的种类、规格及设置地点均应符合 GB 5768.2—2022 中 6 的相关要求。

（5）可变信息标志。

用以显示作业区及其附近道路的基本信息，应符合 GB 5768.2—2009 中 3.17 的相关要求。

（6）锥形交通路标。

锥形交通路标用于预告作业区，或用作标识性隔离，产品应符合 GA/T 415 和 JT/T 595 的相关规定。相邻锥形交通路标的间距不应超过表 8.5 所示的最大值。

表 8.5 锥形交通路标间距最大值

限制车速/（km/h）	锥形交通路标间距最大值/m	
	渐变段	非渐变段
≤40	2.0	2.0
50	2.0	4.0
60	2.0	6.0
≥70	2.0	10.0

（7）路栏。

用以阻挡车辆及行人前进或指示改道，设于因作业被阻断路段的两端或周围。其规格应符合 GB 5768 的要求。

（8）水马。

应符合《公路养护安全作业规程》（JTG H30）中车道渠化设施的设置要求，设置时应连续。

（9）移动式防撞护栏。

便于拆除且可多次使用的护栏，防撞等级为经实车碰撞后的 B 级或以上。

（10）施工区挡板。

设置高度不应低于 1.8 米，距离交叉路口 20 米范围内的设置高度应降为 0.8~1.0 米，其上部应采用通透式围挡搭，设至原设置高度。

（11）消能桶。

色彩鲜明，能引起司机注意危险三角地带，并起到引导司机视线的良好作用，保证行车安全。对碰撞车辆有很好的吸收能量、衰减缓冲的作用，减轻交通事故中车辆的损坏和事故损失。

（12）自发光警告设施。

采用太阳能供电，也可用市电，或兼容双模式供电。可独立或附着安装于支撑架、车辆、护栏、标志等设施，设置于上游过渡区或缓冲区的前端，一次充满应至少能满足 48 小时满负荷使用，使用寿命不得低于 36 个月。

一套闪光警告设施应能根据需要形成多种图形和动态模式，图形包含横向箭头、竖向箭头、圆灯、横杠、竖杠、叉、禁止进入；动态模式为恒亮、慢闪（1s 亮，1s 灭）、快闪（0.5s 亮，0.5s 灭）、流水；每个灯头的灯色为红、黄、绿可换，且每个灯头的直径应在 6~8 厘米。

（13）夜间照明设施。

夜间进行的道路施工，应设置照明设施。对于施工操作所需的照明，在满足作业需求的前提下，应避免造成驾驶员眩目。

（14）施工警告灯。

施工警告灯应在夜间的作业路段和锥形交通路标处设置。

（15）占路施工公示牌。

全天作业和限时作业应在明显位置设置占路施工公示牌。

（16）反光设施。

交通路锥、防撞桶反光膜采用《道路交通反光膜》(GB/T18833—2012) 中Ⅳ类反光膜执行。作业区荧光橙反光膜实施前也应送检。

（17）箭头标志板。

箭头标志板的使用应符合《公路交通安全设施设计规范》（JTG D81—2017）中的相关要求。

3. 设施的设置要求

根据实际情况，高速公路主路上占道作业路段的限制车速应经行政部门批准，建议除特殊要求外，一般采用不低于60公里/时，不高于80公里/时的限速。

作业区相关标志应设置在中央分隔带、道路路肩外等位置。标志的设置高度及角度应符合JTG D82—2009中2.3的规定。

作业区相关标志一般设置于作业路段的右侧。作业区与道路右侧间距较大和对内侧车道影响较大的，宜在左侧增设警告和禁令标志等。需改变反向车道车流方向的，作业区两侧的道路上均应设置相应设施。

作业区相关标志在同一横向或竖向并设时，应按禁令、指示、警告的顺序，遵循先上后下、由左及右的原则设置。

原则上，与作业区相邻的机动车道应保证3.5米的最低宽度。不能满足最低宽度要求的，应封闭该车道。

对于多天作业和限时作业，应进行作业围挡。施工区挡板上应设置施工警告标志，上游应设置自发光警示设施。

应在缓冲区内设置路栏、消能桶、作业区标志、自发光警告设施等设施。宜在上游过渡区内设置消能桶、作业区标志、自发光警告设施等安全设施。

渠化设施的设置应呈线性整齐。在机动车道的相邻锥形交通路标之间宜使用挂链。

占用多条车道时，上游过渡区应按单车道依次设置，相邻上游过渡区之间应设置纵向缓冲路段。

出口匝道上的作业，可结合匝道起点处设置设施。

入口匝道上的作业，应满足最小通行宽度。

在高速公路路肩及其以外区域上作业时，应在作业区的预警区前端设置作业区标志。根据实际情况，可省略其余设施。

缓冲区、过渡区内除规定设备外，不得放置任何设施。

作业区标志与现有标志间距为 60 米，如受条件所限，可适当调整，如作业区标志设于路外，标志与路肩净空为 25 厘米，作业区标志配备的交通警示灯、箭头标志板应同频闪烁或恒亮。

限速标志及与限速标志相关的组合标志在车道封闭前安装，在车道恢复正常通车后拆除，安装或拆除的时间不得超过 1 小时。

路栏设于作业区起始处，太阳能导向箭头设于路肩宽度渐变处。

二、作业区道路交通标志

1. 作业区道路交通标志

由于道路作业而设置的临时警告和指路标志，底色为橙色或荧光橙色；临时指示和禁令标志，底色不变。照明条件不好、能见度差的作业区，临时警告和指路标志底色宜采用荧光橙色。作业区临时标志均可采用主动发光标志。作业区交通标志宜采用 GB/T18833—2012 中 IV 类、V 类反光膜。设置于警告区的标志尺寸根据该路段的设计速度确定，设置于作业区其他位置的标志尺寸根据作业区的限制速度确定。作业区交通标志应易于搬动和运输，能简单快速地安装和拆除，安装后结构稳定。

2. 施工标志

施工标志和相关辅助标志设置于作业区。作业区距离标志，用以预告距离作业区的长度，设置于警告区起点附近，辅助标志上的数字宜取警告区长度值。作业区长度标志，用以预告作业路段长度，设置于缓冲区起点附近，辅助标志上的数字宜取缓冲区长度与工作区长度之和。作业区结束标志，用以说明作业区结束位置，设置于终止区之后。辅助标志上的数字应取整。

3. 车道数变少标志

根据作业区车道封闭情况，选择车道数变少标志图案，设置于警告区中点附近。

4. 改道标志

用以告示车辆改道行驶，用于借用对向车道或改道于便道的作业区，设置于警告区中点附近。

5. 橙色箭头标志

用以指示车辆离开作业区所在道路、绕过作业区返回到原路的绕行路径。橙色箭头附着于绕行路线沿线原有指路标志的支撑结构上,箭头指向绕行路线的方向。箭头的高度宜不小于所附着指路标志的字高。

6. 绕行标志

用以指示前方道路作业封闭的绕行路线。设置于作业封闭路段前方的交叉口前,用黑色箭头表示绕行路线。

7. 线形诱导标

用以引导作业区行车方向,提示道路使用者前方线形(行驶方向)变化,注意谨慎驾驶。基本单元尺寸取值按照 GB 5768.2 的相关规定执行。

8. 注意交通引导人员标志

用以告示前方有交通引导人员指挥作业区路段的交通,设置于交通引导人员之前至少 100 米处。

9. 出口关闭标志

用以表示高速公路或城市快速路的出口因作业关闭的情况,宜附着于关闭出口的 2 公里、1 公里、500 米出口预告标志和出口标志上,字高不低于 50 厘米。根据需要,可于关闭出口的前一个出口前增加设置,并以辅助标志说明关闭出口的名称或编号。

10. 出口标志

当作业区影响驾驶人对出口的判断时,用以指示出口,可根据需要设置。字高不低于 50 厘米。可以辅助标志说明出口的名称或编号。

11. 行人、非机动车通道标志

当作业区占用人行道、非机动车道时,用以指示临时的行人和非机动车绕行通道,设置于绕行通道前适当位置。

12. 移动性作业标志

用以警告前方道路有作业车正在作业,车辆驾驶人应减速或变换车道行驶。移动性作业标志悬挂或安装于工程车或机械之后部,也可单独设置于移动作业区前。单独设置时标志边长不应小于 100 厘米,下缘距离地面应不小于 50 厘米。标志为橙色底黑色图案,背面斜插色旗两面。

三、作业区道路交通标线

作业区交通标线为临时性标线,用于管制和引导作业期间的交通流;作业区交通标线应根据作业区交通组织的需要,按照 GB5768.3 的相应规定选用;作业区交通标线颜色为橙色,尺寸应符合 GB5768.3 的规定;夜间无照明的作业区应采用反光标线材料。

四、作业区布置的一般规定

作业区交通标志、标线及其他设施,是针对作业期间设置的临时性设施,作业完成后应及时拆除并恢复原交通标志、标线及其他设施。作业区设置交通标志、标线及其他设施时,应从警告区开始,向终止区推进,移除顺序应与设置顺序相反。公路上与作业区相邻的机动车道宽度不应小于 3.0 米,城市道路上不应小于 2.75 米,否则应封闭该车道。除移动作业区外,必须设置渠化设施分隔作业区域和交通流。分隔对向交通流时宜使用活动护栏,可使用塑料注水(砂)隔离栏,条件不具备时也可使用交通锥、交通桶或交通柱。渠化设施的设置范围包括上游过渡区、缓冲区、工作区及下游过渡区。交通锥、交通桶、交通柱的间距不宜大于 10 米,在上游过渡区宜适当加密。位于道路交叉范围内的作业区和临时作业区可根据实际情况简化上游过渡区、缓冲区、下游过渡区的渠化设施的设置。

除移动作业区外,作业区应根据实际交通组织设置作业区交通标志:警告区起点应设置作业区距离标志,预告作业区位置;作业区车道数减少时,应设置车道数变少标志;作业区借用对向车道或便道通行时,应设置改道标志;上游过渡区内,应根据实际情况设置线形诱导标或可变箭头信号;作业区较长时,缓冲区起点宜设置作业区长度标志;工作区前应设置路栏;终止区末端宜设置作业区结束标志;需要绕行其他道路的作业区交通组织,应设置橙色箭头或绕行标志;根据实际需要设置其他作业区标志;临时作业区可根据实际情况缩短作业区距离标志与上游过渡区的距离,并简化车道数变少标志、改道标志、作业区长度标志、作业区结束标志的设置。

在上游过渡区的起点前应设置限速标志；在缓冲区和工作区可根据需要重复设置；终止区末端对作业区的速度限制应予解除；原路段限速值与作业区限速值差值较大时，宜进行限速过渡。位于交叉口的作业区、临时作业区和移动作业区可简化限速标志设置。

无中间带路段内侧车道的作业区和借用对向车道组织交通的作业区，对向应设置作业区交通标志、标线及其他设施。

长期作业区，已有交通标志和标线适用于道路作业期间交通通行时，应予以保留并维持整个作业期内其良好状态；已有交通标志和标线与作业期间交通组织冲突时，应予以去除或遮挡。

移动作业区应在移动作业车上安装移动性作业标志或可变箭头信号，并宜配备交通引导人员，或在移动作业车后方设置安装有移动性作业标志或可变箭头信号的保护车辆，也可在移动作业车上配备车载防撞垫。

作业区夜间宜设置照明或主动发光标志，除移动作业区外，同时应设置施工警告灯。施工警告灯应设置在路栏顶部，同时宜设置在渠化设施的顶部，也可同时设置在围绕工作区的其他设施上。设置间距不宜大于 20 米，高度宜为 1.2 米且不应低于 1.0 米。

作业区附近存在隧道、急弯、陡坡、铁路道口、视线不良等路段时，应根据实际情况增设相应的标志。

五、高速公路、一级公路作业区布置要求

根据需要在警告区起点上游可增设一块作业区距离标志，其与警告区起点距离不宜超过 1000 米。单向三车道及以上时，警告区内设置的作业区交通标志应同时设置于路肩外侧及中央分隔带上。高速公路因作业关闭出口时，应在所关闭出口的出口标志和出口预告标志上附着设置出口关闭标志或遮蔽该出口原有的相关交通标志。作业区影响驾驶人对出口位置和开放情况的判断时，应在受影响的出口前方视线较好的位置设置出口标志。

1. 单向三车道及以上公路因作业区封闭部分车道

同时封闭两条及以上车道时，宜在每条车道设置上游过渡区和下游过渡区。

中间车道作业时，应符合以下规定：一般情况下应封闭作业车道及两侧车道中的一条；交通量大、封闭两条车道会发生严重拥堵的情况时，经交通工程论证后，可只封闭作业车道，但应在道路作业区上游设置前置缓冲区。

2. 作业区借用对向车道

在借用的对向车道结束端应设置线形诱导标或可变箭头信号，指引车辆驶回原车道。在被借用车道的开始端前设置对向缓冲区、对向过渡区和对向警告区，指引对向车辆注意避让。

3. 因作业区道路封闭

在封闭路段两端应设置路栏。高速公路封闭路段的前一出口的主线处、进入封闭路段的入口匝道前均应设置路栏，路栏与主线或匝道宽度相同。应在封闭路段前的交叉口或互通立交出口处设置橙色箭头，指引车辆离开；应在绕行路线沿线设置橙色箭头；在封闭路段后的交叉口或互通立交入口处设置橙色箭头，指引车辆驶回。相关的入口预告标志、出口预告标志、出口标志、出口地点方向标志、交叉口指路标志和绕行路线沿线指路标志上均应附着橙色箭头。宜利用公路信息发布系统发布路段封闭信息。

4. 作业区位于加速车道

加速车道上游主线路段应设置作业区距离标志，其距离汇流点应符合相关规定。匝道上应设置作业区距离标志，如果警告区的最小长度大于匝道长度，作业区距离标志应设置于匝道起点附近。作业区的上游过渡区应延长至匝道内，并应在汇流点前适当位置设置停车/减速让行标志和标线。下游过渡区可不设置，渠化设施应设置至加速车道终点处。

必要时可封闭汇流点附近部分相邻车道。封闭相邻车道时，汇流点前可不设置停车/减速让行标志和标线。

5. 作业区位于减速车道

作业区距离标志应设置在渐变段起点前。作业区可能影响驾驶人对出口的判断时，应增设作业区出口标志。上游过渡区应起始于渐变段的起点附近，可根据实际情况缩减上游过渡区和缓冲区的长度。

6. 作业区位于匝道

作业区位于入口匝道时，如果警告区长度大于匝道长度，作业区距离标志宜设置于匝道起点附近。作业区位于出口匝道时，主线渐变段起点附近应设置施工标志。

7. 作业区位于变速车道相邻车道

作业区位于加速车道的相邻车道上时，主线和匝道上均应设置作业区距离标志。匝道上警告区长度按匝道设计速度选取，如果警告区长度大于匝道长度，作业区距离标志宜设置于匝道起点附近。上游过渡区应起始于鼻端前。

作业区位于减速车道相邻的车道时，应设置渠化设施分离驶入匝道的交通流，设置长度不宜小于300米。上游过渡区设置的可变箭头信号或线形诱导标，应避免影响匝道上车辆。

8. 作业区位于平面交叉

作业区位于交叉口出口外侧车道时，宜将上游过渡区延伸至相邻的右转车道。作业区位于交叉口入口时，可不设下游过渡区。作业区位于交叉口的一个出口时，其余三个方向的入口均应设置施工标志。交叉口中心作业时，四个方向均应设置施工标志。作业区位于交叉口出口并借用对向车道组织交通时，对向车道应按照作业区借用对向车道布置作业区、设置作业区道路交通标志。

8.8 施工作业区管理措施

一、施工作业区的管理

（1）施工作业区应设置警告区→上游过渡区→缓冲区→作业区→下游过渡区。

（2）施工作业区的临时防护设施要充分考虑到雨、雾、夜间等气候条件下的使用功能。

（3）施工单位必须为高速公路上的施工布控区配备专职安全员，实行24小时执勤，服从交警、路政等部门对现场作业秩序和安全组织措施的监督管理，保证现场各项安全防护措施始终处于良好工作状态。不得随意撤除或者改变安全设施的位置、扩大或缩小布控区范围。施工单位应加强对应急通道（紧急停车带）的管理，确保施工区域应急通道的顺畅。

（4）施工单位应当在施工布控区内配备交通管理员（兼设施维护员），原则如下：

①路基施工阶段，按单侧每4公里安排1人；

②桥梁拼接施工阶段，按单侧每500米安排1人，不足500米的桥梁每座安排2人；

③路面施工阶段，按单侧每个施工区域每2公里安排1人；

④高速公路上施工出入口（车辆转向口）安排1人；

⑤施工现场夜间安排值班安全员不少于4人；

⑥特殊地段、路段，交警、路政部门及指挥部应当要求施工单位增配力量加强管理。

（5）交通管理员（兼设施维护员）对辖区临时安全设施巡查维护频率每天不少于6次，遇特殊情况须加密维护次数，增加维护力量。

（6）施工单位应当加强施工布控区在高速公路上出入口（车辆转向口）的管理，专人指挥，对暂时不使用的出入口（车辆转向口）应当设置水马墙（或混凝土隔离墩）予以封闭。

（7）施工工程完工后，施工单位应当先将布控区清理，然后由交通管理员指挥过往车辆慢速行驶，工作人员逆车流方向快速拆除所有标志。

二、施工期间临时安全设施设置

（1）施工单位要按设计要求和路面通行条件，在各类型施工区段设置相应的限速标志，限速标志应清晰、规范、位置合理。

（2）路（桥）侧护栏拆除路段（含护栏外侧挖除路段）的临时安全设施设置。

施工单位因施工需要拆除路（桥）侧护栏的，应提前告知相关单位，并采取以下措施：

①拆除护栏路基路段全线设置诱导设施，设置间距可根据实际情况调整，一般为10~15米；

②一般路段连续设置水马墙（或混凝土隔离墩）进行防护；

③在桥上及临水或落差 5 米以上的路段应当连续设置混凝土隔离墩，特殊位置还应增强防护等级及采取防撞措施；

④桥头路段两侧各设置 30 米混凝土隔离墩防护过渡段，临水及高填方段可根据实际长度确定过渡段；

⑤在护栏拆除路段中分带内按每 3 公里一面的密度设置双面反光警示牌（版面尺寸为 2 米×1.5 米，绿底白字），提醒过往司机"护栏拆除，谨慎驾驶"；

⑥在桥头、临水临崖等特殊路段应当采用灯光照明或设闪烁警告灯；

⑦加强对施工区域施工人员及隔离栅拆除路段沿线居民交通安全管理和宣传，派专人看守隔离栅拆除路段，并采取临时隔离措施（如内移隔离栅或设置铁丝网等），要在人员密集区段悬挂提示牌，防止行人、牲畜和车辆进入高速公路。

三、特殊地段的管理

（1）大中型桥梁周围 200 米范围内不得挖、采、取路用材料，倾倒废弃物，不得进行未经批准的爆破作业及其他危及公路及其设施安全的活动。

（2）需爆破作业的施工路段，中断交通的时间原则上应当控制在 30 分钟以内。爆破时要在距离爆破地点前后大于 300 米处设置禁行线，禁行线前设置预告、警告、限速等标志及相关设施，施工单位要专人负责现场警示。

（3）单侧封闭施工期超过 120 天，车辆在同侧路基内对向行驶，则需在中间带设置可拆卸的半永久性防撞隔离设施（经碰撞试验的达到 B 级以上防护功能的护栏）。

8.9 工程实例

一、以京昆高速（蒲城至涝峪段）为例

京昆高速公路改扩建施工时，为了保证施工和行车安全，需限速行驶，并设置相应的安全隔离设施。同时也要为行驶的司机及时、准确地提供充足而且适量的信息，保证行车和施工安全。因此，临时交通设施的合理设置对交通组织的实

施非常重要。

在拟定研究区域内的诸多分流路径后,需要在更大范围的路网中提前设置分流点,在省界以外对大量过境和始发交通流提前预告,起到疏导和必要的交通管制作用。以按流量流向需求布设,减少干扰;逐层上游疏导,由远即近,地区协调组织;分级分类,按作用功能级配优选为指导原则,设置三级路网分流点,分别为诱导点、分流点和管制点。从网、线、面上进行交通分流。

一级分流点(诱导点):设置在区域路网的市级节点和外省公路入口处,发布分流消息,诱导交通,尽量分离过境交通。

二级分流点(分流点):在区域路网的主要交叉口设置,以强制性的交通疏导为主要功能,并考虑设置部分临时交管设施。

三级分流点(管制点):在京昆高速公路蒲城至涝峪段沿线所有互通入口和西安绕城高速公路与其直接相连的收费站处设置,同样以强制性交通管制为主要手段,解决出现路堵时的交通疏解问题。

各级分流点设置如表 8.6 所示。

表 8.6 诱导点、分流点、管制点设置

序号	诱导点	分流点	管制点
1	禹门口主线收费站入口	上元观枢纽	蒲城收费站入口
2	宁强主线收费站入口	涝峪收费站	荆姚收费站入口
3	汉中收费站入口	东杨枢纽等	富平收费站入口
4			阎良收费站入口
5			高陵收费站入口
6			谢王收费站入口
7			河池寨收费站入口
8			三星收费站入口
9			鄠邑收费站入口

1. 分流路网临时设施

(1) 诱导点临时设施。

共设 3 个诱导点，设置在区域路网的市级节点和外省公路入口处，分别为禹门口主线收费站入口、宁强主线收费站入口、汉中收费站入口，通过交通分流信息集成发布，辅以必要的交通导流措施，实现过境交通分离、诱导。

车辆分流时，需要提前告知驾驶员前方道路状况，使驾驶员及时获得相关路网分流信息，并进行相应的行驶路线选择。因此，可考虑设置大型可变信息标志，提供与驾驶员行车方向相同的广域道路以及直接相连的其他道路的信息，帮助驾驶员在不同道路间选择路径。可变信息板采用彩色 LED 显示屏，应在各个诱导点的相关道路上提前设置，并重复提醒，以便驾驶员根据信息选择合适的路线。可变信息板可以在工程完成后用作路段交通状况提醒。

(2) 分流点临时设施。

共设 3 个分流点，设置在区域内路网主要交叉口，分别为上元观枢纽、涝峪收费站、东杨枢纽，以强制性交通疏导为主，必要定向的交通管制措施为辅，实现关键路段、关键节点的分方向强制性交通分流。

具体的分流点需要设置相应的告示标志、禁令标志以及其他安全设施，引导出行者从主观意愿上实现交通的路径转换。分流点设置于现有道路，沿线与分流相关的交通工程设施主要为告示标志，提示京昆高速公路施工并诱导过往车辆选择其他路径。

①告示标志，布设于高速公路、国省道，诱导、分流车辆，可设置为可移动式或立柱式标志牌。

②禁令标志，配合告示标志使用，用于对过往车辆分车型分流。

③其他安全设施。在分流点设置相应的其他临时安全设施，引导过往车辆按道行驶，保证车辆的安全运行。

(3) 管制点临时设施。

共设 9 个管制点，设置在 G5 京昆高速公路沿线所有重要互通入口，分别为蒲城收费站入口、荆姚收费站入口、富平收费站入口、阎良收费站入口、高陵收费站入口、谢王收费站入口、河池寨收费站入口、三星收费站入口、鄠邑收费站入口。以强制性交通管制为主要手段,强制疏导主线与关键相交路段各方向车辆,全力保障互通出入口各方向分车型交通流有序、顺畅。

在管制点设置相关的标志标线,同时,还需要安排人员在道路施工期间对现场交通进行管理,如交警、交通协管员,并配置交通清障设施用于管理交通。

对沿线管制点的互通形式进行分类,并在管制点处分别设置禁止大货及以上车型通行标志,同时全路段限速40公里/时。每个匝道由1~2人辅助进行交通管制,进行大货车及以上车型分流。

对不同类型的互通路面的不同施工阶段,需在京昆高速公路入口处设置相应的禁令标志,禁止大货车及以上车辆进入高速,其他管制点互通入口处均需设置相应标志。

2. 交通保畅宣传

为取得群众的谅解和告知出行如何选择合理的路径,项目在施工前应在有关媒体(报纸、电台、手机短信)和主要入口处提前公告改扩建交通封闭或管制措施,包括具体路段长度、时间、分流措施。同时派发传单给来往车辆,充分利用可变情报板、有线广播等引导交通,防止作业区段交通拥堵。

对于诱导点和分流点,实施主体为以政府为核心的管理机构;对于管制点以及针对施工作业面和构造物的施工点,实施主体为施工组织单位,并将随着施工进程进行动态调整。

(1)省内宣传。

用华商报、陕西电视一套、陕西广播电台91.6交通台刊登或播报关于京昆高速公路蒲城至涝峪段实行车辆分流通行的通告以及择机、适时、准确地刊发相关信息。

通过可变情报板、广播、电视、网络、横幅等多种宣传方式24小时或分时段进行滚动宣传,利用收费站、治超站向过往司乘人员发放道路指导宣传册、分流路线图和公告,采取设置标志标牌、悬挂横幅、可变情报板等形式及时向社会发布道路通行信息工作,提醒驾驶员准确选择路线及注意行车安全。

①路段宣传。加强与沿线政府、交通、公安部门的联系和协调,动员一切可以动员的力量,利用好当地政府部门管理优势,开辟宣传阵地做好宣传工作。协

助当地宣传部门，在电视、广播、报纸等新闻单位开设专题栏目，加大宣传报道力度。走访与改扩建工程交通保畅紧密相关的生产、物流、运输等企业、村镇、学校，展开有侧重点的宣传引导，多方争取沿线政府、企业、群众的理解、配合与支持。

a. 在各类道路的收费站、交汇点，过往村、镇、县设立指示标志牌，提醒驾驶员准确按照指示标志行车。

b. 利用高速公路跨线桥、隧道悬挂横幅宣传道路通行信息。

c. 充分利用周边公路路段的可变情报板进行宣传。

d. 在各收费站、治超站张贴通告，发放《车辆行驶分流指南》，提醒驾驶员准确选择路线。

e. 在不具备设置信息发布设施的路段或重点路段，安排安装有车载可变情报板的巡查车辆定点值守，发布信息。

②区段交通管制宣传。拆除跨线桥等施工引起交通中断期间，提前一周在《华商报》《三秦都市报》刊登相关信息，并在陕西电视一套、二套及陕西广播电台91.6交通台24小时或分时段滚动播报；在项目路各收费站发放通告、温馨提示卡等宣传资料，并利用可变情报板、横幅等形式进行大力宣传。

（2）省际宣传。

在公安部、交通运输部、陕西省等主要媒体、网站上发布施工公告，引导车流通过榆蓝、连霍等高速入陕，以减轻京昆线的交通压力。利用邻近省份报刊正版版面刊登、省电视台或省广播电台连续滚动式播报关于京昆高速蒲城至涝峪段实行分流通行的通告及择机、适时、准确地刊发相关信息。

在邻近省际的主要交通入口、收费站设置车辆行驶分流指南标牌和车辆行驶分流图标牌，发放宣传卡；在省际收费站、西安周边收费站发放宣传卡，为车辆方便出行，提前引导选择路线和分流，防止发生严重堵车。

a. 在邻近省际交界的主要交通出、入口分别设置大型醒目交通分流诱导标志各2处，提前提醒驾驶员准确选择行车路线。

b. 在省际交界的主要交通入口、收费站、治超站向过往司乘人员发放《车辆行驶分流指南》、张贴《通告》，提前提醒驾驶员准确选择路线及安全通行。

c. 利用《陕西日报》、省电视台、广播电台等省内新闻媒体重点进行不间断的宣传。

3. 互通施工临时设施

互通立交施工区范围的某些匝道的通行功能可能发生改变,例如使用临时便道代替改建施工的匝道,或是匝道由单向匝道改成双向匝道等。为了使驾驶员能够适应这种匝道通行功能的改变,在互通立交前的一定路段范围内需要设置相应的施工提示标志,如可变信息板等,提前告知驾驶员互通施工区的交通通行情况。再如,施工时利用了路肩来拓宽车道,需要设置相应的交通标线,进行车道划分,并指示行车方向等,保证施工区的道路通行权明确,避免出现交通拥堵现象。

为保证道路施工人员和车辆的安全运行,在施工路段需要设置临时安全设施,如黄闪灯、LED 箭头灯、诱导标、锥形桶及防撞桶、路栏等。这些设施可以提醒驾驶员施工段的道路变化情况,有利于引起驾驶员注意,减速或按规定的道路行驶。

4. 桥梁、通道施工临时设施

施工时应在待加宽主线上跨桥(通道)的下面设置防落网。桥梁护栏撤除后,则在旧护栏内侧设置防撞砂包,并在砂包外侧每 5 米设置锥形交通标,每个桥头设置频闪灯、硬质塑料沙马。如果是大桥加宽,则还需在旧护栏前方沿行车方向的起点 2 公里、1 公里、300 米、150 米处设置"前方施工,交通管制 2 公里"、"前方施工 1 公里"、"前方施工 300 米"、"前方施工 150 米"等警告标志,并设置限速标志。在桥尾设置频闪灯一只,在距桥尾 1 公里处放置太阳能爆闪灯一只;大桥结束后设置解除限速标志。通道采用间隔施工,在施工通道设置"道路施工、禁止通行"标志,在通道相邻道路上设置禁止标志和指路标志。

二、以杭宁高速(浙江段)为例

1. 分流点概况

鉴于杭宁高速公路在区域路网中突出的功能和地位,其影响辐射范围不仅包括浙江省内杭州、湖州、绍兴、金华等市,并且延伸到浙江南部地区和安徽东部、江苏、上海等邻近地区。因此，在拟定研究区域内的诸多分流路径后，需要通过在较大范围内的路网中提前设置分流点，在改扩建段范围外即对大量过境和始发交通流提前预告，起到疏导和必要的交通管制作用。

设置总原则：

①按流量流向需求布设、减少干扰；

②逐层上游疏导、由远即近、地区协调组织；

③分级分类、按作用功能级配优选。

以上述设置原则为指导，考虑设置三级路网分流点，分别为诱导点、分流点和管制点。路网分流点布置见表8.7。

表8.7 诱导点、分流点、管制点布置一览表

序号	诱导点	分流点	管制点
1	G2501 杭州绕城高速紫金港枢纽、勾庄互通	G2501 杭州绕城高速南庄兜枢纽、G50 申苏浙皖高速李家巷枢纽、长兴西互通、林城互通、S12 申嘉湖高速湖州东互通、G25 宁杭高速丁山互通	杭宁高速公路余杭互通、德清互通、青山互通、湖州北互通、湖州南互通、长兴南互通、长兴互通、长兴北互通、南庄兜互通、丁山互通；申嘉湖高速湖州东互通；申苏浙皖长兴西互通、林城互通、湖州互通
2	G25 杭新景高速杭州南枢纽、G56 杭瑞高速留下枢纽、G60 杭金衢高速红垦枢纽、张家畈枢纽		
3	S2 杭甬高速沽渚枢纽、齐贤枢纽		
4	G15W 常台高速平望枢纽、观音桥枢纽		
5	G50 申苏浙皖高速宣广枢纽、泗安枢纽		
6	G60 杭金衢高速五里枢纽		
7	S12 申嘉湖高速练市枢纽		
8	S13 练杭高速崇贤枢纽		
9	S48 沪宜高速西坞枢纽、G4011 扬溧高速新昌枢纽、南京绕城高速东山枢纽		

a. 诱导点：当需要远程分流时，在相关路网可设 18 个诱导点，设置在浙江省或相邻省份通往杭宁高速公路施工路段相关的高速公路枢纽互通处以及诱导路径所需处，通过交通分流信息集成发布，辅以必要的交通导流措施，实现过境交通分离、诱导。

b. 分流点：当需要远程分流时，在相关路网可设 6 个分流点，设置在改扩建路段影响区域内路网主要交叉口，以强制性交通疏导为主，以必要的定向交通

管制措施为辅，实现关键路段、关键节点的分方向强制性交通分流。

c. 管制点：当施工路段进行强制性交通管制时，共设14个管制点，设置在杭宁高速公路沿线所有重要互通入口，包括与G104等直接相联系的互通出口，以强制性交通管制为主要手段，强制疏导主线与关键相交路段各方向车辆，全力保障互通出入口各方向分车型交通流有序、顺畅。

2. 网络分流方案

本项目改扩建改造的施工期间，由于存在改扩建历时长、施工路线长等问题，势必需要在较长一段时间内充分调动、整合其他干线路网的潜在运能，以便对大量的车辆进行分流和转移。对分流车辆和潜在分流路径研究，综合施工交通组织方案通行能力计算和服务水平验算，当需要时，按6.3节长途、中途和短途路径进行分流。

第一阶段分流。

第一阶段（即路基施工初期阶段全部完成）对主线交通影响较小，各施工路段通过临时安全设施的采用，基本可维持旧路双向四车道通行。结合施工期预测正常日平均日交通量和节假日平均日交通量，在保证安全有序通行的条件下进行如下分流。

①正常情况。经服务水平分析计算，正常双向四车道路段在第一阶段正常时段完全能满足四级服务水平的要求。

②节假日。即使关键节点施工避开节假日出行高峰时段，但是经服务水平分析计算，正常双向四车道在第一阶段节假日时段除父子岭至夹浦为四级服务水平外，其他路段均不满足四级服务水平的要求。为了使路段能够满足安全、有序通行的要求，宜进行分流或限流措施。在一期工程施工阶段于下午2：00—下午5：00时段关闭长兴至湖州南互通路段沿线互通的部分驶入匝道，于下午4：00—下午5：00时段关闭湖州南互通和青山互通的部分驶入匝道进行限流；在二期工程施工阶段于下午2：00—下午5：00时段关闭德清互通和良渚互通的部分驶入匝道，于下午4：00—下午5：00时段关闭父子岭至长兴和青山至德清路段沿线互通的部分驶入匝道进行限流。其中，以上时段是根据改扩建期间最低的服务水平四级计算的，详见表8.8，由于交通量预测不确定性的客观存在，限流时段宜

根据施工交通组织期间具体的交通量变化以及实际所需的服务水平确定。

表 8.8 节假日改扩建路段高峰限流服务水平计算表

一期工程				
路段	高峰小时交通量/[pcu/(h·ln)]	服务水平（限流前）	服务水平（限流后）	限流/[pcu/(h·ln)]
长兴—李家巷	2203	六级	四级	403
李家巷—湖州北	2123	六级	四级	323
湖州北—鹿山	2219	六级	四级	419
鹿山—湖州南	2051	六级	四级	251
湖州南—青山	1966	五级	四级	166
二期工程				
父子岭—夹浦	1788	四级	四级	0
夹浦—长兴	1902	五级	四级	102
青山—德清	1914	五级	四级	114
德清—良渚	2138	六级	四级	338
良渚—南庄兜	2226	六级	四级	426

第二阶段分流。

第二阶段（即路基施工末期阶段全部完成）对主线交通影响较小，需拆除老护栏侵占部分硬路肩，但都可通过设置临时安全设施维持旧路四车道通行。

①正常情况。经服务水平分析计算，正常双向四车道路段在第二阶段正常时段完全能满足安全、有序通行的要求，一般不需要分流。

②节假日。即使关键节点施工避开节假日出行高峰时段，但是经服务水平分析计算，正常双向四车道在第一阶段节假日时段除父子岭至夹浦为四级服务水平外，其他路段均不满足四级服务水平的要求。为了使路段能够满足安全、有序通行的要求，宜进行分流或限流措施，路网分流方案与第一阶段相同。

第三阶段分流。

第三阶段（即路面施工期完成）进行新老桥梁的拆除以及上部结构拼接和部

分路基上部拼接，采用单幅利用中面层保持双向四车道通行。经服务水平分析计算，正常双向四车道路段在第三阶段除路面上面层施工阶段外，正常日基本满足安全有序通行的要求，其路网分流方案与第二阶段相同。

在路面上面层施工阶段，采用双向四车道通行，经服务水平分析计算，全路段在路面施工正常时段基本满足安全有序通行的要求；即使路面上面层施工避开节假日高峰时段，节假日的服务水平仍不满足服务要求，应对交通流进行分流或限流，其路网分流方案与第一阶段相同。

根据第二章区域路网交通量预测和分析可以看出，采用6.2节分流方案五可以最大程度提高杭宁高速在改扩建施工阶段时的服务水平，即高峰限流。考虑到104国道德清段改扩建的影响，可以远程诱导杭宁高速的部分交通量于杭长高速，采取高峰限流措施以及加强避让高峰时期宣传力度等。

因此，为满足施工阶段道路的服务水平，需在杭宁改扩建段高峰时段限制车流。在正常日保持双向四车道的道路服务水平基本不低于四级，节假日保持双向四车道通行在分流或限流情况下的道路服务水平不低于四级，尤其德清至南庄兜段交通量尤其大，需分流以及在沿线管制点加强交通流管理，如出现拥堵时，需要进行区域路网分流。

第四阶段分流。

第四阶段（即交通工程及沿线设施、景观绿化施工期底完成）属通行条件开始改善的阶段，完成剩余交通工程、沿线设施、绿化及通信工程。

①正常情况。第四阶段至少可保持双向六车道通行，采用施工期预测正常平均日交通量进行服务水平分析计算，完全能满足安全有序通行的要求，不需要分流。

②节假日。经服务水平分析计算，至少保持双向六车道通行，在第四阶段节假日时段完全能满足安全有序通行的要求，不需要分流。

3. 交通保障宣传

充分利用省市电视台、报纸、广播等媒体平台，采取电视、广播新闻、通讯、专题报道、消息、简讯、摄影等多种形式，按照工程建设计划，分阶段、分层次进行宣传。加强与新闻单位的沟通和协调，积极开展正面宣传。建立健全与新闻单位的协作机制，确定宣传协作单位，签订新闻宣传协议，按计划推出有分量、有影响的连续报道，渲染交通保障氛围。不定期召开相关会议互通情况，交流信息，展开宣传攻势。在工程建设的重要和关键时期，组织进行专题新闻采访、摄影、录音等，营造宣传声势。

（1）省际间宣传。

在相邻省份主要媒体、网站上发布施工公告，引导入境车辆提前选择省内其他干线路网，以减轻交通压力。利用邻近省份报刊正版版面刊登、省电视台或省广播电台连续滚动式播报车辆分流通行的通告，以及择机、适时、准确地刊发相关信息。

在邻近省际的主要交通入口、收费站设置车辆行驶分流指南标牌和车辆行驶分流图标牌，发放宣传卡；在省际收费站、周边收费站发放宣传卡，为车辆方便出行，提前引导选择路线和分流，防止发生严重堵车。

（2）省内宣传。

利用省内影响力大的媒体，如浙江日报、都市快报、浙江电视台、浙江人民广播电台等刊登或播报车辆分流通行的通告，以及择机、适时、准确地刊发相关信息。

通过可变情报板、广播、电视、网络、横幅等多种宣传方式 24 小时或分时段进行滚动宣传，利用收费站、治超站向过往司乘人员发放道路指导宣传册、分流路线图和公告，采取设置标志标牌、悬挂横幅、可变情报板等形式及时向社会发布道路通行信息工作，提醒驾驶员准确选择路线及注意行车安全。

（3）路段宣传。

加强与沿线政府、交通、公安部门的联系和协调，动员一切可以动员的力量，利用好当地政府部门管理优势，开辟宣传阵地做好宣传工作。协助当地宣传部门，在电视、广播、报纸等新闻单位开设专题栏目，加大宣传报道力度。走访与改扩建工程交通保障紧密相关的生产、物流、运输等企业、村镇、学校，展开针对性宣传引导，多方争取沿线政府、企业、群众理解、配合与支持。

①在各类道路的收费站、交汇点、过往村、镇、县设立指示标志牌，提醒驾驶员准确按照指示标志行车。

②利用高速公路跨线桥、隧道悬挂横幅宣传道路通行信息。

③充分利用周边高速公路网的可变情报板进行宣传。

④在各收费站、治超站张贴通告，发放《车辆行驶分流指南》，提醒驾驶员准确选择路线。

⑤在不具备设置信息发布设施的路段或重点路段，安排安装有车载可变情报板的巡查车辆定点值守，发布信息。

（4）区段交通管制宣传。

拆除跨线桥等施工引起交通中断期间，提前一周在报刊上刊登实施交通管制的通告，并在省市电视台及广播电台 24 小时或分时段滚动播报；在杭宁高速公路相近收费站、互通枢纽等处设立标志标牌；在高速公路收费站发放通告、温馨提示卡等宣传资料；利用可变情报板、横幅等形式进行大力宣传。

三、小结

本节主要对分流路网临时设施、路段施工临时设施、互通施工临时设施和桥梁及通道施工临时设施等进行了合理设置，并对诱导点、分流点、管制点提出了具体的交通组织实施方案。从临时交通设施合理设置的必要性来看，为了保证施工和行车安全，需限速行驶，并设置相应的安全隔离设施，必要时还要分流部分交通量。同时为行驶的司机及时、准确地提供了充足而且适量的信息，保证了行车和施工安全。

第 9 章
交通组织应急预案

高速公路改扩建施工期间由于通行能力降低、交通处于不稳定状态等，使得一些微小的干扰都可能导致交通堵塞，尤其是造成交通事故等突发事件。同时，高速公路改扩建工期一般比较长，其间改扩建交通组织会经受春运、国庆等节假日交通高峰期，交通疏导的压力非常大。因此，有必要结合交通管制措施拟定应急预案，并建立健全应急工作机制，保障行车顺畅。

9.1 组织机构设置

交通组织应急预案牵涉许多部门，包括交通、公安、路政、改扩建管理处和施工单位等，必须设置一个强有力的工作机构，完善协同工作机制，提高决策效率和准确性，保障高速公路改扩建期间交通顺畅。根据我国现行的行政组织机构模式，建议成立交通组织应急管理三级组织机构。第一级为政府牵头，交通部门、公安部门、沿线政府参与的管理机构；第二级为建设管理单位成立的执行机构，负责管理和审批施工阶段工点的交通组织方案；第三级为施工单位内部的交通保畅人员，宏观上交通组织服从施工方案，微观上施工组织服从交通组织要求。

9.2 项目路周边路网分流应急预案

项目路周边路网应根据受影响程度及时调整交通分流方案，并通过设置临时标志、可变情报板、交通广播和手机短信等方式告知出行者项目路分流方案的调整情况。在确保电煤、蔬菜、鲜活农产品等物资运输畅通及特勤车辆、应急车辆通行畅通的前提下，考虑小车的灵活性特点，可让小车先行、大车后行，以使其影响减小到最低；还可启用便携式收费机等缓解站区拥堵，提高通行效率，确保车辆快速通行。必要时，暂停施工作业，所有施工人员撤离，撤除现场，并请求高速交警协助疏导，对因局部开挖不能及时修复的施工作业面，应完善施工作业区的标志、标牌和警示灯具等以规范安全区的设置，避免发生交通事故。

一、应急处置措施

在加强现场管理的同时，采取以下减缓拥堵的应急处置措施：

（1）加强现场疏导，特别是易产生拥堵的车道并道、变道处等关键点段的指挥疏导。

（2）施工作业面能满足车辆临时通行的，暂停施工，临时收缩封闭车道的宽度和缩短封闭的长度，开通施工车道放行车辆。

（3）道路中央开口部疏导车辆借道通行。

（4）根据情况选择具备分流条件的匝道口进行车辆分流。

二、应急分流预案

突发事件造成交通拥堵，当交通拥堵时间预计在 1 小时以上，或者车辆排队长度超过 1 公里等情况下，虽经现场紧急处置，交通拥堵不能缓解或难以在短时间内恢复正常通行的，根据现场情况，适时启动应急分流预案，以加快恢复正常交通。

一级（现场）分流，各类突发应急事件造成交通堵塞 1 小时不能恢复通行，或交通拥堵车辆达 3 公里以上，启动一级应急分流预案，在施工作业区域两端就近选择交通状况较好的出入口灵活分流。

二级（路段）分流，交通堵塞超过 2 小时不能恢复通行，或交通拥堵车辆达 6 公里以上，启动二级应急分流预案，在高速路段内选择具有较大通行能力、相近路网丰富的立交、匝道等节点处进行分流。

三级（区间）分流，经二级分流仍不能恢复交通的，启动三级应急分流预案，通过省内高速路网提前分流，收费站及沿线相关立交匝道出入口控制出入。

在施工阶段中，除了路基施工阶段的一期工程和桥梁下部结构施工，其余施工阶段护栏均需拆除，设置临时设施。在护栏拆除的施工阶段发生应急事件后，还需根据实际情况在相应路段及时采取施救保障措施。

9.3 项目路交通组织应急预案

一、交通事故下的交通组织应急预案

高速公路改扩建施工侵占部分原道路资源，压缩有限的通行空间，降低道路的通行能力，使交通流极度敏感而且经常处于不稳定状态。如果项目施工影响区内发生交通事故时，可能导致严重的交通堵塞，因此，要预先考虑应对交通事故的紧急措施。交通事故处理流程见图 9.1。

部分时段因大型设备调度、作业高度增大等原因可能会采取限制硬路肩停车或封闭 1 个车道等措施，但只是短时间内的封闭，且是选择在交通量小的情况进行封闭，故此处不进行详细分析，具体可参照其他时段的交通组织方案。

以下对各种交通组织方案发生交通事故时应采取的应急预案进行相应的分析。

1. 两侧整体拼接路段

根据交通事故的严重程度，交通事故可分为 5 种情况。针对各种事故情况，需研究如何利用监控系统、车道使用控制、可变限速控制、可变信息板、出入口匝道控制等措施进行交通诱导分流与组织，保证高速公路改扩建施工期间的安全运营。

（1）无交通阻塞。

无交通阻塞指交通事故发生后未占用行车道，对高速公路上车辆的正常通行

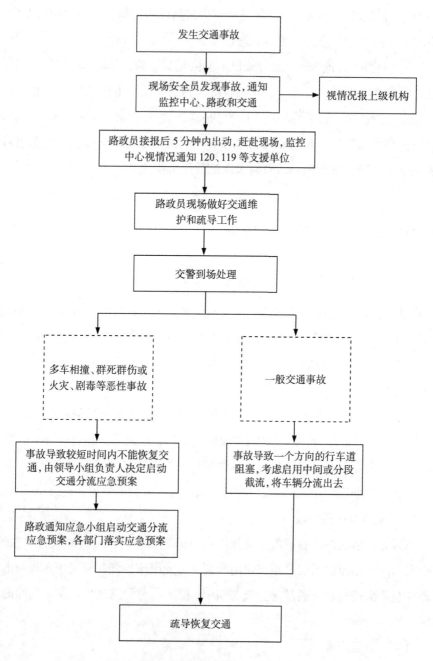

图 9.1 交通事故处理流程

亦未造成较大影响。在此情况下，只需对事故车辆及人员进行必要的转移，而不考虑进行分流和交通组织。

（2）半幅单车道交通阻塞。

半幅单车道交通阻塞指造成某半幅单条行车道通行中断。沿线作业路段交警及其他相关部门需迅速赶赴交通事故现场，对事故地点附近一定区域的车道进行临时封闭，通过该半幅的另一行车道通行，并在第一时间将事故现场信息反馈至该路段监控分中心，监控分中心需及时发布相关信息，同时通过上游的可变限速标志实现限速控制，使上游车辆驾驶人及时获得信息，注意行车安全。

（3）半幅交通阻塞。

半幅交通阻塞指造成半幅通行中断，形成半幅路单向交通堵塞。若对向半幅路的交通量不大，建议利用对向半幅路实现双向通行，必要时可让小车先行，大车后行，将阻塞影响减至最低。

若对向交通量较大，无法转换交通，则建议暂时封闭该半幅进口车道进行事故处理。在此期间，对在该路段行驶的车辆，通过可变限速标志实现限速控制；如图 9.2，在上游互通 2 出入口通过可变情报板完成信息发布，限制车辆驶入，同时强制分流半幅主线交通至周边道路，上游互通 1 出入口通过可变情报板完成信息发布，同时对该半幅主线交通进行诱导，分流至周边道路，对向交通均维持正常通行。

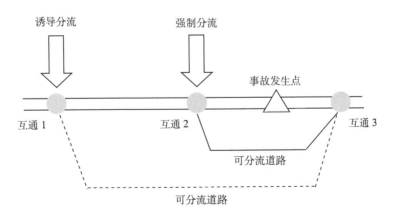

图 9.2 半幅道路阻塞状况下的分流示意

（4）双向三车道交通阻塞。

双向三车道交通阻塞指造成三条行车道通行中断，形成双向不同程度交通堵塞。建议在进行事故处理的同时，封闭单向交通完全中断的半幅路，通过可变情报板发布相关信息，并与高速公路监控系统联网监控，实现联动交通信息发布，对事故发生地上游第一处互通进行交通强制分流，再往前一处互通进行诱导分流；对向半幅路封闭交通中断的行车道，并通过可变限速标志实现限速控制，通过与收费系统的协调，利用收费车道调节入口交通量，控制匝道交通流，并通过可变情报板对即将进入该路段的车辆进行交通诱导分流，使其绕行到其他道路上面。

（5）双向交通中断。

此类交通事故发生将致使整个路段交通完全中断，此时需对事故现场进行迅速处理，对车辆进行有效分流和组织，以求尽快恢复正常通行。建议封闭双向半幅路段的上游交通，完全限制车辆的进入，通过邻近互通强制分流，同时对已驶入该段的车辆和人员进行妥善安排。

2. 单侧分离拼接

根据交通事故的严重程度，交通事故可分为 5 种情况。针对各种事故情况，需研究如何利用监控系统、车道使用控制、可变限速控制、可变信息板、出入口匝道控制等措施进行交通诱导分流与组织，保证高速公路改扩建施工期间的安全运营。

在路基施工阶段与新路路面施工阶段，车辆利用原有路面双向四车道通行；在老路施工阶段，车辆利用新建道路双向四车道通行。单侧分离拼接的具体交通组织与上述双向八车道特殊路段中单侧整体拼接的交通组织相同。

3. 两侧分离拼接

两侧分离拼接段的事故处理可以充分利用旧路既有的监控系统，结合拼接段的临时交通安全设施，依靠多层次的信息发布，通过从整体上控制两侧分离段分合流处的交通组织，达到有效控制事故段交通影响，保证施工期间路段整体的运营安全。

路基施工阶段，新路路面铺筑至水泥混凝土顶面阶段以及新路路面铺筑沥青混凝土阶段时，均是利用老路通行，当路基宽度为 26 米时，硬路基不能用于临时通行,此路段交通事故下的交通组织与前述的一般路段——两侧整体拼接的交通组织相同;当路基宽度为 28 米时,硬路肩可用于临时通行。利用水泥混凝土顶面行车阶段,若发生交通事故,其交通组织与前述的两侧整体拼接下的交通组织相同。以下针对路基宽度为 28 米的路段利用老路通行阶段进行分析。

(1) 无交通阻塞。

此时只需对事故车辆和人员进行必要的转移,无须进行分流和交通组织。

(2) 单车道交通阻塞。

该路段交警、路政人员及其他相关部门人员需立即赶至事故现场,对事故车辆所在车道的一定区域进行临时封闭,建议该方向车辆通过另一行车道及硬路肩临时通行,监控中心需及时发布相关信息,使上游车辆驾驶人及时获得信息,注意行车安全;对向车辆维持正常通行。

(3) 单向双车道交通阻塞。

该路段交警、路政人员及其他相关部门人员需立即赶至事故现场,对事故车辆所在车道的一定区域进行临时封闭,建议该方向车辆通过硬路肩临时通行,监控分中心需及时发布相关信息,同时通过上游的可变限速标志实现限速控制,使上游车辆驾驶人及时获得信息,注意行车安全;对向车辆维持正常通行。

若此段交通量较大,建议通过与收费系统协调,利用收费车道调节入口交通量,控制匝道交通流,并通过上游第一处互通出入口处的可变情报板对即将进入该路段的大车进行强制分流,使其绕行到其他道路上面,将阻塞影响降至最低;上游第二处互通出入口通过可变情报板完成信息发布,同时对该互通大车进行诱导分流。

(4) 双向三车道交通阻塞。

单向两车道阻塞的路段,其交通组织与上述第三种严重程度下的交通组织相同,单车道交通阻塞的路段,其交通组织与上述第二种严重程度下的交通组织相同,此处不再赘述。

(5) 双向四车道交通阻塞。

此时左右侧均为单向双车道交通阻塞,左右侧的交通组织与单向双车道交通阻塞即第三种严重程度下的交通组织相同,此处不再赘述。

4. 左侧整体拼接右侧分离拼接

左侧整体拼接段可参考整体拼宽路段半幅的交通安全设施管理，右侧分离拼宽参考两侧分离拼宽的事故处理思路，同时针对有中央分隔带开口的位置进行组织形式的优化，达到高效处理，尽可能减少事故影响，保障路段的安全运营。

此路段老路路基宽度有 26 米与 28 米两种情况。当路基宽度为 26 米时，硬路基不能用于临时通行，当路基宽度为 28 米时，硬路基可用于临时通行。以下针对路基宽度为 28 米的路段在分离式路基摊铺至沥青混凝土阶段的情况进行分析。

（1）无交通阻塞。

此时只需对事故车辆和人员进行必要的转移，无须进行分流和交通组织。

（2）单车道交通阻塞。

该路段交警、路政人员及其他相关部门人员需立即赶至事故现场，对事故车辆所在车道的一定区域进行临时封闭，当该方向交通量不大时，因硬路肩不符合临时通行的条件，故建议该方向车辆通过该方向的另一行车道通行，监控中心需及时发布相关信息，同时通过上游的可变限速标志实现限速控制，使上游驾驶人员及时获得相关信息，注意行车安全；对向车辆此时维持正常通行。

（3）单向双车道交通阻塞。

该路段交警、路政人员及其他相关部门人员需立即赶至事故现场，对事故车辆所在车道的一定区域进行临时封闭，建议该方向车辆通过对向内侧的两条车道通行；对向车辆则通过紧急停车带与新建路面的最内侧车道临时通行。监控中心需及时发布相关信息，使上游驾驶人员及时获得相关信息，注意行车安全。

（4）双向三车道交通阻塞。

双向三车道拥堵状况是指三条行车道通行受阻，引发双向交通堵塞的情况。在处理事故之前，先封闭因单向交通完全停滞的半幅路面，运用可变信息板传达实时信息，并与高速公路监控体系联网，确保交通信息同步发布。针对事故点上游首个互通立交，实施强制性交通分流；而在其前的互通立交，则采取诱导性分流。对于对向半幅路中断通行的车道，需借助可变限速标志实施速度管制，并协同收费系统，利用收费通道调控进入车辆，管理匝道车流量。同时，利用可变信息板引导即将驶入该区域的车辆进行分流，指引其改道至其他路线。

（5）双向四车道交通中断。

这种交通事故一旦发生，将使整个路段交通全面瘫痪，此时应立即处理事故现场，高效疏导车辆，组织有序通行，力求快速恢复交通。建议封锁双向半幅路段的前端，全面禁止车辆进入，通过周边互通进行强制分流，并妥善安置已进入该路段的车辆与人员。

二、互通上发生交通事故下的交通组织应急预案

匝道原位改建时需修建便道，原位改建时修建的便道在通行期间有可能发生交通事故；匝道原位改建完成投入运营后，需挖除便道，改建好的匝道在挖除便道的通行期间有可能发生交通事故。上述两种交通事故交通组织应急预案类似，根据交通事故的严重程度，交通事故可分为三种情况。

1. 无交通阻塞

无交通阻塞指交通事故发生后未占用行车道，对匝道上车辆的正常通行亦未造成较大影响。在此情况下，只需对事故车辆及人员进行必要的转移，而不考虑进行分流和交通组织。

2. 单向交通中断

发生此类事故时，将造成该匝道某方向交通中断。该匝道的匝道协管员、清障人员应立即对交通事故进行处理，并将事故现场相关信息反馈至所属监控分中心；监控分中心需及时发布相关信息；封闭该匝道发生事故方向的入口；对该方向事故发生地上游第一处互通需利用该匝道通行的车辆进行强制分流，并在该互通前500米至1000米利用可变信息板及时发布相关信息，使上游驾驶人员提前下互通；对发生事故地上游第一处互通与事故发生地之间的需通过该匝道下互通的车辆进行强制分流，使该路段车辆利用事故发生地下游第一处互通通行。

3. 双向交通中断

发生此类事故时，将造成该匝道完全中断。该匝道的匝道协管员、清障人员应立即对交通事故进行处理，并将事故现场相关信息反馈至所属监控分中心；监控分中心需及时发布相关信息；封闭该匝道入口；对事故发生地上游第一处互通需利用该匝道通行的车辆进行强制分流，并在该互通前500米至1000米利用可

变信息板及时发布相关信息，使上游驾驶人员提前下互通；对发生事故地上游第一处互通与事故发生地之间的需通过该匝道下互通的车辆进行强制分流，使该路段车辆利用事故发生地下游第一处互通通行。

三、主线桥上发生交通事故下的应急预案

主线桥拼宽有两侧拼宽、单侧拼宽、局部分离拼宽等情况，依据工可分析，主线桥拼接以两侧拼宽为主，且大部分老桥不需拆除，故此处对两侧拼宽下不拆除老桥的交通事故应急预案进行相应分析。

根据交通事故的严重程度，交通事故可分为五种情况。

1. 无交通阻塞

此时只需对事故车辆和人员进行必要的转移，无须进行分流和交通组织。

2. 单车道交通阻塞

该路段交警、路政人员及其他相关部门人员需立即赶至事故现场，对事故车辆所在车道的一定区域进行临时封闭，建议该方向车辆通过该方向的另一行车道的右侧通行，监控分中心须及时发布相关信息，使上游驾驶人员及时获得相关信息，注意行车安全；对向车辆此时维持正常通行。

3. 单向两车道交通阻塞

该路段交警、路政人员及其他相关部门人员需立即赶至事故现场，对事故车辆所在车道的一定区域进行临时封闭，建议该方向车辆通过该方向老桥桥面外侧通行，必要时可让小车先行，大车后行，将阻塞影响减至最低，并在第一时间将事故现场信息反馈至该路段监控分中心，监控分中心需及时发布相关信息，同时通过上游的可变限速标志实现限速控制，使上游车辆驾驶人及时获得信息，注意行车安全。

若此段交通量较大，建议发生交通阻塞的方向其车辆通过与收费系统的协调，利用收费车道调节入口交通量，控制匝道交通流，并通过上游第一处互通出入口处的可变情报板对即将进入该路段的大车进行强制分流，使其绕行到其他道路上面，将阻塞影响降至最低，上游第二处互通出入口通过可变情报板完成信息发布，同时对该互通大车进行诱导分流；对向交通均维持正常通行。

4. 双向三车道交通阻塞

该路段交警、路政人员及其他相关部门人员需立即赶至事故现场，对事故车辆所在车道的一定区域进行临时封闭，建议单向两车道阻塞方向车辆通过老桥桥面外侧通行，该方向具体交通组织与上述单向两车道交通组织相同；对向则建议通过另一条行车道的右侧通行，建议在进行事故处理的同时，通过可变情报板发布相关信息，通过可变限速标志实现限速控制，并与高速公路监控系统联网监控，实现联动交通信息发布。

5. 双向四车道交通阻塞

该路段交警、路政人员及其他相关部门人员需立即赶至事故现场，对事故车辆所在车道的一定区域进行临时封闭，建议双向均通过老桥桥面外侧通行，各方向交通组织与上述单向两车道交通组织相同。

四、恶劣天气下的交通组织应急预案

恶劣天气严重影响行车的交通畅通和交通安全，恶劣天气条件下高速公路应急管理工作应坚持以人为本、统一领导、分级负责、反应快速、调度及时、保障有力等原则，并根据恶劣天气的影响程度和社会需要及时调整交通组织方案。恶劣天气状况下交通组织流程见图9.3。

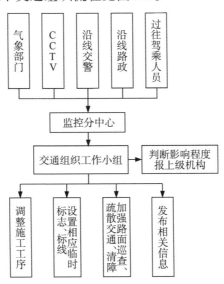

图9.3 恶劣天气状况下交通组织流程

（1）参考刘文智在《高速公路可变信息标志控制方案的研究》中的研究，并结合高速公路改扩建中各阶段对应的通行状况，公路强降雨等级可划分为以下四种情况：

①小雨，日降雨量 0~10 毫米，对交通运行基本没有影响。

②中雨，日降雨量 10~25 毫米，对交通运行有较大影响。各收费站监控室通知站长和入口收费员提醒司机开启防炫目近灯光、示廓灯和前后位灯。

③大雨，日降雨量 25~50 毫米，对交通运行有很大影响。高速公路运营管理单位应对高速公路主体、桥涵构造物及其他附属设施进行全面、仔细检查，做到发现问题立即抢修。各收费站监控室通知站长和入口收费员提醒司机开启防炫目近灯光、示廓灯、前后位灯和危险报警闪光灯。

④暴雨、大暴雨及特大暴雨，日降雨量＞50 毫米，对交通运行有严重影响。高速公路运营管理单位与路政等相关部门应对高速公路主体、桥涵构造物及其他附属设施进行全面、仔细检查，做到发现问题立即抢修。各收费站监控室通知站长和入口收费员提醒司机开启雾灯、防炫目近灯光、示廓灯、前后位灯和危险报警闪光灯，建议暂时封闭暴雨或特大暴雨路段，对该路段车辆进行强制分流，分流至周边道路，对已驶入高速公路的车辆，须尽快从最近的出口驶离高速公路或驶入服务区休息。

高速公路雨天车速限制取值见表 9.1。

表 9.1　高速公路雨天车速限制取值建议

日降雨量/mm	行车条件	车速限制建议值/（km/h）	日降雨量/mm	行车条件	车速限制建议值/（km/h）
0~10	较好	80	25~50	较好	40
0~10	较差	60	25~50	较差	40
10~25	较好	60	＞50	较好	建议封闭入口
10~25	较差	40	＞50	较差	建议封闭入口

（2）参考刘文智在《高速公路可变信息标志控制方案的研究》中的研究，并结合高速公路改扩建中各阶段对应的通行状况，依据水平能见度（L）来划分浓雾（低能见度）等级。雾天条件下，监控指挥中心要随时监测雾情，通过可变情

报板和交通广播等发布实时路况信息,并发布指令要求各收费站监控室通知站长和入口收费员按下列程序进行处理:

①薄雾,L＞500米,对交通运行基本没有影响。

②轻雾,200米＜L≤500米,对交通运行有影响。提醒司机开启防炫目近灯光、示廓灯和前后位灯。

③中雾,100米＜L≤200米,对交通运行有较大影响。提醒司机开启防炫目近灯光、示廓灯和前后位灯。

④大雾,50米＜L≤100米,对交通运行有很大影响。提醒司机开启雾灯、防炫目近灯光、示廓灯、前后位灯和危险报警闪光灯,并结合实际情况进行适当分流。

⑤重雾,L≤50米,对交通运行有严重影响。向值班负责人请示实施道路交通管制,并结合实际情况进行相应分流。

高速公路雾天车速限制取值见表9.2。

表9.2 高速公路雾天车速限制取值建议

能见度/m	行车条件	车速限制建议值/(km/h)	能见度/m	行车条件	车速限制建议值/(km/h)
L＞500	较好	基本无影响	50＜L≤100	较好	40
	较差	基本无影响		较差	40
200＜L≤500	较好	60	L≤50	较好	建议封闭入口
	较差	40		较差	建议封闭入口
100＜L≤200	较好	40			
	较差	40			

(3)恶劣天气下,实时发布路况信息是保障交通安全的重要手段。建议在各互通出入口前500～1000米处设置可变情报板和可变限速标志,可变情报板与可变限速标志之间的最小间距建议为70米。

雨天利用可变情报板交替显示车距控制指令、"雨天路滑,谨慎驾驶""能见度低,开防雾灯"等信息,利用可变限速标志显示相应限速标志,并采用闪烁红色表示发布相关禁令信息、闪烁黄色表示发布警告信息、闪烁绿色表示发布正常信息。雾天利用可变情报板交替显示车距控制指令、"雾天谨慎驾驶，保持安全车距""雾天行驶，开防雾灯""能见度低，减速慢行"等信息，利用可变限速标志显示相应限速标志，并采用闪烁红色表示发布相关禁令信息、闪烁黄色表示发布警告信息、闪烁绿色表示发布正常信息。在沿线各路段每间隔 5 公里分别设置注意雨天和雾天的警告标志。

（4）施工工序安排对交通运行影响较大，尤其是在施工和通行相互影响的"瓶颈"路段，相互之间竞相争夺道路使用空间，极易造成交通拥堵。对此，施工组织者应加强与气象部门的联系，及时收集天气信息，预先考虑施工方案调整计划，在恶劣天气易发季节，根据项目所处地域气候特点和施工工艺要求，灵活调整施工工艺和工序，合理安排施工，确保交通安全畅通，并通过可变情报板、电台等发布改扩建路段的实时路况及施工信息，便于驾驶员选择合适的线路出行。

（5）不同的社会需求目标对交通运输有不同的要求。当恶劣天气严重到成为自然灾害时，首先要保证客运及救援物资安全、快速和及时运送。这种情况下，要及时调整分流车型，分流车型由原来的主分大货及以上调整为主分中小客货，通行必须以客车和物资运输货车为主，分流车型调整应充分进行交通适应性和路况适应性分析，选择或确定适当的车型及数量比例。在满足社会特殊需求目标的前提下，分时段进行调整，并与收费系统协调，利用收费车道调节入口交通量，控制匝道交通流；还可考虑暂时封闭高速公路改扩建施工路段，将车辆分流至周边国道、省道和地方性道路，尽量避免和减少重大交通事故的发生。

五、节假日期间的交通组织应急预案

与工作日和周末相比，高速公路节假日的出行特征有其独特点。工作日出行以通勤和短途流量为主，节假日的流量多以休闲为目的，出行距离也较长；高峰时间逐日后移，由"早高峰型"转为"晚高峰型"；高峰流量集中，高峰小时流量比系数高于平常日；客车比例和大客车比例都有不同程度的提升。

高速公路改扩建工期一般比较长，其间将不可避免地多次遇到五一、国庆和春节等法定节假日。伴随着外出旅游、学生放假和务工休假人员的大规模流动，

将形成节假日期间的客运高峰和我国特有"春运"节前返乡节后返工潮，并且具有明显的潮汐交通特性。具体表现为节假日前期前往大城市的客运车辆急剧增加，节假日后期离开大城市的客运车辆急剧增加。在此期间，客运需求急剧增加，供需矛盾极为突出，如何积极有效地保障客运通畅是改扩建交通组织应急管理机构的首要任务。

国务院规定四个重大节假日（春节、清明、五一、国庆）及相应调休日高速免收高速通行费。此期间必定会造成交通流量的剧增，如何保障节假日期间高速改扩建路段的顺利运行至关重要。

可制定如下具体措施：

（1）尽量减少由于施工需封闭的车道数目，在不影响施工的情况下最大限度缩短作业区的长度。

（2）节日期间施工区各入口设置宣传标语、告示牌，施工部门应检测安全设施数量是否足够，设置状况是否完好，还要有足够的安全员帮助维持车辆顺利运行。

（3）在高峰时段，易拥堵站区可启用便携式收费机以缓解站区拥堵、提高通行效率，确保车辆快速通行。

（4）节假日期间施工应更加注重安全防护，严格规范设置和管理交通导向标志、警示标志，在各入口设置宣传标语、告示牌等，同时，在施工现场应配备足够的安全员协助维持和疏导交通，保障车辆有序运行，防止交通堵塞。

（5）相关部门密切配合，各监控分中心及时发布实时路况信息，沿线交警、路政人员加强路面巡查，随时准备疏导交通、排除交通堵塞，一旦发生事故，快速清理路障，完成现场处治，并尽快恢复交通。

六、特殊事件下的交通组织应急预案

特殊事件是指对区域内社会政治、经济或人们日常生活有重大或特殊影响的事件，这类事件可能造成非节假日的交通拥堵，并对交通运输有着特殊的要求。

在项目施工期间，为应对上述特殊事件，交通组织管理领导小组应提前做好应急策划。待特殊事件发生时，首先应保证与该特殊事件相关的车辆优先顺利通行，然后再尽可能地保障小汽车和客车通行。对于能够公开的特殊事件，高速运营管理部门应提前通过媒体（报纸、电台、手机短信）进行宣传，并与高速公路监控系统联网监控，实现联动交通信息发布及交通诱导，建议驾驶员绕行其他道路或引导出行者采用其他交通方式出行，并及时发布各种车辆通行权、优先权、道路限速的相关信息；对于不能公开的特殊事件，交警、路政人员等在特殊事件发生时应加强路面巡查，加强交通管制，并与收费系统协调，利用收费车道调节入口交通量，控制匝道交通流，必要时，对沿线路段进行强制分流。

在项目施工期间且非节假日期间，若出现大范围交通拥堵，各级机构应及时组织落实相关工作，具体处理流程如图 9.4 所示。

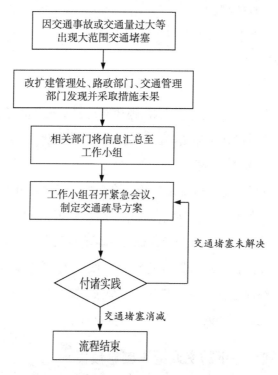

图 9.4　大范围交通堵塞处理流程

七、交通突发事件应急处理流程

高速公路交通应急处理是一项系统性的工作，主要包括交通事件预警管理和交通事件应急管理。交通事件预警管理是对日常交通状态及运行环境进行动态监控，收集信息和数据，分析交通突发事件的影响因素、产生机理及分布特征，如事故多发路段的形成原因,异常天气下的交通安全管理措施等,判断交通运行是否安全,发现危险或异常情况,及时发出交通事件预警信息,为启动预案提供决策依据。交通事件应急管理是在发生重大交通事件时,立即启动预案体系,统一指挥和调配相关部门的救援人员、救援物资,迅速有计划地开展清障、疏通、医疗救援、消防和其他救援活动,并对整个救援过程进行实时监控和指挥调度,及时反馈信息并调整方案,实现交通事件应急管理的科学化、规范化和高效化。交通突发事件应急处理流程见图9.5。

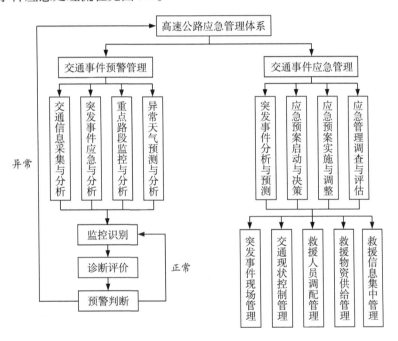

图9.5 交通突发事件应急处理流程

9.4 交通组织保障措施

1. 道路限速

在两侧路基加宽需拆除原有路侧防撞护栏、挖除原有土路肩时,建议限速80公里/时,并设置相应的安全交通标志和限速标线,同时利用交通警察(车)、速度监控措施等加强对车速的控制,双向两车道通行关键路段建议限速60公里/时。

2. 周边路网整治

区域通道功能在道路扩建施工期会受到一定程度的削弱，为使区域交通系统正常运行，必须对项目路周边路网进行综合整治，找出改扩建施工期周边路网的瓶颈路段并按分流要求进行相应改造，保障交通分流和项目顺利实施。

3. 突发事件交通组织

施工期间由于通行能力降低、交通处于不稳定状态等，使得一些微小的干扰都可能导致交通堵塞，尤其是交通事故等突发事件。同时，高速公路改扩建工期一般比较长，其间改扩建交通组织会经受春运、国庆等节假日交通高峰期，交通疏导的压力非常大。因此有必要结合交通管制措施，拟定应急预案，并建立健全应急工作机制，保障行车顺畅，具体措施应在项目前期仔细考虑，并在合同里具体体现。

4. 临时交通工程设施

临时交通工程设施不仅有利于施工期间通车的安全、畅通、有序、舒适，同时也对施工提供较大的便利。为了保证改扩建工程的顺利进行，同时确保高速公路正常的交通运营不受大的干扰，改扩建工程中在对施工期间的交通组织作出科学规划的基础上，布设大量的临时交通工程设施。

5. 动态优化设计

由于施工期间区域内道路交通资源供应相对紧张，应以交通需求管理思想为指导制定路权明晰的总体控制方案；同时，为保证有限的道路时空资源得到合理利用，还应进行交通改善设计；改扩建工程施工期间对施工造成影响的某些因素尚不明朗，而施工工地及周边路网情况在不断变化。因此，交通组织在施工阶段实行动态设计，根据施工阶段和影响因素对实施方案进行细化及完善。

6. 广泛宣传，争取社会支持和理解

高速公路改扩建对社会交通影响极广，不仅影响当地的交通运行，而且影响沿线相邻省份，因此需要相关管理部门协助在有关媒体（报纸、电台、手机短信）进行宣传和主要入口处提前公告扩建交通封闭或管制措施，包括具体路段长度、时间、分流措施等。通过与公众的沟通取得公众的谅解很重要，可以很大程度上减低交通事故,而改扩建作业区路段的交通事故往往才是造成大面积堵车的直接原因。

7. 设立安全专项经费，保障安全工作开展

设立安全专项经费，保证安全设施和交通安全管理费用的投入，解决安全保障体系最根本的资金问题，并通过实施安全奖罚制度，加强员工的安全意识，保证安全管理工作的有效开展。

8. 对施工车辆及机具的管理

施工前须用临时隔离设施（防撞水马、锥形桶、铁栅栏等）划定施工区域，施工时严禁施工车辆及机具进入行车道。在施工过程中加强对施工车辆及机具的管理，在靠近行车道由大型机具（挖掘机、吊车等）施工时须有专人指挥机械作业，严禁施工机具侵入行车道。

9.5 工程实例：以京昆高速（蒲城至涝峪段）为例

1. 交通保畅组织机构设置

交通组织应急预案牵涉许多部门，包括交通、公安、路政、改扩建管理处和施工单位等，必须设置一个强有力的工作机构，完善协同工作机制，提高决策效率和准确性，保障京昆高速公路改扩建期间交通顺畅。根据我国现行的行政组织机构模式，建议成立交通组织应急管理三级组织机构。

第一级组织机构：由陕西省交通运输厅、卫生厅、高速公路管理局、宣传部门（广电局）、高速公路监控中心和陕西省公安厅组成的京昆高速公路改扩建交通组织应急管理领导小组；

第二级组织机构：由沿线各市交通运输局、沿线各市交通管理局、沿线各市公路路政支队、沿线各市卫生局、沿线各市监控中心和沿线各市宣传部门组成的京昆高速公路改扩建交通组织应急协调小组；

第三级组织机构：由京昆高速公路改扩建管理处、沿线作业路段的交警、路政、地方公路处（局）、地方卫生部门、施工单位、地方消防部门、沿线作业路段监控中心、宣传部门等有关单位组成的京昆高速公路改扩建交通组织应急管理工作小组。各级组织机构应明确职责，结合改扩建实际情况，制定有针对性和操作性的交通组织应急预案。

2. 项目路周边路网分流应急预案

京昆高速蒲城至涝峪段改扩建施工存在里程长、工期长等问题，需要在此期间整合和利用周边路网的通行能力富余，对项目路上的交通进行分流。当周边路网中的某条道路出现严重的交通堵塞甚至中断时，则原先被分流至该道路的车辆可能选择绕行距离更远的次短路出行，甚至有可能无法从主线中分流出去，这将导致施工期间京昆高速公路的流量增加。因此，需考虑应对周边路网容差因遭受突发事件影响变小后的应对措施。

在这种情况下，应根据受影响程度及时调整交通分流方案，并通过设置临时标志、可变情报板、交通广播和手机短信等方式告知出行者项目路分流方案的调整情况。在确保电煤、蔬菜、鲜活农产品等物资运输畅通及特勤车辆、应急车辆通行畅通的前提下，考虑小车的灵活性特点，可让小车先行，大车后行，以使其影响减小到最低；还可启用便携式收费机等缓解站区拥堵，提高通行效率，确保车辆快速通行。必要时，暂停施工作业，所有施工人员撤离，撤除现场，并请求高速交警协助疏导，对因局部开挖不能及时修复的施工作业面，应完善施工作业区的标志、标牌和警示灯具等以规范安全区的设置，避免发生交通事故。

3. 项目路交通组织应急预案

（1）改扩建作业区交通事故应急预案。

高速公路改扩建施工侵占部分原道路资源，压缩有限的通行空间，降低道路的通行能力，使交通流极度敏感而且经常处于不稳定状态。如果受项目施工影响，区内发生交通事故时，则可能导致严重的交通堵塞，因此，要预先考虑应对交通事故的紧急措施。

（2）危险品事故救灾预案。

①发生危险品事故时，让事故前方的车辆正常行驶离开事故现场；

②车上人员立即下车并报警防止事情严重化；

③接到报警后，监控中心立刻反应，通过可变情报板等发布警报信息；

④监控中心要通过获得的信息判断事故的类型特征，如危险品的名称、数量、危害程度等，及时上报并请求相关部门（交警部门、环保部门、医疗机构等）的帮助；

⑤交警部门应第一时间赶到现场疏散车辆，引导受困人员离开。对一些大型长途车辆可允许滞留在安全地带等待（不可占用应急车道），必要时警车预警；

⑥事故现场如果有伤员，120急救部门接到求助电话后要立即行动，有关医院要做好急救准备；

⑦由环保部门对危险品提出处理方案，专业部门处理事故现场后环保部门进行检测，确认道路安全后通知监控中心；

⑧路政部门对现场进行清理，检测确认可以通车后监控中心恢复交通。

（3）恶劣天气下的交通组织应急预案。

恶劣天气严重影响行车和交通畅通和交通安全，恶劣天气条件下高速公路应急管理工作应坚持以人为本、统一领导、分级负责、反应快速、调度及时、保障有力等原则，并根据恶劣天气的影响程度和社会需要及时调整交通组织方案。京昆高速恶劣天气主要为大雾、降雨。

①参考刘文智在《高速公路可变信息标志控制方案的研究》中的研究，并结合高速公路改扩建中各阶段对应的通行状况，公路强降雨等级可划分为以下四种情况：

a. 小雨，日降雨量0~10毫米，对交通运行基本没有影响。

b. 中雨，日降雨量10~25毫米，对交通运行有较大影响。

各收费站监控室通知站长和入口收费员提醒司机开启防炫目近灯光、示廓灯和前后位灯。

京昆高速改扩建行车条件较好的路段，时速不得超过60公里/时，与同车道行驶的前方车辆保持100米以上的行车间距；行车条件较差的路段，时速不得超过40公里/时，与同车道行驶的前方车辆保持50米以上的行车间距，高速公路运营管理单位应对该段沿线多布设提醒司机保持车距的标志，并在该段多布设交警和路政人员，以在发生交通事故后能够在最短时间内进行处理。

c. 大雨，日降雨量25~50毫米，对交通运行有很大影响。

高速公路运营管理单位应对高速公路主体、桥涵构造物及其他附属设施进行全面地、仔细地检查，做到发现问题立即抢修。

各收费站监控室通知站长和入口收费员提醒司机开启防炫目近灯光、示廓灯、前后位灯和危险报警闪光灯。

京昆高速公路改扩建行车条件较好的路段，时速不得超过40公里/时，与同车道行驶的前方车辆保持100米以上的行车间距；行车条件较差的路段，时速不得超过40公里/时，与同车道行驶的前方车辆保持100米以上的行车间距。京昆高速公路运营管理单位应对该段沿线多布设提醒司机保持车距的标志，并在该段多布设交警和路政人员，以在发生交通事故后能够在最短时间内进行处理。

d. 暴雨、大暴雨及特大暴雨，日降雨量＞50毫米，对交通运行有严重影响。

高速公路运营管理单位与路政等相关部门应对高速公路主体、桥涵构造物及其他附属设施进行全面地、仔细地检查，做到发现问题立即抢修。

在进入暴雨或特大暴雨路段及京昆高速沿线各互通前3～5公里处设置固定红色闪光灯，并增加互通立交处照明灯的数量。

各收费站监控室通知站长和入口收费员提醒司机开启雾灯、防炫目近灯光、示廓灯、前后位灯和危险报警闪光灯，建议暂时封闭暴雨或特大暴雨路段，对其路段车辆进行强制分流，分流至周边道路，对已驶入高速公路的车辆，须尽快从最近的出口驶离高速公路或驶入服务区休息。

②参考刘文智在《高速公路可变信息标志控制方案的研究》中的研究，并结合高速公路改扩建中各阶段对应的通行状况，依据水平能见度（L）来划分浓雾（低能见度）等级。雾天条件下，监控指挥中心要随时监测雾情，通过可变情报板和交通广播等发布实时路况信息，并发布指令要求各收费站监控室通知站长和入口收费员按下列程序进行处理：

a. 薄雾，$L > 500$ 米，对交通运行基本没有影响。

b. 轻雾，200 米 $< L \leq 500$ 米，对交通运行有影响。

提醒司机开启防炫目近灯光、示廓灯和前后位灯，京昆高速公路行车条件较好的路段，时速不得超过60公里/时，与同车道行驶的前方车辆保持100米以上的行车间距；行车条件较差的路段，时速不得超过40公里/时，与同车道行驶的前方车辆保持50米以上的行车间距，高速公路运营管理单位应对该段沿线多布设提醒司机保持车距的标志，并在该段多布设交警和路政人员，以在发生交通事故后能够在最短时间内进行处理。

在进入京昆高速沿线雾区各互通前 3～5 公里处设置固定黄色闪光警示灯，并增加互通立交处照明灯的数量，收费站是雾天交通事故的高发地点，需在进入收费站前 500～1000 米处设置提醒司机保持车距的标志。

加强京昆高速沿线事故多发地段或危险路段的管理，警车在前压速带道，以保证限速效果。

c. 中雾，100 米 < L ≤ 200 米，对交通运行有较大影响。

提醒司机开启防炫目近灯光、示廓灯和前后位灯，京昆高速行车条件较好的路段，时速不得超过 40 公里/时，与同车道行驶的前方车辆保持 100 米以上的行车间距；行车条件较差的路段，时速不得超过 40 公里/时，与同车道行驶的前方车辆保持 100 米以上的行车间距。高速公路运营管理单位应对该路段沿线多布设提醒司机保持车距的标志，并在该路段多布设交警和路政人员，以在发生交通事故后能够在最短时间内进行处理。

在进入京昆高速沿线雾区各互通前 3～5 公里处设置固定黄色闪光警示灯，并增加互通立交处照明灯的数量，收费站是雾天交通事故的高发地点，需在进入收费站前 500～1000 米处设置提醒司机保持车距的标志。

加强京昆高速沿线事故多发地段或危险路段的管理，警车在前压速带道，以保证限速效果。

d. 大雾，50 米 < L ≤ 100 米，对交通运行有很大影响。

提醒司机开启雾灯、防炫目近灯光、示廓灯、前后位灯和危险报警闪光灯，京昆高速行车条件较好的路段，时速不得超过 40 公里/时，与同车道行驶的前方车辆保持 100 米以上的行车间距；行车条件较差的路段，时速不得超过 40 公里/时，与同车道行驶的前方车辆保持 100 米以上的行车间距。高速公路运营管理单位应对该路段沿线多布设提醒司机保持车距的标志，并在该路段多布设交警和路政人员，以在发生交通事故后能够在最短时间内进行处理。

在进入京昆高速沿线雾区各互通前 3～5 公里处设置固定黄色闪光警示灯，并增加互通立交处照明灯的数量，收费站是雾天交通事故的高发地点，需在进入收费站前 500～1000 米处设置提醒司机保持车距的标志。

加强京昆高速沿线事故多发地段或危险路段的管理，警车在前压速带道，以保证限速效果。

结合实际情况，进行适当分流。

e. 重雾，$L\leq 50$ 米，对交通运行有严重影响。

向值班负责人请示实施道路交通管制，对京昆高速公路大雾段入口进行封闭，同时报交通大队值班室和上级监控指挥中心，已驶入高速公路的车辆，须尽快从最近的出口驶离高速公路或驶入服务区休息；结合实际情况，进行相应分流。

③恶劣天气下，实时发布路况信息是保障交通安全的重要手段。建议在各互通出入口前500~1000米处设置可变情报板和可变限速标志，可变情报板与可变限速标志之间的最小间距建议为70米。

雨天利用可变情报板交替显示车距控制指令和"雨天路滑，谨慎驾驶""能见度低，开防雾灯"等信息，利用可变限速标志显示相应限速标志，并采用闪烁红色表示发布相关禁令信息，闪烁黄色表示发布警告信息，闪烁绿色表示发布正常信息。

雾天利用可变情报板交替显示车距控制指令和"雾天谨慎驾驶，保持安全车距""雾天行驶，开防雾灯""能见度低，减速慢行"等信息，利用可变限速标志显示相应限速标志，并采用闪烁红色表示发布相关禁令信息、闪烁黄色表示发布警告信息，闪烁绿色表示发布正常信息。

在沿线各路段每间隔5公里分别设置注意雨天和雾天的警告标志。

④施工工序安排对交通运行影响较大，尤其是在施工和通行相互影响的"瓶颈"路段，相互之间竞相争夺道路使用空间，极易造成交通拥堵。对此，施工组织者应加强与气象部门的联系，及时收集天气信息，预先考虑施工方案调整计划，在恶劣天气易发季节，根据项目所处地域气候特点和施工工艺要求，灵活调整施工工艺和工序，合理安排施工，确保交通安全畅通，并通过可变情报板、电台等发布改扩建路段的实时路况及施工信息，便于驾驶员选择合适的线路出行。

⑤不同的社会需求目标对交通运输有不同的要求。当恶劣天气严重到成为自然灾害时，首先要保证客运及救援物资安全、快速和及时运送，这种情况下，要及时调整分流车型，分流车型由原来的主分大货及以上调整为主分中小客货，通行必须以客车和物资运输货车为主，分流车型调整应充分进行交通适应性和路况

适应性分析,选择或确定适当的车型及数量比例,在满足社会特殊需求目标的前提下,分时段进行调整,并与收费系统协调,利用收费车道调节入口交通量,控制匝道交通流;还可考虑暂时封闭高速公路改扩建施工路段,将其车辆分流至周边国道、省道和地方性道路,尽量避免和减少重大交通事故的发生。

(4)特殊事件下的交通组织应急预案。

特定情境下的重要事件,是对区域内社会生活、经济文化活动产生显著或独特效应的事件,可能会导致非常规的交通特点,并对交通运输产生特别需求。

在施工项目进行的阶段,为妥善处理前述突发事件,交通管理领导小组必须预先制定应急方案。当突发事件发生时,首要任务是确保与事件直接相关的车辆能够优先且无障碍通行,随后再尽力保障私家车及巴士的顺畅行驶。针对可公开披露的突发事件,高速公路管理部门需预先借助媒体渠道(包括报纸、电台、短信)进行预告,并与高速监控系统实现联网,共同发布交通信息及诱导措施,建议驾驶者绕开拥堵路段或选择其他交通模式,同时及时更新各类车辆的通行权限、优先顺序及道路速度限制;而对于需保密的突发事件,交警、路政等人员需在事件期间强化路面巡查及交通管制,并与收费系统协同,利用收费通道调控进入车流量,管理匝道车流,在必要时,对沿线道路采取强制性的分流措施。

施工期间且非假期时段,如遇大规模交通拥堵,各级部门需迅速部署并执行相应措施。

(5)节假日应急分流预案。

高速公路在较长节假日的通行模式展现出与工作日迥异的特点。工作日多为通勤与短途出行,而节假日则以长途休闲旅行为主,且出行距离更远;高峰时段逐渐延后,由早高峰转变为晚高峰;高峰时段车流量高度集中,其流量比系数远超平日;同时,客车尤其是大型客车的占比均有显著上升。

高速公路的改扩建项目往往历时较长,施工期间不可避免地涉及数个对高速公路有影响的节假日。伴随短时期大规模人员流动和交通需求而出现的客运高峰,产生叠加的交通流具有明显的潮汐性。特别是长假期间远距离迁徙的人流产生了明显的潮汐式交通流。表现在项目上就是节假日初期前往西安的客运车辆激增,而节假日尾声离开西安的客运车辆同样大幅增多。这一时段,客运需求迅速攀升,供需矛盾极为尖锐,确保客运畅通无阻成为改扩建交通组织应急管理部门的首要职责。

中国传统四大节假日（春节、清明、五一、国庆）及其调休日高速公路免费通行。这无疑将引发交通流量的急剧膨胀,因此,在京昆高速改扩建期间,如何保障节假日的交通顺畅运行显得至关重要。

①在施工允许范围内,尽量压缩封闭车道数量,同时尽可能缩短作业区长度,以确保施工不造成过大影响。

②节日期间,施工区域各入口处需摆放宣传横幅及指示牌,施工团队需核查安全设施的数量是否达标,安装状态是否良好,同时需确保有足够数量的安全员在岗,以协助保障车辆顺畅通行。

③针对高峰时段及易拥堵站点,可采用便携式收费设备以减轻拥堵,提升通行速度,确保车辆快速通过。

④节假日施工时,安全防护需更加严密,规范设置并管理交通导向、警示标志及宣传横幅、指示牌等,现场需配置充足安全员,协助指挥与疏导交通,确保车辆有序流动,避免拥堵。

⑤相关部门需紧密协作,各监控中心实时发布路况信息,同时沿线交警、路政人员需加强巡逻,随时准备进行交通疏导与排除拥堵,如遇事故,迅速清理障碍,完成现场处理,并尽快恢复交通秩序。

（6）交通突发事件应急处理流程。

高速公路交通应急处理是一个综合性的任务,涵盖交通事件预警管理和交通事件应急管理两大方面。预警管理涉及对日常交通状况及运行环境的持续监控,收集并分析信息与数据,探究交通突发事件的诱因、产生原理及分布情况,例如事故频发路段的原因剖析、异常气候下的交通安全管理对策等,以评估交通运行的安全性,发现潜在风险或异常,及时发布交通事件预警,为预案启动提供决策支持。而应急管理则是指在遭遇重大交通事件时,迅速启动预案系统,统一指挥并调配各部门的救援力量与物资,高效有序地进行障碍清除、道路疏通、医疗援助、消防及其他救援行动,同时对救援全过程实施实时监控与调度指挥,及时获取反馈并调整策略,确保交通事件应急管理的科学性、规范性和高效性。

当发生重（特）大交通事故时,应立即启动紧急救援系统,高速公路改扩建交通事故紧急救援任务包括：通过检测、巡逻等手段快速发现突发事件，获取并确认事件类型、位置等信息；协调相关部门调集救援资源，采取联动紧急救援行为；依据事件类型，提供紧急服务，包括消防、救护、特种物品处理、故障车辆牵引、现场事故处理等。事故应急处理流程见图9.6。

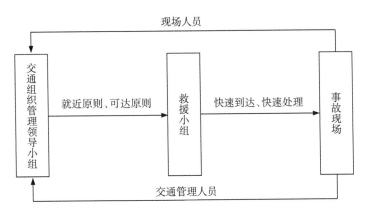

图9.6 交通事故应急处理流程

施工区内如出现交通事故或严重阻塞时，交通协管人员应立即采取安全措施，设置安全区，禁止非施工车辆进入施工封闭区，防止二次事故发生。疏导交通时，考虑小车的灵活性特点，指挥小车先行，大车后行；根据工作面实际情况，亦可临时适当收缩行车道封闭区域，包括缩短封闭长度和宽度。

发生交通事故时，相关救援人员在第一时间内对受伤人员进行医疗救护，可有效地降低事故死亡率，因此需合理布设紧急救援点。沿线服务区、收费站是距离事故现场最近的服务设施，因此在布设紧急救援点的过程中，建议尽可能利用服务区、收费站作为紧急救援点，每个紧急救援点由左右两侧救援点组成。

4. 项目路分流预案

依据《公路工程技术标准》（JTGB01—2014），高速公路服务水平达到三级下限时，可考虑进行改扩建，施工期间保证服务水平达到四级，可进行边施工边通车组织。充分利用各施工阶段道路路网及交通设施，主动分流和被动分流、定性分流与定量分流相结合，对整体路网进行合理分流是本次项目分流的目标。

京昆高速蒲城至涝峪段改扩建施工期间，以诱导分流长途过境交通为主；分流方案中对特殊关键施工点（如上跨天桥等）可能需要强制分流某些车型；

在节假日车流量高峰期、发生交通事故等情况下，需进行交通管制分流部分车辆。

总体上，京昆高速蒲城至涝峪段改扩建施工期间在不低于四级服务水平的情况下，不考虑强制分流。当由于突发情况或其他原因导致服务水平低于四级时须采取分流措施。结合国内已改扩建高速分流车型选取经验，比较各类型分流车型方案的优缺点、适用性，并考虑京昆高速蒲城至涝峪段改扩建工程实际情况，推荐京昆高速蒲城至涝峪段改扩建工程施工期间分流大型及以上货车。

结合京昆高速蒲城至涝峪段周边路网状况，设置三级路网分流点，各级分流点设置如表9.3所示。

表9.3 诱导点、分流点、管制点设置

序号	诱导点	分流点	管制点
1	禹门口主线收费站入口	上元观枢纽	蒲城收费站入口
2	宁强主线收费站入口	涝峪收费站	荆姚收费站入口
3	汉中收费站入口	东杨枢纽等	富平收费站入口
4			阎良收费站入口
5			高陵收费站入口
6			谢王收费站入口
7			河池寨收费站入口
8			三星收费站入口
9			鄠邑收费站入口

通过诱导分流、建议分流、强制分流相结合，保证施工期间项目路通畅。

5. 小结

为保障项目路改扩建期间的行车安全，降低项目路改扩建期间各种突发事件对沿线民众生活的影响，本节提出了京昆高速公路改扩建交通组织应急机构设置建议，项目路周边路网分流应急预案，项目路施工期间发生交通事故、危险品事故、恶劣天气、特殊事件以及节假日期间的交通组织应急预案及交通突发事件应急处理流程。

第 10 章
依托项目总结

10.1 依托项目背景

京昆线陕西境西安以北路段,即禹门口至谢王立交段公路全长 216.3 公里,为设计速度 120 公里/时、双向四车道高速公路,其中西安至阎良段和阎良至禹门口段分别建成于 2001 年 9 月和 2005 年 11 月,是山西等东中部省份与陕西之间实现区域协作的重要基础设施,也是沿线韩城、合阳、蒲城、富平、阎良、高陵等关中东北部市(县、区)与省会西安之间联系的主要运输通道。2017 年该公路禹门口至蒲城(东杨枢纽立交)、蒲城(东杨枢纽立交)至富平、富平至阎良、阎良至西安(谢王)段交通量分别已达 2.5 万、3.2 万、4.4 万和 4.9 万辆小客车/日,路段交通量自北向南呈递增态势,其中韩城、山西等方向与西安及以远交通量为 2.0 万辆小客车/日,约占阎良至西安段(交通量最大路段)交通量的 41%。

京昆线陕西境西安以南路段,即河池寨立交至棋盘关段全长 361.5 公里,为双向四车道高速公路,其中西安至鄠邑段建成于 2002 年 12 月,设计速度 120 公里/时;鄠邑经洋县至勉县段建成于 2007 年 9 月,设计速度 60~100 公里/时;勉县至宁强段建成于 2003 年 11 月,设计速度 60~100 公里/时;宁强至棋盘关段建成于 2008 年 12 月,设计速度 80 公里/时,是省会西安向南翻越秦岭、通往汉中及四川方向的唯一高速公路通道,在汶川抗震期间已成为举国驰援救灾保畅的运输生命线工程。该公路路段交通量自北向南基本呈递减态势，2017年京昆线西安至鄠邑、鄠邑至涝峪、涝峪至汉中和汉中至宁强段交通量分别已达6.1万、4.1万、4.0万和3.9万辆小客车/日，其中汉中及以远方向至西安及以远方向交通量为3.6万辆小客车/日，约占西安至鄠邑段（交通量最大路段）交通量的59%。

根据国家发改委《关于进一步规范国家高速公路拥堵路段扩容工程项目前期工作有关问题的通知》（发改办基础［2014］3237号），当既有国家高速公路已建成通车超过10年、路段现状平均交通量达到设计交通量60%左右，即双向四车道高速公路现状交通量超过2.4万辆小客车/日时，可考虑实施扩容改造。

对于京昆线西安以北路段，尽管我省规划菏宝高速、西安大环线和西安外环高速（南段）等高速公路对其可产生一定的分流影响，但最大可分流交通量仅占断面交通总量的32%，剩余68%的沿线县（区）至西安方向的交通需求仍然较大（以阎良至西安段为例），为此，结合路网布局，宜对京昆线蒲城至西安段进行改扩建，既可显著提高京昆线西安以北段通行能力和服务水平，又可实现路网布局的均衡性和灵活性。

对于西安以南路段，由于京昆线涝峪以南路段受地形地质条件限制，尤其是涝峪峡谷25.6公里特别困难路段，沟道狭窄，坡岸陡峭，两侧已无加宽改造条件。考虑到未来可利用在建银昆线宝鸡至汉中公路、规划眉县至太白高速公路与已建连霍高速，形成京昆线秦岭复线，有效分流汉中及以远至西安及以远的车辆，显著缓解京昆线西安以南段交通压力。但考虑到西安至鄠邑段区域短途交通需求较大，仍有约占断面交通总量44%的车辆需利用京昆线，为此，结合区域路网布局，需对西安至涝峪段进行改扩建。

为保障国家高速运输大通道的快速通行，适应区域经济实力的日益增强、大西安都市圈的逐步拓展和经济一体化趋势日渐明显的新形势，进一步改善区域的交通运输条件，增强西安中心城市的辐射能力，提升陕西与华北、西南省份间的经济联系，对京昆线陕西境蒲城至涝峪段实施改扩建是十分必要和迫切的。

10.2 依托项目建设依据

依据国家基本建设程序有关要求，项目工可、初步设计、施工图设计、土地预审、先行用地、控制性工程施工许可等已获批，建设用地手续已报省自然资源厅待报部，项目主要建设依据批复文件如下：

1. 工程可行性研究报告批复文件

陕西省发展和改革委员会《关于京昆高速公路蒲城至涝峪段改扩建工程可行性研究报告的批复》（陕发改基础[2019]1613号）。

2. 初步设计批复文件

交通运输部《关于北京至昆明国家高速公路陕西省蒲城至涝峪段改扩建工程初步设计的批复》（交公路函[2020]330号）。

3. 施工图设计批复文件

省交通运输厅《关于京昆高速公路蒲城至涝峪段改扩建工程施工图设计的批复》（陕交函[2020]654号）。

4. 用地预审意见批复文件

自然资源部《关于京昆线陕西境蒲城至涝峪公路改扩建工程建设用地预审意见的复函》（自然资办函[2019]2002号）。

5. 建设项目选址批复文件

西安市规划局《建设项目选址意见书西规选字第[2019]004号》、咸阳市住房和城乡建设规划局《建设项目选址意见书选字第610400201900005号》、渭南市城乡规划管理局《建设项目选址意见书渭规选字第[2019]1号》。

6. 环境影响批复文件

陕西省生态环境厅《关于京昆线（G5）陕西境蒲城至涝峪公路改扩建工程环境影响报告表的批复》（陕环评批复[2020]8号）。

7. 水土保持方案批复文件

陕西省水土保持局《关于国家高速公路京昆线G5陕西境蒲城至涝峪公路改扩建工程水土保持方案报告书的批复》（陕水保监函[2019]2号）。

8. 文物评估批复文件

陕西省文物局《关于京昆高速陕西境蒲城至涝峪段改扩建工程的选址意见》（陕文物函[2017]455号）。

9. 控制性工程先行用地批复文件

自然资源部办公厅《关于京昆线（G5）陕西境蒲城至涝峪公路改扩建工程控制性工程先行用地的复函》（自然资办函[2021]1504号）。

10. 压覆矿产评估批复文件

陕西省国土资源厅《关于高速公路京昆线（G5）陕西境蒲城至涝峪公路改扩建工程压覆重要矿产资源的复函》（陕国土资储函[2018]40号）。

11. 防洪评价批复文件

西安市水务局《关于国家高速公路京昆线（G5）陕西境蒲城至涝峪段改扩建工程涉河（清河、沣河、潭峪河、涝河）防洪评价报告的批复》（市水函[2019]213号）、《富平县水务局《关于国家高速公路京昆线（G5）陕西境蒲城至涝峪段改扩建工程苇子沟大桥、石川河大桥项目建设方案及防洪评价报告的审查意见》（富水许决[2019]34号）。

12. 林地使用批复文件

国家林业和草原局《使用林地审核同意书》（林资许准（陕）[2023]5号）。

13. 渭河特大桥建设方案黄委会批复文件

黄委会《京昆高速公路蒲城至涝峪段改扩建工程渭河特大桥建设项目工程建设方案审批准予行政许可决定书》（黄许可决[2021]6号）。

14. 涉铁交叉施工批复文件

中国铁路西安局《关于京昆高速公路改扩建工程与铁路交叉有关问题的复函》（西铁总鉴函[2021]7号）。

15. 控制性工程施工许可证文件

陕西省交通运输厅《京昆高速改扩建项目控制性工程施工许可》（陕施工许可[2021]3号）。

10.3 依托项目建设情况

按照建成通车总体目标,详细分解年度计划和月度目标任务,超前谋划、精心组织,积极开展劳动竞赛活动,实行节点目标与月度考核相结合的方式,加大奖罚力度,促进项目建设进度,保证了项目建设任务按期完成。

1. 紧盯目标,强化管理,加快项目建设步伐

根据省厅、集团公司和建设公司项目建设总体部署,面对繁重的建设任务,管理处制定了"右幅优先、兼顾左幅"和"主体兼顾附属、下部兼顾上部"的施工组织总原则,采取科学划定各合同段施工作业区,配足人员和机械设备的施工组织方式,建立以问题为导向的工作机制,精准制定节点考核目标,强化施工组织与协调,科学组织交通分流保畅,狠抓工序衔接,统一指挥,协同推进。管理处人员联合编组,分管领导分片包干负责,深入工地一线抓现场、抓协调,积极克服疫情反复、材料紧缺、运输不畅、文物发掘、秋淋雨季、征迁难题、大气污染防治等困难,主动为施工单位提供技术支持与优质服务,按照事不过夜的原则,协调解决项目建设中遇到的各类问题和困难,建立问题清单,限期解决。施工单位负责人坚守岗位,深入一线,调动各方资源,配足生产要素促生产。监理人员恪尽职守,及时检测验收。设计代表常驻工地,随时提供后续服务,保障了工程建设顺利进行。

2. 严格履约,强化考核,加大生产要素投入

按合同文件要求,对进场的施工、监理单位主要管理人员严格履约考核,确保进场管理人员经验丰富、业务熟练。对施工单位投入的主要设备数量、型号按合同文件进行检查,针对大型设备性能提前实地考察,保证进场设备满足施工需要。对施工进度严重滞后、履约能力差的单位,采取通报批评,及时通知其上级法人单位,派驻工作组进驻工地限期整改,加大现场管理力量和生产要素投入,保证了高强度快节奏的建设步伐。

3. 精心组织,强力攻坚,积极开展大干活动

为进一步加快项目建设步伐,调动广大参建人员的积极性,管理处在全线施工、监理单位分时段开展比质量、比进度、比安全、比管理、比协作为主要内容的劳动竞赛大干活动。通过严格考核，对全面完成任务的重奖，对完不成任务的重罚。对投入不足、不能形成有效大干局面、影响全线工程进度的施工单位，采取全线通报批评、要求上级单位进驻现场整改、更换主要管理人员和强制分割等措施，确保大干目标任务的完成。开工建设以来，管理处先后组织开展2021年度的"冬季大干60天"，2022年度的"大干90天""冬季大干"，2023年度的"大干90天"和"决胜大干100天"大干活动，营造了"比、学、赶、帮、超"的建设氛围，有力促进了施工进度计划的完成。

4. 简化程序，缩短周期，加快资金周转

项目计量支付建立了信息化平台管理系统，计量支付资料准备、提交、各级审核均在信息化平台上完成，缩短审批时间，实现了无纸化计量支付与资金审批管理；建立计量支付与变更设计工程台账，确保资金支付与实体工程同步；项目大干期间，每月可以申请两次计量，进一步缩短计量周期，保证工程建设对资金的需求；管理处积极筹措建设资金，保证资金及时到位，严格项目建设资金监管，实行专款专用，确保足额支付，为加快项目建设提供资金保障。

5. 突出重点，攻克难点，均衡推进工程建设

管理处紧抓渭河特大桥、2处铁路框架顶推、7处铁路交叉施工和18处改建、新建互通及枢纽立交等重点工程，积极办理涉河、涉铁施工手续，科学优化施工组织，编制专项节点考核计划，落实专人负责，加大现场监管力度，确保重点工程整体快速推进。加强与交警、路政沟通协调，充分利用交通转换期或晚上车流低峰时段临时管制交通，解决通道换板、梁板运输架设及旧桥拆除与重建等难点工程。科学组织交叉施工，强化资源配置，加大现场管理力度，实行分区作业，保障交安、机电、绿化等附属工程见缝插针组织施工，做到了主体与附属工程同步建成投入运营。

6. 科学决策，动态调整，精准核查、优化旧路处治方案

既有道路一、二车道病害处治是改扩建项目的一项非常重要的工作，管理处精心制定处治方案，充分征求专家意见，委托第三方对既有道路病害分类调查、检测路面弯沉，邀请路面专家组织设计、施工及监理人员，结合检测数据逐段徒

步进行病害调查，按照"一段一排查，一段一方案"的原则，科学确定病害处治方案及范围，既保证了改扩建道路整体质量，又有效利用了旧路资源，节约投资，加快了路面工程施工进度。

10.4 依托项目质量控制

始终践行工程质量管理"零容忍"理念，以消除新旧路基差异沉降为重点，以工艺创新为支撑，以动态设计为手段，以打造"平安百年品质工程"为目标，健全质量保障体系，规范质量管理行为，严格质量责任追究，杜绝质量隐患，从关键部位、工序、薄弱环节入手，强化过程控制，提升工程品质。

1. 健全质量管理制度，强化质量保证体系

建立健全质量管理责任链条和保障体系，制定了《工程质量管理办法》《质量安全巡查违约处罚实施细则》《监理单位及监理工程师考核实施细则》等十多项质量管理方面的制度办法，明确了参建各方的质量管控职责，建立了建设、设计、施工、监理质量管理保障体系，保证了工程质量管控分层次、有重点、高标准执行。

2. 加强巡查检查，夯实质量管控措施

建立了工程质量责任卡，将施工、监理人员应承担的质量责任一一对应，便于质量责任追查和终身负责制的落实。以检查抽查为主要手段，督促各施工单位落实施工质量控制措施。管理处成立质量巡查组，会同总监办定期或不定期对各施工单位的工程质量体系和措施进行监督检查，对检查发现的问题制定处治措施，立即或限期组织整改，实行质量问题整改闭合式管理。

3. 严控原材料质量，把好质量源头关

全线采购的地材实行考察审批制，钢绞线、锚具、外加剂等成品材料实行评审准入制。交通产品开创"二维码"可溯源管理，对进场的锚具、支座、压浆料等交通产品印制"二维码"，通过手机扫码可以溯源相关产品技术参数、质检状态等基础信息。充分发挥中心试验室和各级试验机构职能作用，坚持试验室抽检和外委检测相结合，坚持用数据说话，加大原材料抽检频率，确保原材料质量。

波形钢腹板和钢箱梁焊缝、涂层、预制梁压浆密实度、地基承载力等加强第三方独立检测,确保关键工程、隐蔽工程施工质量。

4. 扎实开展质量专项活动,消除质量隐患

结合工程进展,明确各阶段质量管理重点,适时开展了"质量月"和"质量回头望"等专项活动,分阶段、有针对性地解决施工中出现的突出、普遍性质量问题。针对施工过程质量控制薄弱环节,组织开展了"冬季施工质量回头望""混凝土外观质量提升""桥梁、通道梁板架设橡胶支座安装"等施工专项整治活动,进一步强化施工事中、事后质量控制,有效提升了工程实体质量。

5. 强化监理管理,严格责任追究

积极配合省厅质监站进行监理注册登记检查和监理人员信息报备,保证监理队伍稳定。制定监理考核办法,每月对监理单位人员设备履约、监理程序、监理内部管理、月度考评整改、质量安全等进行检查考评,对考评优良的监理单位和监理工程师进行奖励,对考评差的监理单位和监理工程师给予相应处罚。

6. 大力运用标准工法、信息技术,提升工程质量管控水平

结合改扩建工程实际,制定了路基、桥梁等25项创新工艺工法,组织召开了路基建筑垃圾再生料填筑、台背填筑、小型结构物、预制梁等施工质量现场观摩会。路基地基处理实行第三方检测制度,"三背"回填全面推广液压夯二次夯实补强,全线预制箱梁采用整体式液压模板、一次性止浆阀+二次封锚、智能化喷淋养生等标准工艺,钢筋加工广泛应用钢筋滚焊机、数控钢筋弯曲机等先进设备。路面施工引进第三方检测单位对SBS改性剂掺量进行检测控制,确保改性沥青质量,水稳基层施工推广使用3D数字化路面摊铺控制技术等。工地试验仪器数字化改造,利用网络通信技术,实现检测数据实时上传,保证试验数据的真实性和可溯源性。梁板张拉采用预应力智能张拉与压浆系统等,规范了施工工艺,提升了质量管理智能化、信息化水平,保证了工程质量。

7. 强化技术培训、鼓励工艺创新,打造平安百年品质工程

组织开展高速公路改扩建路基、路面、桥涵拼接施工,路面施工精细化等培训,制定了施工标准化手册和卡片,规范了拼接施工行为,提升了现场施工技术管理水平。扎实开展以"施工标准化、规范化、精细化"为主题的技能大比武,

增强一线人员建设品质工程责任意识。紧紧围绕提升项目品质，积极鼓励工法微改进、工艺微创新、设备微改造，不断改善施工工艺。

自开工建设以来，省厅质监站对本项目总体抽检 5976 个（组），合格 5719 个（组），单点合格率为 95.7%；关键指标抽检 2644 个（组），合格 2604 个（组），合格率 98.5%，各项指标均达到质量目标及合同约定的目标要求，工程质量管控良好。

10.5 依托项目建设工期与工程进度

初步设计批准建设工期 4 年，2021 年 3 月 9 日全线实质性开工建设，2023 年 8 月除新建立交及房建工程外，其他工程完成建设任务。其中：

路基桥涵工程 2021 年 7 月 1 日开工，2023 年 8 月 25 日完工，有效工期 26 个月。

路面工程 2022 年 7 月 10 日开工，2023 年 8 月 25 日完工，有效工期 14 个月。

交安工程 2022 年 7 月 10 日开工，2023 年 8 月 25 日完工，有效工期 14 个月。

10.6 依托项目设计经验

1. 注重改扩建工程基础资料的调查与搜集，确保设计依据准确可靠

改扩建工程设计中，基础资料的准确性，是设计方案合理的必要前提，总体设计应根据项目特点及各专业设计需要，充分研究确定设计阶段需收集的基础资料清单，并在策划阶段明确各项基础资料搜集的方式、责任人，确保搜集的基础资料满足设计要求。

2. 以需求为引导，注重改扩建项目中各项需求调研

各项需求的调查是设计阶段需重点完成专项之一。包括高速公路系统内的各项需求（服务区规模、收费车道数确定、交通机电设施更新提升等）、沿线关联工程的需求（城市道路、地方公路、铁路、水运等升级扩建规划、沿线管线设施

规划等)、沿线居民的出行需求等。

3. 明确新旧标准差异，做好新旧衔接

新旧标准的差异是改扩建工程中不可避免的问题。设计阶段充分掌握与本项目相关的新旧标准之间的差异，分析其变化原因及权威部门的相关文件精神，是合理研究两者的衔接方案的基础，只有做好衔接方案，才能在充分利用既有道路资源的基础上，使改扩建后的高速公路满足新的功能需求。

考虑到大部分改扩建高速公路旧路设计时采用的技术标准为 2003 标准体系（以下简称原标准），了解现行技术标准（以下简称现标准）与原标准之间的差异，有利于改扩建设计更好地适应社会经济的发展需要，有利于适应国家相关政策的调整，有利于更好地指导施工，有利于改善运营安全。

(1) 设计理念的差异。

现标准明确了以公路功能作为确定技术等级和主要技术指标的主要依据，而原标准为了便于操作，实践中都是以交通量作为技术等级选用的决定因素，忽视了其他因素的影响，造成了路网等级结构不合理，功能与需要脱节等实际问题。

(2) 运行速度及安全性评价理念的引入。

新标准明确了设计应采用运行速度检验的规定。运行速度综合考虑了驾驶行为、心理、视觉要求、汽车性能、线形要素，能显著提升路线各指标的协调性、一致性和安全性。新标准还规定二级及以上的干线公路应在设计时进行交通安全评价，安全性评价是为了进一步优化设计方案，提高总体设计质量，通过对全线设计成果、方案进行运行速度的测算与分析，针对各专业之间单项指标衔接组合的协调性、一致性进行速度方面的安全性分析与评价，同时通过测算运行速度的分析评价对平纵面技术指标、横断面组成、视距安全等方面进行安全检验，对有安全隐患问题的路段提出建设性设计修改意见；同时也为特大桥、隧道、立交等特大工点、交通工程及沿线设施设置的安全性提供一些补充完善措施和手段。

(3) 路线平纵横设计主要指标的调整。

平面设计指标与最大超高取值相结合。新标准调整了旧标准中平曲线半径与设计速度单一相关，改为与设计速度及最大超高多因素相关，提高了设计的灵活性及适应性。

纵坡控制指标的调整。新标准将旧标准120公里/时设计速度最大纵坡4%调整为3%。由于较陡的纵坡会影响上坡车辆的运行速度，进而影响道路的通行能力。同时由于我国高速公路长大纵坡路段交通事故相对集中，为提高道路运营的安全性对最大纵坡进行了修正。

横断面的主要指标调整遵循功能主导原则，新标准规定：八车道及以上高速公路，在内侧一、二车道主要通行小型车辆时，其车道宽度可采用3.5米。新标准不再规定中央分隔带推荐值，调整为"根据公路项目中央分隔带功能确定"，此外新标准取消了路基总宽度指标。

（4）路面设计标准的细化。

路面设计轴载标准对高速公路的建设成本、运营养护和路面使用寿命等有着显著的影响，新标准在综合考虑原有标准的延续性、现行汽车荷载标准、工程建设和路网运营的基础上，补充增加"对于重载交通路段，可采用分向、分道根据实际的轴载谱进行路面结构设计"的导向性规定，为重载路段轴载标准的确定预留了灵活选择的空间。

此外，新标准细化了设计车辆类型，增加了设计车辆总体尺寸。在旧标准的基础上，新增大型客车、铰接客车两种车型，车辆类型由三类调增至五类。最大总长铰接列车为18.1米，较旧标准增长4.1米，最大总宽由2.5米增至2.55米。

（5）桥梁的安全性和耐久性要求提高。

随着全社会越来越关注桥梁等结构工程的安全性和耐久性，结合相关国家标准对各类结构工程设计使用年限的调整，新标准依照上位标准参考了铁路、市政、建筑等行业规定，给出了结构设计使用年限，尽量避免频繁的维修、拆除与重建。具体到桥梁结构标准规范调整，新规范在利用车辆荷载计算时，将1.4的分项系数提高至1.8；主要对涵洞、桥台等局部加载约提高28.5%；新规范沿用2004版规范结构重要性系数概念，但设计安全等级对应桥涵结构有调整，其中中小桥由原1.0提高至1.1；涵洞由原0.9提高至1.0，效应增幅10%。公路－Ⅰ级比汽超－20级平均增大约18%，最大负弯矩时公路－Ⅰ级比汽超－20级平均增大约9%。

（6）交通安全设施规范的重大调整。

① 强化以人为本、预防为主的设计原则，鼓励优先设置主动引导设施，充

分发挥其预防交通事故发生的作用。新版《公路交通安全设施设计规范》（以下简称《设计规范》）更是从交通标志的设置原则、结构形式和交通标线的材料耐久性等方面突出了主动引导设施在方便驾驶人认知、合理引导交通流等方面的功能和作用。

② 加强公路交通安全设施的系统化设计和总体设计，使人、车、路和环境形成一个用户友好、良性互动的安全保障系统。任何活动都可能归结于人、机与环境组成的系统，事故是由人的不安全因素、机的不安全状态和不良环境造成的。公路交通运营系统是由人、车、公路环境等三部分组成。与火车在轨道上行驶、船舶在海洋中航行相比，公路交通运输属于更为开放的运营环境，公路使用者、车辆、公路环境相互影响，使得公路交通运输系统异常复杂，公路使用者的不安全行为极易诱发交通事故，而车辆和公路环境的不安全状态会增加事故的严重后果。

③ 突出安全防范重点，对隧道出入口、长大陡坡等特殊路段、交通标志的支撑方式和交通标线的夜间反光性等给予了高度关注，并提出改善措施。新版《设计规范》对隧道出入口等特殊路段，提出了"特殊路段应作为一个独立的设计单元，并考虑交通标志、标线和护栏等设施的综合设置"的思路。

④ 宽容性设计与无缝防护理念相结合，最大程度地降低交通事故严重程度。新版《设计规范》提出了净区宽度的计算方法，对位于计算净区宽度范围内的行车障碍物，分类提出了处置措施；在计算净区宽度不能得到满足，而导致驶出路外产生的事故严重程度高于碰撞护栏的严重程度时，才考虑设置护栏。根据"十一五"国家科技支撑计划重大项目课题三"国家高速公路安全和服务技术开发与工程应用示范"的研究成果，新版《设计规范》首次对中央分隔带活动护栏提出了防护等级的要求，规定"中央分隔带开口护栏防护等级宜与相邻路段保持一致。线形良好路段经论证可低于相邻路段 1~2 个等级，但高速公路中央分隔带开口护栏不得低于三（Am）级"。新版《设计规范》还首次增加了缓冲设施的设置规定，对未进行安全处理的位于公路计算净区宽度内的路侧护栏上游端部，提出了设置防撞垫或防撞端头的要求，对高速公路的互通立交主线分流端、匝道分流端等位置提出了设置防撞垫的要求。上述规定体现了高速公路无缝防护的理念，将

与宽容性设计一起最大程度地降低交通事故的严重程度。

⑤ 以事故风险分析为基础，科学量化护栏防护等级的选取原则，合理选取护栏形式。根据《公路护栏安全性能评价标准》（JTG B05-01—2013）的规定，护栏防护等级在原有五级的基础上，增加了两级高性能护栏（HB、HA 级）和一级经济型护栏（C 级）。新版《设计规范》采用事故风险分析理论提出了护栏各防护等级的选取原则，不再定性地提及"一般事故""重大事故""特大事故"，而是根据车辆驶出路外或进入对向车行道可能产生的事故严重程度等级，科学选取护栏防护等级，为进一步提高我国高等级公路的防护水平提供技术依据，为占我国总里程约 75% 的低等级公路提供了经济实用的防护保障，总体做到了"基本保障、按需调整"的防护等级选取方法。在选取护栏形式时，新版《设计规范》规定：路侧或中央分隔带护栏面距其防护的障碍物的距离，应大于护栏最大横向动态位移外延值（W）或车辆最大动态外倾当量值（VIn）。根据防护车型和障碍物的类型来选取护栏的变形值，可最大程度地保障被防护对象免受车辆碰撞；对于大型车辆所占比例较大的路段，新版《设计规范》规定，除位于冬季风雪较大的地区外，中央分隔带护栏宜使用混凝土护栏。这是从工程实践的角度做出的一个重要规定，对于中央分隔带土基比较松软、大型车辆较多的路段，可有效避免大型车辆穿越中央分隔带造成二次严重事故。

4. 提前研究改扩建的交通保畅方案，在保畅方案的基础上研究工程设计方案

高速公路在公路交通运输中的作用日益显著，沿线交通运输对其依赖性日益增强。对既有高速公路进行改扩建，无论采用何种施工组织方式，必然对原有的高速公路交通流产生干扰。因此，在高速公路改扩建过程中如何使工程设计与建设期的交通组织充分结合，减小因改扩建施工对交通流的影响，保证道路行车安全，都是改扩建设计中的重要问题，它直接关系到改扩建高速公路所在路网的运行效率和建设期的社会影响。

5. 借鉴成功经验，做好专题研究

充分吸收国内外高速公路改扩建工程建设的成功经验和先进理念，特别是类似地质、地形条件下的道路拓宽工程的成功经验，认真做好路基拼接、桥梁拼接、互通改造、局部分离路线方案的比选工作，对改扩建中可能遇到的技术问题及早开展专题研究。主要专题内容如下：

（1）工程场地地震安全性评价。

根据中震防发[2017]10号关于引发《地震安全性评价管理办法（暂行）》的通知，第五条下列建设工程应当进行地震安全性评价："（一）国家重大建设工程；（二）受地震破坏后可能引发水灾、火灾、爆炸、剧毒或强腐蚀性物质大量泄漏或者其他严重次生灾害的建设工程，包括水库大坝、堤防和贮油、贮气、贮存易燃易爆、剧毒或者强腐蚀性物质的设施以及其他发生严重次生灾害的建设工程；（三）受地震破坏后可能引发放射性污染的核电站和核设施建设工程；（四）省、自治区、直辖市认为对本行政区域有重大价值或者有重大影响的其他建设工程。"

工程场地地震安全性评价，应根据对建设工程场址和场址周围的地震与地震地质环境的调查，场地地震工程地质条件勘测，通过地震地质、地球物理、地震工程等多学科资料的综合评价和分析计算，按照工程类型、性质、重要性，科学合理地给出与工程抗震设防要求相应的地震动参数，以及场址的地震地质灾害预测结果。

勘察设计单位应把项目信息提供给省地震局报请是否需要开展地震安全性评价。若需要，则按省地震局要求开展相关工作。

（2）涉航工作。

根据《航道通航条件影响评价审核管理办法》（中华人民共和国交通运输部令2017年第一号）规定，航道通航条件影响评价应在工可阶段完成，以稳定航道等级、合理拟定跨航道桥梁总体方案。待高速公路改扩建时，它一般均已通车运营10年以上，沿线跨越的航道通航要求可能有所提升，直接对老桥进行拼宽处理会不满足要求，因此需在工可阶段，按航道所属审批权限对航道等级及通航要求进行重新确认，并获得相关许可，稳定总体改造方案。

（3）涉铁工作。

涉铁沟通单位为铁路主管部门和产权单位。一般涉铁工作只需上报工可方案审批，特殊情况下（需改造铁路构造物、跨铁路施工、与铁路新的运营设计技术标准冲突）等需上报初步设计及施工图设计方案审批。涉铁工作须委托涉及铁路的原设计单位开展专项研究，专项成果经评审后上报铁路主管部门审批。

(4)防洪影响评价。

根据《中华人民共和国防洪法》规定,建设跨河、穿河、穿堤、临河的桥梁、码头道路、渡口、管道、缆线、取水、排水等工程设施,应当符合防洪标准、岸线规划、航运要求和其他技术要求,不得危害堤防安全,影响河势稳定,妨碍行洪畅通。按水利部《河道管理范围内建设项目防洪评价报告编制导则》的要求,根据建设项目的基本情况、所在河段的防洪任务与防洪要求及其他工程设施的分布情况等,委托有资质的单位编制防洪评价报告。

(5)项目安全性评价。

根据《公路项目安全性评价规范》(JTG B05—2015)对改扩建项目进行安全性评价。项目安全性评价是从公路使用者行车安全的角度对公路设施的规划、研究、设计成果或现有公路路况影响行车安全的潜在因素进行评价。主要目的在于调查分析现有设计存在的安全问题,提出整改措施,主要包括:交通事故形态分析及事故黑点路段诊断;运行速度与设计速度的一致性评价;道路设计指标的规范符合性检查;道路条件现状安全性评价;等等。此外,还要对改扩建引发的新的安全性问题进行分析,如交通量增大、车道数增加、驾驶员对沿线交通设施的视认性变化;车道变换危险程度上升、立交扩大、增加或形式变化引起分合流等,使交通流随机性增大而引发的交通管理问题。

(6)施工期交通组织。

施工期交通组织专题研究是高速公路改扩建工程的必要工作,贯穿着整个工程建设的前期方案、设计、实施各个阶段。要结合改扩建项目的初步设计方案和特殊节点的工程方案,深入研究项目的交通组织方案。在功能保障、成本、社会效益、经济效益多因素条件下,寻求合理的交通组织方案。施工期交通组织设计应与主体工程设计同步进行或先于主体工程设计,并应进行动态设计,联动优化。

(7)公路桥梁和隧道工程安全风险评估。

根据《关于在初步设计阶段实行公路桥梁和隧道工程安全风险评估制度的通知》(交公路发[2010]175号)要求,在初步设计阶段对公路桥梁和隧道工程方案实行安全风险评估制度,增加安全风险评估工作环节。桥梁工程主要评估范围为桥址处地震烈度大于 7 度且跨径大于 150 米的桥梁；隧道工程主要评估范围为偏压、大断面、变化断面等结构受力复杂的隧道，长度大于 3000 米或通风、照明、救援等要求特殊的隧道。勘察设计单位负责编制或委托有资质的单位编制安全风险评估报告并开展相关评审工作。

6. 道路资源的充分利用

合理利用既有道路范围内大量的资源（路面铣刨废料、桥涵圬工拆除、安全设施拆除、既有的房建设施等），于新建的工程中，是设计中各专业需要重点解决的问题。

7. 充分利用安全性评价结论

在原路拟合及安全性评价的基础上，结合地物、地质、水文、筑路材料等自然条件，通过综合研究分析安全性评价结论，在妥善处理整体与局部、远期与近期的关系的同时，合理优化工程设计方案，改善改扩建后高速公路的使用质量。

依据《公路项目安全性评价规范》（JTG B05—2015）对改扩建工程项目展开安全性评估。此评估聚焦于从公路使用者的行车安全视角，审视公路设施的规划、研究、设计成果或现有公路路况中可能影响行车安全的潜在风险因素。其核心目标是分析现有设计中存在的安全隐患，并提出改进建议，包括交通事故类型分析及事故多发路段识别，运行速度与设计速度的协调性评估，道路设计参数与规范的一致性核查，当前道路条件的安全性评价，等等。同时，还需深入剖析改扩建带来的新安全问题，例如交通量增长、车道数增加导致驾驶员对沿线交通设施识别度的变化；车道变换风险加剧，以及立交扩建、增设或形式改变引发的分合流交通流随机性提升所带来的交通管理挑战。

8. 科学创新、节约投资

根据项目的实际需求，从节约用地、合理组织施工工序、保证安全等角度出发，积极采用新技术、新结构、新材料和新工艺，尽可能控制投资规模。

10.7 依托项目交通组织设计进行的专项研究

一、新建段落与旧路扩建的比选

纵观国内外高速公路建设情况，提高既有高速公路服务水平的方式不外乎新建分流道路和利用原路扩建两种，即扩建与扩容两种方式。

在现有公路的基础上为提高公路技术等级、通行能力或改善技术指标而提高通行能力、改善原有公路沿线设施的称为改扩建工程；在老路相近或同一走廊带内以新建一条走向基本平行、功能相近的高速公路，用以提升通道通行能力的称为扩容工程。早期沿海平原地区高速公路的改扩建工程一般在论证后二选其一，近年来国内山区高速公路改扩建工程中改扩建和扩容组合使用的扩建方式呈增长趋势。

1. 扩建方案加宽方式

（1）单侧加宽方案。

单侧加宽技术方案一般用于原有道路一侧加宽受限的情况，通过在另一侧修筑新路来实现拼接，需在新旧路之间设置新的中央分隔带。同时，原有道路需改造为单向车道，在车辆需要进入或驶出高速公路的匝道与服务区等地带对原有路段的中央分隔带给与填土压实处理，将原有"两块板"形式的路面结构连接为"一块板"，并在拼接时注意路基压实，避免新、旧路基发生不均匀沉降等问题。

（2）双侧加宽方案。

双侧加宽技术方案在应用时需继续使用既有路段在设计时确定的线形指标，如圆曲线半径、超高及平曲线长度等，加宽时直接在旧路两侧填土压实即可，而现存中央分隔带可适当处理后作为扩容后新路中心线，中部的其他设施，如内部的排水、通信管道、防撞护栏等也可充分利用。本方案最符合通常的车辆行驶习惯，车道划分与新路基本一致，便于实现交通运营和组织管理。

（3）分离加宽方案。

分离加宽技术方案用于原有道路沿线地形复杂多变的情况，如重丘交错地区，通过在旧路的两侧或一侧适当距离新建平行（单向或双向）道路，对地形的适应性强，道路保通无压力。对于道路的平面和纵面均互不干扰，能够避开所有互通和主要被交道路，并可以充分利用线形，灵活规划交通组织。

2. 扩建方案优缺点比较

（1）单侧加宽方案的优缺点。

优点主要有：a. 路基不加宽侧的防护、排水沟、防撞护栏等设施可继续使用；b. 施工对公路上的交通影响小，原有的公路可继续维持交通；c. 施工工作面大，有利于大型机械开展工作。

主要缺点有：a. 路基中心线因发生偏移，平面线形需重新拟合；b. 原有的中央分隔带用作行车道，其内部原有的设施需拆除，新中央分隔带内的这些设施需重建，路基加宽侧的防护、防撞护栏等设施不能利用，须拆除新建；c. 上跨桥梁须拆除新建，原主线桥梁分两幅设置，合并为一幅技术难度大，施工困难且对旧路造成交通干扰，加宽侧互通匝道线形调整较大。

（2）双侧加宽方案的优缺点。

优点主要有：a. 为改扩建方案的实施提供了有力的条件，将大大减少征地和拆迁费用；b. 中央分隔带和内部的排水、通信管道、防撞护栏等设施可充分利用；c. 新老路幅横断面能有效组合，路拱规则，可继续使用，路面排水简单；d. 部分上跨桥梁净空影响不大，主线桥拼宽难度较小，施工也较方便；e. 沿线互通立交大多为单喇叭型和苜蓿叶型，大部分立交可通过调整匝道半径，达到匝道拟合来完成改建，改动量较小。

主要缺点有：a. 新老路基之间的差异沉降难以控制，增加了施工技术难度；b. 施工对交通影响较大，必须做好施工期间的交通组织和安全工作；c. 路基两侧的防护、防撞护栏等设施不能利用，须拆除新建；d. 施工工作面小，不利于大型机械开展工作。

（3）分离加宽方案，该方法的优缺点基本同新建方案。

优点主要有：a. 施工期对现有交通干扰小，可基本维持现有高速公路的功能；b. 施工质量相对易于控制和保证，技术风险小；c. 新路部分可采用以桥带路，适应性较强；d. 支线上跨桥梁可最大程度得到利用，减少废弃工程量；e. 能较好解决直接拼接所引起的主线桥桥下净空不足的问题；f. 有利于形成快速＋集散的交通组织方式，提高整条道路的通行能力。

主要缺点有：a. 用地较多，工程直接投资相对较高；b. 快速车道与集散车道之间车辆转换的灵活性受到一定的限制。

总体比较认为，单纯从降低工程拼接难度、降低交通组织难度考虑，需要采用分离改扩建方式不具优势。

方案设计时，拼接加宽和分离加宽并不完全孤立使用，根据不同路段的具体情况，可联合使用。

（4）单侧、双侧加宽的分项工程比较。

①路线。高速公路一般线形指标较高，基本不需要改进。双侧加宽路基可以保持良好的线形和路容。而单侧加宽时，为避让加宽侧大的障碍物，要频繁调整加宽方向（如由左侧加宽调整为右侧加宽），这势必影响线形的顺畅，也给设计和施工带来不便。

②路基。单侧加宽有施工作业面宽、新旧路基只有一道接缝、排水防护工程节省的优点。

③路面。单侧加宽由于要对原有路面处理，以及调整横坡、挖除原有的中央分隔带，并且要在新的中央分隔带下路面挖除原有结构层，因此此项费用增加较多。

④桥梁。单侧加宽时，加宽侧原桥因调整横坡须拆卸上部结构，待墩台盖梁顶面横坡调整完成后重新架设板梁，对于预应力T梁结构的大桥，双侧加宽时可以按照原桥标高不变，T梁不拆卸，而在两侧直接顺接的方案，施工便利，节省造价。总体上来看，单侧加宽时，桥梁施工特别是下部施工没有双侧加宽便利。

⑤互通立交。单侧加宽一个明显的特点是非加宽侧的立交匝道可不变动，但加宽侧调整较大，特别是当加宽侧为立交的环形匝道时，原有匝道几乎全部改造，很难利用。从总体看，对于互通立交来说，两种加宽方案无大区别。

⑥跨线桥。两侧加宽方式拆除与新建的工程量同单侧加宽基本相当，无明显区别。

⑦占地拆迁。从直观上看，尽管单侧加宽没有充分利用已占用土地，造成事

实上的浪费，但是，在某些地区，一侧土地征地拆迁困难、投入较大时，可以考虑采用该方案来避让拆迁困难的地区。总体来看，两侧加宽的占用土地明显少于单侧加宽。

在项目前期研究阶段，是选择扩容还是扩建是需要回答的第一难题。进行决策主要依据两个方面：一是交通量的发展是否可以通过路网规划加以解决；二是经济布局和交通源需求与既有道路服务水平的适应性。详见表10.1。

表 10.1 扩容与扩建方式比较表

比较内容	扩容方式	扩建方式
与路网规划的关系	对路网起了明显的加密作用，不利于远期路网的再发展	对路网布局无影响，但会导致沿线交通流的重分布
与地方路网的协调性	对地方路网产生不同程度的影响，甚至须重新规划	对地方路网的布局无影响，但会对地方路网建设的时间安排产生一定影响
与地方经济发展的协调性	新建路线将或多或少对社会经济发展规划产生影响，有些路段影响严重	对经济发展规划不但无影响，还可起到进一步的促进作用
道路功能特点	可以起到分流交通量的作用，但不利于原有道路功能的发挥	完全满足道路功能要求
走廊带资源利用情况	沿线可供道路建设的走廊带资源匮乏	充分利用现有走廊带资源
土地资源	至少需增加40米宽的用地，拆迁工作量大	八车道扩建需增加15~16米宽的用地，十车道扩建需增加26~40米宽的用地，均小于新建，且基本不需拆迁
工程规模	需独立建设管理设施、服务设施、互通式立交、分离式立交等工程，总体工程量明显加大	充分利用现有管理设施、服务设施。总体工程量明显小于新建道路
施工组织难度	施工组织难度低，但不能实现老路性能提升	利用路网交通组织和项目交通组织，可以顺利实施

扩建方式与扩容方式相比，扩建方式能节约土地，工程规模相对较小，有利于后期交通管理和养护。此外，从经济角度来说，影响扩建方案的选择主要是两方面：一是路网规划和布局；二是经济型和交通的适应性。既有道路的存在已经对沿线经济发展等各方面都产生了深远影响，选择扩建方式更加符合现实需求。

二、建立改扩建工程施工组织和交通导改方案安全性评价指标体系

对高速公路改扩建的施工组织和交通导改效果的影响因素众多，这些因素包括车辆、驾驶员、道路和环境等多个方面。为了提高施工组织和交通导改方案的效果，减少改扩建工程对既有高速公路运营的影响，保证道路交通正常运转，需综合分析影响施工组织和交通导改的因素，提出建立相应的安全性评价指标体系，对施工组织和交通导改方案安全性进行评价，为后期效果评价和交通导改方案优化打下坚实基础。

三、京昆高速蒲城至涝峪段改扩建交通导改的优化效果对比方案研究

针对原导改方案缺点对现有交通导改方案进行优化，提出交通导改方案设计中优化施工空间、交通空间和减少导改时间等各项解决方案，提出多角度优化方案。方案的效果对比能更好体现方案优化前和优化后的运行效果，在相同的仿真运行环境下，分别对交通导改多角度优化新方案和当前现状控制方案的交通状况模拟和仿真，进行多方案量化比选对比分析，并根据对比分析结果提出优化改善措施，应用后为交通参与者提供更加安全的行车环境。

四、京昆高速蒲城至涝峪段改扩建高速公路交通风险态势研判模型研究

高速公路交通风险态势研判是保障交通安全的重要手段之一。如何针对京昆高速蒲城至涝峪段改扩建段的具体道路情况高效准确地研判交通风险是当前亟待解决的问题。需要考虑影响该路段交通导改的多种因素，如交通流量、车速、路段特征、气象等，同时还要考虑这些因素之间的相互关系。构建京昆高速蒲城至涝峪段高速公路交通风险态势研判模型，可以为该路段高速公路交通安全管理提供可靠的技术支持，实现交通事故的预测和防控。

五、建立京昆高速蒲城至涝峪段改扩建主动防控安全预警设施策略体系

针对京昆高速蒲城至涝峪段改扩建段的具体道路情况建立主动防控安全预警设施策略体系是提高该路段高速公路交通安全的重要举措，可以预防和减少交通事故的发生。通过合理布设预警设施，可以实现对车辆和驾驶员的实时监控和预警，提高交通管理部门对交通安全的响应能力。建立主动防控安全预警设施策略体系需要解决多个问题，包括如何确定预警设施的类型和布设位置、如何确定预警触发条件和预警等级、如何实现预警信息的传递和响应等问题。此外，还需要考虑预警设施的技术可行性和经济性。

10.8 依托项目科技创新

（1）建设单位与陕西省交通规划设计研究院有限公司、北京中交华安科技有限公司、陕西欧维姆机械设备有限责任公司等单位联合开展了《高速公路既有波形梁护栏升级利用研究》《在役中小跨径非现标准公路桥梁结构性能提升技术研究与应用》等课题研究。《高速公路既有波形梁护栏升级利用研究》形成了一套再利用提升护栏及与其他典型护栏结构的过渡段设计方案，实际应用拆除钢板护栏升级再利用74公里，节约建设成本约800万元，减少碳排放约6000吨，经济社会效益显著。《在役中小跨径非现标准公路桥梁结构性能提升技术研究与应用》主要对改扩建工程旧桥涵加固技术进行了有益探索，形成了一套技术成熟可复制可推广的旧桥涵加固施工工艺，绿色环保施工快捷应用前景广阔。

（2）全线利用建筑垃圾、再生材料填筑路基和服务区场坪约132万方，减少建筑垃圾占地约500多亩，减少土地开挖400多亩，减少二氧化碳排放约2.7万吨，节约建设成本约6000万元；全线利用既有二灰碎石、二灰土经筛分破碎后以一定比例掺配用于路基、路床填筑；沥青铣刨料全部利用于一、二车道热再生沥青混合料下面层、立交匝道乳化沥青冷再生柔性基层、水泥稳定碎石底基层和水泥改性后填筑土路肩，项目共利用基层、底基层铣刨料约50万方，利用沥青

铣刨料约 40 万方，减少土方开挖 270 亩，节约建设成本约 3000 万元；积极鼓励工法微改进、工艺微创新、设备微改造的"三微改"活动，取得一批工艺微创新成果，如桩基钢护筒精准定位施工技术、箱梁气锤凿毛工艺、数控机床对钢筋套筒丝口车洗工艺、针对渭河特大桥桩基流沙层严重塌孔地质情况发明的大护筒套小护筒施工等 25 项创新工艺工法，申报取得五项实用型专利证书，形成一批可推广、可复制的新技术与工法。

（3）积极探索应用互联网＋建设项目管理模式，建成了包括试验数据管理、场站视频数据监控、数字化资料档案管理、计量支付、设计变更、农民工进出场及工资支付、交通保畅监控等多个模块管理系统，达到了数据多跑路、管理智慧化的效果，提升了项目可视化、智慧化、信息化管理水平。

（4）在高速公路改扩建过程中，交通 BIM 技术（建筑信息建模）正在成为一种强有力的工具。BIM 技术的应用有助于提高规划设计的精度，优化施工方案，减少资源浪费，提升项目的整体效益。具体应用主要体现在以下几个方面：

①精细化设计与可视化：通过 BIM 模型，设计人员可以在三维环境中模拟或通过可视化设备了解高速公路的改扩建情况，包括道路、桥梁、隧道、排水系统等构筑物。这使得项目各方能够更直观地理解设计方案，提前发现并解决潜在的设计冲突，避免施工过程中的返工。

②多专业协同工作：BIM 技术可以将土木工程、交通工程、机电设备等各个专业的数据集成到统一的平台上。这样，各专业之间的沟通和协作更加高效，减少了信息的丢失和误解，确保各环节紧密衔接。

③施工模拟与进度管理：BIM 模型可以与施工进度表相结合，进行四维（4D）施工模拟。这样可以提前规划施工流程，优化资源配置，减少工期延误。此外，通过模拟，施工方可以直观地了解不同施工阶段的进展，确保在规定时间内完成各项任务。

④成本管理与控制：BIM 模型可以进行五维（5D）应用，将成本信息嵌入模型中，精确估算改扩建项目的材料、人工和机械费用。通过这种方式，施工单位可以有效地控制预算，避免超支。

⑤设施运维管理：在高速公路改扩建完成后，BIM 模型还可以用于后续的设

施管理和维护。通过对模型中的数据进行分析，管理部门可以提前预测并制定维修计划，延长道路的使用寿命。

⑥数据分析与决策支持：BIM技术可以将道路交通流量、地质数据、环境影响等数据整合起来，为项目的决策提供科学依据。通过分析这些数据，项目管理方可以做出更为合理的规划，减少改扩建过程中对交通的影响。总结来说，交通BIM技术在高速公路改扩建中的应用，不仅提高了设计和施工的效率，还为后续的管理和维护提供了强有力的支持。

基于BIM技术，以高速公路改扩建工程为研究对象，结合云计算、移动互联网等现代信息技术，虚拟仿真复杂交通条件下，互通立交拆除、导改、保通等施工方案，为优化改扩建工程的施工组织方案、保障通行能力提供了可视化依据；构建了改扩建工程建设期BIM协同管理平台，实现施工期业务管理数据与BIM模型的实时联动，对工程的施工质量、安全、进度等进行协同管理。

参考文献

[1] 吴新开,吴兵.高速公路养护维修作业区行车速度控制方法探讨[J].公路,2004(7):132-137.

[2] 周茂松,吴兵,盖松雪.高速公路养护维修作业区通行能力影响因素的微观仿真研究[J].交通与计算机,2004(6):54-57.

[3] 张丰焰,周伟,王元庆,等.高速公路改扩建工程交通组织设计探讨[J].公路,2006(1):109-113.

[4] 何小洲,过秀成,吴平,等.高速公路施工区交通特性分析[J].公路,2005(12):110-115.

[5] 田晋跃,江瑞龄,陈燎.高速公路养护作业交通冲突模型[J].现代交通技术,2005(2):59-62+66.

[6] 葛婷,王晓飞,符锌砂.改扩建高速公路工程交通组织方法探讨[J].公路工程,2010,35(6):118-123.

[7] 薛成,杨志强.高速公路改扩建工程交通组织安全技术实施方案[J].公路,2009(8):175-180.

[8] 曹冰,宋福春.高速公路改扩建工程中加宽形式及横断面结构形式选定方法[J].辽宁行政学院学报,2005(3):56-58.

[9] 钱军,王惠勇,林琳等高速公路拓宽改造工程路基拼接技术应用综述[J].现代交通技术,2005(6):16-20.

[10] 鞠金荧.沪宁高速公路(江苏段)扩建工程桥梁拼接设计构思[J].中外公路,2006(6):101-105.

[11] 杨炜.高速公路扩建工程中拼接部的处治措施分析[J].交通标准化,2006(10):113-116.

[12] 周刚,张国良,范传斌,等.高速公路交通运行特性分析研究[J].广东公路交通,2001(2):5-8.

[13] 孙时金,李云祥.公路通行能力的再探讨[J].公路,2003(4):94-98.

[14] 桂炎德.高速公路拓宽设计方法初探[J].公路,2004(7):59-64.

[15] 胡安兵,凌九忠.高速公路扩建方案研究[J].中外公路,2004(1):55-57.

[16] 蔡果.我国高速公路交通事故趋势分析[J].中国安全科学学报,2001(2):14-20.DOI:

[17] 徐殿峰. 改扩建高速公路的交通组织设计研究［J］. 工程与建设, 2011, 25（5）：690-692.

[18] 韩熠, 李杰. 高速公路改扩建工程施工交通组织研究［J］. 公路交通科技（应用技术版）, 2007（8）：184-187.

[19] 李剑. 高速公路改扩建工程交通组织安全保畅实施方案［J］. 智能城市, 2018, 4（20）：87-88. DOI：10.19301/j.cnki.zncs.2018.20.055.

[20] 韩跃杰. 高速公路改扩建作业区交通组织及安全保障技术研究［D］. 西安：长安大学, 2012.

[21] 曲向进. 沈大高速公路改扩建工程技术方案研究［D］. 大连：大连理工大学, 2003.

[22] 苏为华. 多指标综合评价理论与方法问题研究［D］. 厦门：厦门大学, 2000.

[23] 张世平, 廖朝华. 桥涵构造物扩建的勘察方法与拼接设计思路［C］//中国科学技术协会. 节能环保, 和谐发展——2007 中国科协年会论文集（一）. 中交第二公路勘察设计研究院；中交第二公路勘察设计研究院, 2007：8.

后 记

在编著《高速公路改扩建交通组织设计方法》一书的过程中，我们深感责任重大，同时也为能够参与到这一具有挑战性的领域研究中而感到自豪。本书不仅是我们20余年工作经验的总结，更是对国内外先进技术与经验的系统梳理与整合。

回望历程

从最初的构思到最终成稿，本书历经了无数个日夜的讨论、修改和完善。我们深知，高速公路改扩建工程不仅技术复杂，还涉及广泛的社会经济影响，其交通组织设计更是关乎公众出行安全、施工效率及区域交通畅通的重大问题。因此，在编著过程中，我们力求做到内容全面、数据准确、分析深入，以期为行业同仁提供有价值的参考和借鉴。

感谢与致敬

我们要特别感谢那些在高速公路改扩建领域默默奉献的交通领域的同仁们，是你们的辛勤工作和宝贵经验，为我们提供了丰富的素材和灵感。同时，也要感谢国内外学术界的前辈们，你们的研究成果为我们指明了方向，让我们在探索的道路上少走了许多弯路。

展望未来

随着交通事业的不断发展，高速公路改扩建工程将越来越多，其交通组织设计也将面临更多的机遇和挑战。我们期待本书的出版，能够引起更多专家学者的关注与讨论，共同推动这一领域的研究与发展。同时，我们也希望未来能够有更多的新技术、新方法应用于高速公路改扩建工程中，以进一步提升交通组织设计的科学性和实用性。

结语

我们要感谢所有为本书出版付出辛勤努力的同仁和朋友们，是你们的支持与帮助，让这本书得以顺利问世。我们深知，本书的完成只是一个新的开始，未来还有更多的路要走，还要面对更多的挑战。但我们相信，只要我们保持对交通事业的热爱与执着，就一定能够在这一领域取得更加卓越的成绩。

2024 年 6 月 6 日